Fr. Ing Woog

Elsässische Schaubünhne

Historische Beschreibung der Landgrafschaft Elsass

Fr. Ing Woog

Elsässische Schaubünhne
Historische Beschreibung der Landgrafschaft Elsass

ISBN/EAN: 9783744613088

Hergestellt in Europa, USA, Kanada, Australien, Japan

Cover: Foto ©ninafisch / pixelio.de

Weitere Bücher finden Sie auf **www.hansebooks.com**

Elsäßische Schaubühne

oder

historische Beschreibung

der

Landgrafschaft Elsaß

in welcher

nicht nur alle Geschichten, Kriege, Regier-
und Veränderungen derselben, so sich vom
Jahr 110 vor der Geburt Christi, bis auf diese
Zeit darinnen ereignet, der Ordnung nach ausführlich
beschrieben; sondern auch nebst richtiger Zeitrechnung
die Stammregister der Könige von Frankreich und
Austrasien, wie auch der Herzogen und Landgrafen, nebst
einem Anhang des sowohl älteren, als neueren,
erloschenen, und noch blühenden Adels
gedachter Provinz zu finden.

Alles

aus den so alt-als neueren Geschichtschreibern und
Geographen treulich zusammen getragen, in einen kurz
und deutlichen Begriff verfasset, und mit
Anmerkungen wohl versehen

durch

Fr. Ignatius Woog

d.Z. der freyen Künsten und studierenden Jugend zu Sulz Lehrer.

Mit Obrigkeitlicher Erlaubniß.

Strasburg,
gedruckt bey Johann Heinrich Heitz Universitäts-Buchdr.
1784.

Vorrede.

Demnach die Provinz Elsaß so vielen Veränderungen jederzeit unterworfen gewesen, und mit so vielen Kriegen und andern Verhängnissen überfallen worden, daß kaum eine Landschaft in Europa zu finden, welche so vielen Schicksalen unterliegen mußte, als eben sie; und ihre Geschichten hierdurch um so eindringender und anmuthiger zu lesen sind: ist höchstens zu bewundern, daß man heut zu Tag sich mit Erlernung so vieler fremden Historien und geographischen Beschreibungen beschäftige, ohne sich von seinem eigenen Vaterland einen wahren Begriff zu machen; welches mir nicht anderst vorkommt, als wann Jemand sich nur um dasjenige bekümmert, was in andrer Häusern vorfallet, ohne zu wissen wie es in seinem eigenen zugehe.

Man quälet die Gedächtniß mit verschiedenen fremden Geschichten, unter welchen tausend Fehler und Unwahrheiten vorfallen können, und auch in der That vorfallen, ohne daß der Leser im Stand ist den Grund derselben zu untersuchen; oder ohne daß er sich einmal das Vergnügen wünschen, noch hoffen könne, Ort und Stelle zu sehen, wo diese oder jene Merkwürdigkeit sich zugetragen, von der sein vor Augen liegender Autor Meldung thut; da doch im Gegentheil, die Geschichte seines Vaterlands, die Wahrheit betreffend, um so genauer untersucht werden kann, je bessere Gelegenheit man hat, nicht nur Ort und Gegend der beschriebenen Begebenheit zu durchwandern, sondern auch durch alte Documenten die wahre Beschaffenheit ein = so anderer Vorfallenheit einzusehen; ja auch sogar die Monumenten und Rudera davon noch in Augenschein zu bekommen.

Wie viel reitzender aber und eindringender eine Beschreibung seye, davon man die Gegend und Beschaffenheit zu Gesicht bekommt, als eine solche, von deren Landschaft man nicht einmal die geringste Kenntniß besitzet, vielweniger einiges Einsehen haben kann, laß ich jene beurtheilen, welche schon vieles von merkwürdigen Begebenheiten gelesen, und in dasige Orte gelangend, dieselbe theils in Monumenten eingehauen, theils aus bewährten Documenten ersehen, theils gar die Rudera davon noch zu Gesicht bekommen haben.

Zudem ist ein ausgemachter Satz, daß aus allen Historien keine ergötzender, keine nützlicher, ja keine nothwendiger, als die Geschichte seines Vaterlands, weil sich öfters Vorfallenheiten ereignen, wo solche große Erläuterung geben, und einen unbegreiflichen Vorschub machen kann; ja noch großen Trost verursachet, wann zum Exempel ein Landmann betrachtet: wie unruhig seine Voreltern dies Land zuvor besessen, wie vielen Gefahren sie täglich ausgesetzt gewesen, und mit wie öfteren Kriegen und Unglücksfällen geängstiget, sie in immerwährenden Sorgen geschwebet: da im Gegentheil er nun die süsseste Früchten der Ruhe und eines dauerhaften Friedens geniesset.

Solches und dergleichen mehreres zu Gemüth führend, spühret er nicht nur Vergnügen in seinem Herzen, und Trost in seinen Widerwärtigkeiten; sondern meynet auch seinen Kindern einiges Erbtheil hinterlassen zu haben, wenn er solchen ihnen auch mittheilet, indeme er ihnen die traurige Geschichten seines nunmehr so ruhigen Vaterlands erzählet.

Es haben zwar schon verschiedene Geschichtschreiber hievon gehandelt. Weil aber einige, wie: *Münsterus, Rhenanus, Suetonius*, Haffner ꝛc. nur etwas davon anziehen, und ihren Cosmographischen Beschreibungen einverleibet haben; andere aber, wie: *P. la Guille*, Doppelmayr ꝛc. einander zu sehr widersprochen haben, als daß man ihnen allenthalben Glauben beymessen sollte; wieder andere, wie: Merian, Obrecht, Königshofen, Herzog, Schöpflin, Grandidier ꝛc. theils zu weitläufig, theils in fremden Sprachen die Sachen berühren; daß sie dem gemeinen Mann entweder zu kostspielig, oder nicht klar genug vorkommen: habe ich mich veranlasset befunden, sämmtliche Autoren, welche von dieser Materie handeln, fleißig zu durchgehen, um einem ehrsamen Publikum ein ächtes und unverfälschtes Werk von gedachtem Land aufzusetzen.

Als ein gewisser Anonymus im Jahr 1781 durch eine Basler-Edition meinem Beginnen vorgekommen, meinte ich zwar meiner Mühe überhoben zu seyn, indeme ich eine ausführliche Historie von der Provinz Elsaß im Druck zu sehen verhofte. Weil aber dies neue Werk weder meiner, noch vieler andern Erwartung entspräche, indeme statt einer Historie, wie der Titul lautet, nur eine, mit hier und dorten kurz eingeflickten Geschichtlein, vermischte Geographie ans Licht getreten, welche andern wenigen, oder wie sich das Werk selbst verräthet, nur einem einigen, dessen Posthumus es zu seyn scheinet, nachgefolget; habe ich von neuem Hand an die Feder gelegt, und nebst obangezogenen Autoren den *C. Jul. Cæsarem, Cl. Ptolomeum, Strabonem, Corn. Tacitum, Plutarchum, Lucanum, Florum, Vellejum, Eutropium, Jul. Capitolinum, Flavium Vobiscum, Eusebium, Ammian. Marcellinum, Sidonium Apollinarem, Fredegarium, Baronium, Gebhardum, Nitardum, Cluverium, Bedam, Albertum Argentin. Gregorium Turon. Schilterum, Jacobum* Spener, Cronbach, *Jeronimum* Bek, *Dion. Cassium, Brucherium,* Wimpfling, Wursteisen, *Tillemont, du Chesne, Bouquet, Vignier, Mabillon, P. Barre,* Speklin, samt mehreren andern durchgangen, alle Parthenlichkeit hindangesetzet, den glaubwürdigsten beygepflichtet, und die Ortschaften schier alle selbst durchreiset und besichtiget; damit ich einem ehrsamen Publikum desto bessere Genugthuung verschaffen, und ein solches Werk verfassen könnte, welches nicht nur für Gelehrte, sondern auch für den gemeinen Mann, dienlich und nützlich zu seyn erachtete.

Ohne dahero mit einer längeren Vorrede meinem geneigten Leser beschwerlich zu fallen, verweise ich ihn auf den Inhalt und das Werk selbsten; und wann er dieses mit Bedachtsamkeit durchgehet, zweifle ich keines Wegs, er werde reife Früchten meiner gegenwärtigen Arbeit sammlen: womit ich vergnügt mich gefaßt mache fernere Dienste demselben leisten zu können. Der ich mit vollkommener Achtung und Dienstergebenheit verharre

Meines geneigten Lesers

ergebenster

Fr. Ignat. Woog.

Verzeichniß
der
Abtheilungen und Capiteln.

Erste Eintheilung.
Von dem Zustand des Elsaßes vor, und zu der Römer Zeiten.

Cap. I. Von der Lage, Beschaffenheit, Eintheilung, Namen, und ersten Einwohnern dieses Landes.

Cap. II. Von dem, was sich zu den Gallischen Zeiten, vor der Römischen Regierung im Elsaß zugetragen.

Cap. III. Von dem, was sich im Elsaß zugetragen, während dem es unter der Römischen Bottmäßigkeit gestanden.

Zweyte Eintheilung.
Wie das Elsaß unter den Fränkischen Königen gestanden.

Cap. I. Von dem Zustand des Elsaßes unter den Fränkischen Königen, bis zur Zeit, da es von Herzogen regiert worden.

Cap. II. Zustand des Elsaßes unter seinen besondern Herzogen.

Cap. III. Zustand des Elsaßes, während dem es zu dem Königreich Lothringen gehörte.

Dritte Eintheilung.

Wie das Elsaß von den Landgrafen regiert worden.

Cap. I. Von dem Namen und Genealogie der Landgrafen.

Cap. II. Von demjenigen, was sich unter den Landgrafen des Unter-Elsaßes zugetragen.

Cap. III. Von dem, was sich unter den Landgrafen des Obern Elsaßes zugetragen.

Cap. IV. Von dem, was während der Regierung der Landgrafen, ausser ihren Thaten, im Elsaß sich zugetragen, bis auf die Regierung des Kaysers Alberti.

Vierte Eintheilung.

Was sich im Elsaß zugetragen, während deme es unter dem Haus Oestreich gestanden, bis zu dem Burgunder-Krieg.

Cap. I. Zustand des Elsaßes unter dem Haus Oestreich, bis zur Entsetzung des Kaysers Wenceslai, oder bis in das Jahr 1400.

Cap. II. Zustand des Elsaßes unter dem Reich und Haus Oestreich vom Jahr 1400 bis zu dem Burgunder-Krieg.

Fünfte Eintheilung.

Fernerer Zustand des Elsaßes unter dem Reich und Haus Oestreich, bis zum Schweden-Krieg.

Cap. I. Vom Burgunder-Krieg.

Cap. II. Zustand des Elsaßes unter dem Reich und Haus Oestreich von dem Burgunder-Krieg an, bis in das Jahr 1550.

Cap. III. Zustand des Elsußes unter dem Reich und Haus Oestreich von 1550 bis zum dreyßig-jährigen Krieg.

Sechste Eintheilung.

Von dem dreyßig-jährigen Krieg, oder sogenannten Schweden-Krieg.

Cap. I. Was sich unter dem Commando des Grafens von Mannsfeld, und Gustav Adolph Königs von Schweden, im Elsaß zugetragen hat.

Cap. II. Fortsetzung des Schweden-Kriegs, von dem Tod des Königs Gustav Adolph an, bis zum Tod des Herzogs Bernard von Weymar.

Cap. III. Fortsetzung des Schweden-Kriegs bis zum End desselben, und darauf erfolgten Münsterischen Frieden.

Siebente Eintheilung.

Zustand der Landgrafschaft Elsaß unter der Kron Frankreich.

Cap. I. Was sich im Elſaß bis zu der Eroberung der Stadt Straßburg zugetragen.

Cap. II. Zuſtand des Elſaßes unter der Kron Frankreich von der Uebergab der Stadt Straßburg an, bis zu dem Badiſchen Frieden, oder bis ins Jahr 1715.

Cap. III. Begebenheiten des Elſaßes, nachdem es unter der Kron Frankreich ruhig verblieben; von dem Badiſchen Frieden an, bis auf dies Jahr 1784.

Der Landgraffchaft Elſaß historische Real-Beschreibung.

Erste Eintheilung.
Von dem Zuſtand des Elſaßes, vor und zu der Römer-Zeiten.

Erſtes Capitel.
Von der Lage, Beſchaffenheit, Eintheilung, Namen, und erſten Einwohnern dieſes Landes.

§. I. Wer die Lage, Beſchaffenheit und Vorzüge dieſes edlen Landes in Augenſchein nimmt; wird um ſo minder bewundern, daß von den erſten Zeiten her, ſo lang man nur immer Urkunden davon findet, selbiges eine immerwährende Schaubühne des Kriegs und Zankapfel der fremden Nationen gewesen, welche mit gröster Eifersucht sich ganz unermüdet sowohl um die Besitznehmung, als Regierung desselben bestrebten.

Dann betrachtet man seine vortheilhafte Lage, so ist selbige von Natur aus dergestalten befestiget, daß das Elsaß sowohl für die jenseits des Rheins, als des Vogesischen Gebürgs angränzende Nachbarn, eine wohlgegründete Vormaur zu seyn schiene; zumalen dasselbe gegen Sonnenaufgang mit dem Rhein eingeschlossen, von der Markgrafschaft Baden und dem Brißgau abgesondert, gegen Mittag durch den Berg Jura von der Schweitz, gegen Abend durch den Berg Vogesus von Comté und Lothringen, gegen Mitternacht aber durch den Fluß Queich von der Pfalz, und durch den Erlebach von dem Bisthum Speyer unterschieden; und ohnerachtet Elsaß in der Länge von Mittag gegen Mitternacht nur 47 Stund, in der Breite aber von Morgen gegen Abend nicht mehr als 6, 8 bis 11 Stund betraget, ist dasselbige doch von solcher Beträchtlichkeit, dergleichen sowohl in Frankreich als Deutschland, wenige, oder kaum zu finden.

§. II. Dann erweget man die Vorrechte, womit die Natur dies Land begabet: so genießet es erstlich ein so fruchtbares Erdreich, daß solches nicht nur allerhand Lebensmittel zur Genüge einer so grosen Menge Volkes, so sich darinn befindet, hinreichend hervorbringe; sondern auch noch andern Nachbarn mit Wein, Getraid, Viehe, Holz, Tobak, Leinwand, Oehl und Färber-Röthe (andere kleinere Producten zu verschweigen) hülfreiche Hand biethen könne.

Siehet man auf die Handelschaft, so finden sich nebst den schönen Landstrassen und dem das ganze Land der Länge nach begleitenden Rheinfluß, noch verschiedene andere schiffreiche Flüsse, welche dasselbige durchstreichen, und auf welchen sowohl die Kaufleuthe und Fabrikanten, als Künstler und Handwerksleuthe ihre Waaren bequem hin- und herführen können. Wirft man ein Aug auf die Sicherheit, so hat die Natur, nebstdeme sie das ganze Land mit den Bollwerken des Geburgs und Gräben der Flüssen gleichsam verschanzet, es mit noch sehr vielen zum Festungsbau bequemsten Orten versehen, deren man sich sowohl in den neuern, als ältern Zeiten, weislich zu bedienen gewußt. Kurz, es ist ein Land, welchem die Natur eine Menge Völker zu ernähren, Handel und Wandel zu treiben, sich zu beschützen und die Gränzen eines Staats auszumachen, nichts versagt hat.

§. III. Dahero auch kein Wunder, daß das Elsaß so sehr bevölkert, und, ohnerachtet selbiges von einem kleinen Bezirk, dannoch über

700,000 Seelen in sich begreift; zumalen von allen Nationen des Europa sich darinnen häuslich niedergelassen haben. Um sothane Bevölkerung unter Dach zu bringen, sind nebst 73 Städten, 9 Vestungen, 4 befestigten Bergschlössern, noch über 1100 Dörfer darinnen; der alten ruinirten Bergschlössern, (deren über 200 sind), bewohnten Herrschaftschlössern, Landgütern und Meyerhöfen nicht zu gedenken. Weil ich aber keine Erdbeschreibung, sondern Historie von diesem Land in meinem gegenwärtigen Werk zu verfassen gesinnet bin, schreite ich gleich zu dem Namen, ersten Einwohner, und Geschichten desselben.

§. IV. Den Namen **Elsaß** (Alsatia) betreffend, sind die Schriftsteller, sowohl was die Ortographie, als den Ursprung davon belanget, meistens uneinig; dahero ich nur der fürnehmsten Meynung hier beyfüge: der C. J. Cäsar meldet zwar noch nichts von dem Namen Elsaß, weil damal noch dies Land nach den Nationen, welche darinn wohnten, genannt wurde; aber Claudius Ptolomäus a), so einer der ersten von denen, welche den Namen Elsaß berühren, nennet es Ἐλκηβος, lateinisch Helkebus: Franziscus Guillimann b) nennet es aus dem Diplomate, so König Dagobertus um das Jahr 630 dem Stift Strasburg gegeben, Illesich, und auch Illiché,

Beatus

---

a) Claud. Ptolem. *Geograph*. L. II. C. IX.
b) Guilliman. L. II. p. 69.

Beatus Rhenanus c) nennet es Elces und Elſeß, von dem Namen Ell, ſo dereinſt eines der Haupt-Orten dieſes Landes geweſen. Einige ſagen, das Wort Alſatia komme her von dem Wort Alſa, ſo vor Zeiten der Name des Flußes Jll geweſen ſeyn ſolle, welcher Name aber eigentlich dem Fluß alleine beygelegt wird. Jacobus Wimpheling will es gleich dem Rhenano von dem Namen Helvetus Ehl hernehmen. Joh. Dan. Schœpflin d) nennet es Elſaß, und die Einwohner Elſäſſer; und nimmt es von dem Fluß *Ellus*, Jll, und Saß, ſo ein Sitz bedeutet; mithin ſoviel ſagt, als Sitz der Jll, und Beywohner der Jll: welcher meines Erachtens die Sach am beſten getroffen zu haben ſcheinet: weil der Fluß Jll nach der gemeinen Landſprach auch nur Ell genannt wird; und weil derſelbige im Sundgau hinter dem Dorf Winkel bey dem Lüzeler Meyerhof Schokliz entſpringend über 33 Stund weit das Land der Länge nach durchſtreichet, und in der Wanzenau ſich in den Rhein ergieſſet; auch der merklichſte Fluß dieſes Landes iſt. Dahero auch die Gegend zwiſchen dem Vogeſiſchen Gebürg und der Jll im Pfirder- und Dattenrieder-Amt vor Zeiten das Ellsgau genannt wurde. Es wurde zwar auch, wie in verſchiedenen alten Turnier-Bücher zu fin-

---

c) B. Rhenan. Rer. German. L. III. p. 16. 39. 286.
d) J. Dan. Schœpflin. L. I. Per. Celt. §. III. p. 35.

B

den, von einigen Edelſaß e) genennet; theils wegen ſeiner edlen Lage, theils wegen dem groſen Adel, ſo ſich jederzeit darinnen befunden.

§. V. Was die **Eintheilung** des Elſaß anbelanget, wurde es, nach den verſchiedenen Zeitläuften, auch verſchieden eingetheilet. Zur Zeit der Gallier ware es nach Art der Nationen, ſo es bewohnten, eingetheilet: und waren deren hauptſächlich vier im Elſaß. Die Rauraker beſaſſen den oberſten Theil des Sundgau; nemlich die Gegend von Granvillard, Dattenried, Blumberg, Morſpurg, Pfird, und andern Orten bis gen Altkirch und Lanſer, nebſt einem Theil der Schweitz und Vorder-Oeſtreichiſchen Landen. Deren Hauptſitz die Stadt Rauraci, Raurach, ſo nachmals Augusta Rauracorum, oder Augſt benamſet worden. Die Sequaner hatten das übrige Sundgau, und das ganze Ober-Elſaß bis an den Landgraben innen, ſamt dem Burgund, Comté und einem Theil der Schweitz. Die Hauptſtadt derſelben ware Besançon, ſo zu ſeiber Zeit Vesontio f) genennet worden. Die **Mediomatriker** beſaſſen einen Theil des untern Elſaſſes in dem Wasgau; unter andern die Aemter Gerolsek, Ochſenſtein, Lützelſtein und den mehre-

---

e) Sebaſtian Münſter. Cosmograph. L. III. C. 135. p. 614.

f) Claudius Ptolomeus nennet ſie in ſeiner Geographie L. II. C. IX. Οὐισόντιον.

sten Theil des Vogesischen Gebürgs, samt einem
grosen Theil des Belgischen Galliens bis an die
Maaß; deren Haupt=Ort die Stadt Metz (damals nach Belgischer Art Divodurum genannt)
war. Die *Tribocci* hatten den grösten Theil, nemlich die ganze Ebene des untern Elsaſſes innen;
und erstreckte ſich ihr Gebieth von Schlettstadt
gen Andlau, Odilienberg, Muzig, Zabern,
Ingwiller, Berg= und Rhein=Zabern einschlüſſig
genommen.

Unter den Römischen Kaysern wurde das obere Elſaß und Sundgau zu dem Celtischen, und
das untere zu dem Belgischen Gallien gerechnet.
Jenes hatte ſeinen Herzog zu Veſontio (Besançon); und dieſes ſeinen Grafen zu Argentoratus
(Straßburg). Unter den letzten Römischen Kay-
ſern, ſo noch das Elſaß beſeſſen, wurde jenes zu
der Maxima Sequanorum oder groſen Burgun-
der=Bezirk, und dieſes zu dem Germania prima,
oder Ober=Deutſchland gezehlet.

Unter den Fränkischen Königen ware es im
Herzogthum Allemanien begriffen, und zu dem
Königreich Austraſien gehörig: bis es unter Chil-
derico II. ein beſonderes Herzogthum worden.
Unter deſſen Nachkommen es in das Nordgau und
Sudgau, (davon der Name Sundgau erwachſen)
gleich darnach aber in die obere und untere Land-
grafſchaft eingetheilet wurde.

Beyde Landgrafschaften wurden wieder in ihre Auen oder Geäue abgesondert; als: Sorngau, Ellsgau, Salzgau, Baselgau, Hagenau, Hettgau, Wasgau, Spirgau ꝛc. die Geäue aber wurden in ihre Märke und Geräyde getheilet.

§. VI. Wo die ersten Einwohner des Elsaß ihren Ursprung genommen, sind die Geschichtschreiber aus Mangel der alten Dokumenten ziemlich uneins. Soviel ist gewiß, daß die Rauracher zu den Helvetier, und die Sequaner zu den Celtischen Gallier gehörten, folglich auch Gallier gewesen; die Mediomatriker aber haben zu dem Belgischen, oder unteren Gallien gehöret. Was aber die Triboccos anbelanget, waren sie eine besondere Nation: so, ohneracht sie gleich den Rauracher nur klein ware, dannoch weder zu den Mediomatrikern, noch zu den Trierern, noch weniger aber zu den Sequanern gerechnet wurden.

Es haben zwar vor Zeiten einige Autoren g) von dem Ursprung dieser Nation verschiedenes geträumet, da sie sagten: daß Trebeta ein Sohn des Assyrischen Königs Ninus und der Semyramis gewesen; und nachdem er der Verfolgung seiner Mutter, so seinen Vater ermorden ließe, zu entgehen, mit einem Anhang in die Gegend von Trier gekommen, daselbsten eine Stadt er-

---

g) Vide hos Autores in Schœpflini Tom. I. L. I. §. CXXII. & seqq.

bauen, und sie Treveri genennet habe. Wornach er Colonien ins Elsaß geschicket, die Stadt Straßburg erbauen, und sie nach seinem Namen Trebetsbug genennet habe.

Andere h) und die Mehreste geben vor: die Trierer wären eine deutsche Nation gewesen, so vor überaus alten Zeiten über den Rhein marschieret, und sich in dem Belgischen Gallien unter ihrem Herzog Trebeta niedergelassen, und die Stadt Trier erbauet haben. Nachdem aber mehrere von ihren Landsleuten ihnen nachgefolget, und solche wegen Widerstand der Belgischen Gallier, ihren Nachbarn, sich daselbsten nicht genug ausbreiten konnten, haben sie sich in verschiedene Gegenden getheilet, wo sie sich mit leichterer Art und weniger Widerstand wohnhaft machen konnten. Unter andern besetzten sie auch das Elsaß, und baueten sich eine Stadt, so sie nach dem Namen ihres ersten Herzogs Trebetsburg genennet; sich selbsten aber nennten sie Trebetes, oder Tribotes auch Triboccos, zum Unterschied der Trierer, welche Treviri genannt wurden. Julius Cäsar nennet sie Triboces; Strabo, so um Christi Zeiten geschrieben, heisset sie Tribochi; Cl. Ptolomäus aber, Τριβόκκοι; Amminianus Marcellinus nennet sie Tribunos; Sebastian Münster, Tribotes und Tribocci. Verschiedene Autores sagen: das Wort Tribocci komme her von drey Buchen,

---

h) Schœpflin Tom. I. Lib. I. §. CXXIV.

wo die alte Deutsche ihren Gottesdienst zu halten pflegten.

Joh. Daniel Schöpflin i) verwirft beyde Meinungen, und alle Autores sagen: daß die Tribocci eine deutsche Nation gewesen, so jenseits am Rhein zwischen der Donau und dem Neker wohnte, und erst während dem einheimischen Krieg des Cäsars mit dem Pompejus über den Rhein gekommen. Er setzt die Ursach hinzu: Weil der Cäsar im Anfang seiner Beschreibung des Gallischen Kriegs nichts von den Triboccis melde, und solche erst im 4. Capitel desselben anführe; die andere Ursach, so er vorwendet, ist: weil die mehreste Elsäßische Orte damals Celtische Namen hatten. Dann er sagt: Argentouaria, und Argentoratus sind Celtische Namen, weil sie von den Celtischen Worten *Ar* und *Gen* herkommen k), welches Letztere so viel heißt, als eine Ueberfahrt; und derentwegen sollen auch Genevæ und Genuæ Celtische Städte gewesen seyn.

§. VII. Auf diese Meynungen zu antworten, sage ich: daß die erstere eine handgreifliche Fabel ist, so nur derentwegen erdacht worden, um der Stadt Trier, und den von selbiger abstammenden Städten ein desto längeres Alterthum zu ge-

---

i) Idem T. I. L. II. C. II. §. XX. & seqq.

k) Schœpflin. Alsat. Illustr. Tom. I. L. I. §. XXXVIII. p. 53.

ben. Die zweyte Meynung scheinet wahrscheinlich, und könnte deswegen angenommen werden, weil die mehreste, sowohl alt- als neuere Schriftsteller darinn übereinkommen: welche zu widerlegen, Herrn Schöpflins Ursachen nicht gegründet genug scheinen.

1) Dann, daß Julius Cäsar nicht gleich Anfangs seiner Commentarien vom Gallischen Krieg, von den Triboccis Meldung gethan, beweiset nicht, daß die Tribocci damahl noch nicht disseits des Rheins gewohnt haben: zumahlen er noch mehrere disseits des Rheins wohnende Nationen, als die Vaugiones, Nemetes und Rauracos damals mit Stillschweigen übergangen; ohnerachtet, wie Schöpflin selbst gestehet, die Rauraci schon vor des Cäsars Zeiten, disseits des Rheins wohnten. Zudem konnte Cäsar, so lang er in Gallien gewesen, und noch nicht an den Rhein gekommen, nicht alle Völker kennen, so disseits des Rheins wohnten; sondern nur jene, deren Gebiethe sich bis in die Gegenden erstreckten, wo er vor dem Treffen des Ariovistus hingekommen war. Dann was sollte er damals von den Triboccis melden, deren Wohnsitz er noch nicht gewußt hat? Nach dem Ariovistischen Krieg aber hat er von ihnen, als disseits des Rheins wohnenden Völkern, ausdrücklich Meldung gethan l).

---

l) Cæsar de bello Gall. L. IV. C. X. Rhenus oritur ex Lepontiis, qui Alpes incolunt, & longo

2) Wann Argentouaria und Argentoratus deßwegen Celtisch sind, weil die Silbe *Gen* m) darinn begriffen; und deßwegen Genevæ und Genuæ auch Celtische Städte seyn müssen; wäre zu schliessen: daß alle Städte, welche die Silbe *Gen* Anfangs oder in der Mitte ihres Namens haben, auch Celtisch seyen; welches doch ein sehr falscher Schluß wäre. Dann Agrigento in Sicilien, Genezano bey Rom, Genizasch in der Türkey, Genezareth in Palästina, sind gewiß keine Celtische Namen, ohneracht die Silbe *Gen* darinnen begriffen. Neben dem ist Argentoratus oder Straßburg dazumal noch nicht gestanden, oder wenigstens keine Stadt gewesen, indem Cäsar, welcher doch zum öftern im Elsaß und am Rhein gewesen, gar keine Meldung davon macht.

3) Zudem, wann die Tribocci erst zur Zeit der bürgerlichen Unruhen des Cäsars, mit dem Pompejus über den Rhein gekommen wären, wie hätte Cäsar von ihnen, als disseitigen Völkern des Rheins schreiben können? indem er seine Commentarien vom Gallischen Krieg nothwendig noch in Gallien muß verfertiget haben. Dann während dem bürgerlichen Krieg bekame er mit dem grossen Pompejus so viel zu schaffen, daß er un-

---

spatio per fines Nantuantium, Helvetiorum, Sequanorum, Mediomatricorum, Triboccorum, Trevirorum citatus fertur.

m) Schœpflin Alsat. Illustr. T. I. L. I. §. 38.

möglich damals Commentarien verfassen konnte. Noch vielweniger, nachdem er demselben den Rest gegeben: zumahlen er alsdann sich zum Monarchen aufgeworfen, und theils den Feinden zu begegnen, theils sich viele Freund und grossen Anhang zu machen, immerwährend beschäftiget wäre; ja seine 23 Stiche noch bekommen, ehe er seine Regierung in Ordnung bringen konnte.

4) Wann die Tribocci, Nemetes, Vangiones, und andere deutsche Völker noch nicht disseits des Rheins gewesen, und Cäsar, wie man wohl weiß, jenseits des Rheins keine Unterthanen gehabt, wo hätte er dann jene deutsche Truppen hergenommen, welchen er nach der Pharsallischen Schlacht ein so schönes Lob gegeben; daß, wann diese nicht so muthig die Flügel der feindlichen Reuterey zurückgetrieben hätten n), er selbst, wegen dem hartnäckigen Widerstand des Pompejus, an dem Sieg gezweifelt hätte. Folglich muß er disseits des Rheins wohnende Deutsche bey seiner Armee gehabt haben; Cäsar muß schon vor dem bürgerlichen Krieg von den Triboccis, als disseits des Rheins wohnenden Deutschen, geschrieben haben; alle Autores o) beweisen auch die-

---

n) Florus Lib. IV. Cap. II.

o) Æneas Sylvius, Marianus Scotus, Nauclerus, Aventinus, Trithemius, Sigebertus Gemblacensis, Willichius, Münsterus, Otto Frisingensis, Krantzius, Wasenburgius, Conradus Urspergens.

ses; kein einiger Autor ist der Meynung des Herrn Schöpflins, welche weder durch den Spruch des Cäsars, noch durch seine Etimologie der Sylben *Gen* kan bewiesen werden; folglich ist seine Muthmassung ungründig, kraft welcher er die Triboccos in die Markgrafschaft Baden setzet, bis zur Zeit des Pompejanischen Kriegs; als welchem die Tribocci, als disseits des Rheins wohnende Unterthanen der Römer, schon beygewohnet haben.

§. VIII. Um aber auch etwas weniges von der **Sprach, Beschaffenheit, Sitten und Gebräuchen** der alten Elsässer zu melden. Weil die mehreste Einwohner davon Gallier, theils Celten, theils Belgen waren, so ist zu vermuthen, daß die Rauracher, Sequaner und Mediomatriker sich der Gallischen, die Tribocci aber einer, durch die angränzende Gallier schon verderbten deutschen Sprach, bedienet haben.

Da Cäsar alle disseits des Rheins gelegene Länder unter die Gallier gerechnet, ohnerachtet er selbsten spricht, daß sie sich gerühmt haben, von der deutschen Nation abzustammen, muß ich auch von den Elsäßern, als über den Rhein gekommenen, und zu der Römer Zeiten unter die Gallier gezehlten Deutschen sagen, was gedachter

---

Irenicus, Kyriander, B. Rhenanus, Jac. Wimphelling. Specklin, Herzog &c.

Held von den Galliern p) überhaupt gesprochen hat: Daß sie nemlich grose, wilde und barbarische Leute waren, welche durch ihre grose Leibesgestalt, lange Haare, grose Bärte, und bewaffneten Auftritt schon ohnehin im Stand genug waren in Jedermanns Augen eine Furcht und Verwunderung zu erwecken. Sie waren schlecht gekleidet, aber wohl bewaffnet; nicht listig, sondern ganz treu und redlich, anbey ernsthaft, beynebens aber sehr ruhmsüchtig; sie redeten wenig, und waren sehr veränderlich in ihren Anschlägen. Sie lebten meistens von der Viehzucht, als Fleisch, Milch, Käß und Kräuter. Als sie unter der Römer Bottmässigkeit kamen, fiengen sie an besser zu leben, sich mehr auf den Feldbau zu legen, und sich besser zu kleiden: also, daß sie in Rücksicht der Deutschen keine Barbaren mehr, wie diese, sondern Bundsgenossene von den Römern genennet wurden. Sie hatten theils eine Aristokratische Regierung, wo die Fürnehmste oder der Adel, und die Druyden oder die Geistlichkeit regierten; theils eine Demokratische, wo das Volk zusammenkame, und jeder seine Meinung vorbrachte.

Unter den Fürnehmsten war einer, so den übrigen an Ansehen und Gewalt vorgienge, Vergobret genannt, der aber alle Jahr abgeändert wurde. Wann sie im Krieg überwunden hatten,

---

p) Jul. Cæsar de Bello Gallico L. I. C. XXXIX. & L. II. C. XXX.

hängten sie die Häupter der Erschlagenen an ihre Pferde, oder steckten sie an ihre Lanzen, trugen sie nach Haus, und hefteten sie an ihre Hausthüren q). Gegen die Fremde waren sie überaus leutseig, weil sie begierig waren, von ihnen Neuigkeiten zu erfahren aus andern Gegenden. Sie hatten insgemein schlechte hölzerne Hütten. Cäsar hat nebst andern Künsten deswegen auch die Baukunst bey ihnen eingeführt: und da die Römische Sprache hiermit auch etwas eingeschlichen, wurde die Elsässische Sprache eine Vermischung von Latein, Galisch, und Deutschem, beyläufig wie das heutige Patois an den Gränzen von Lothringen und Comté ist.

§. IX. Gleichwie ihre Kleidung und Sprach durch die Ankunft der Römer geändert worden, also geschahe es auch mit der Religion. Dann anfänglich hatten sie keine Götzenbilder, sondern gewisse Waldungen und Berge, wo sie in einem besondern hierzu bereiteten Gehölze und Lustwald zusammen kamen, ihren Gottesdienst mit Reihentanzen um einige vor andern darzu erlesenen Bäumen, und anderm Gaugelwerk r) zu verrichten. Sie waren auch so aberglaubisch, daß sie die Wanderung der Seelen in andere Leiber glaubten. Sie hielten es anfänglich für eine

---

q) Strabo Geograph. L. IV. pag. 213.

r) Cæsar de Bello Gallico. L. IV. Cap. XIII. & seqq.

Ungebühr, wann sie ihre Götter mit Bildnissen vorstellen, und selbe in die Tempel zwischen den Mauren einsperren sollten s); dahero sie ihren Lustwäldern göttliche Namen beygelegt haben. Dergleichen hatten sie auf dem Monte Ferrato (Mont Donon) im Schirmeker = Thal, bey Dachspurg, zwischen Ebersheim = Münster und Bennfelden ꝛc. wo sie ihre Versammlungen hielten. Ihre Götzen = Pfaffen hiessen sie Druyden, so bey ihnen in so grosem Ansehn stunden, daß man ihren Ausspruch für göttliche Wahrheiten hielte: welches ihr Namen selbst anzeigte; dann Deru oder Dru bey ihnen so viel sagen wollte, als ein Mann Gottes. Nebst den Druyden hatten sie auch Druydinen, so das gemeine Volk mit wahrsagen zu verblenden wußten.

Sobald aber die Römer ankamen, gewann ihr Gottesdienst eine andere Gestalt. Ihre Lustwälde und Götzen=Eichen wurden ihnen zusammengehauen, und statt derselben, Tempel und Götzenbilder aufgerichtet; wie dann noch in obgedachten Orten Merkmalen von daselbst gestandenen Tempeln und Bildern des Mercurius und anderer Götter zu sehen sind. Unter andern wurden daselbst hauptsächlich verehret: Jupiter, Herkules, Mercurius, Mars, Apollo, Vogesus, Rhenus, Minerva, Diana, Isis ꝛc. Die Bosheit der

---

s) Tacitus de moribus Germanor. C. II. & IX. Grandidier L. l. p. 155.

Drunden erstreckte sich so weit, daß sie sogar ihre Untergebene, wann sie deren einem feind waren, den Göttern opferten und schlachteten t). Dann wegen ihrem hohen Ansehn, ware es ihnen etwas geringes und leichtes, sich an ihren Feinden zu rächen. Deswegen auch die Römische Stadthalter, sobald sie solches Betragen erfahren, selbe ohnverzüglich zum Land hinaus gestäubet haben; wornach sie sich im Deutschland niederliessen. Was noch ferners für Gebräuche vor der Römer Ankunft im Elsaß gewesen, ist wegen Mangel der alten Scribenten unbekannt: dahero mich ohne weiters aufzuhalten an die Geschichten davon begebe.

Zweytes Capitel.

Von dem, was sich zu den Gallischen Zeiten, vor der Römischen Regierung, im Elsaß zugetragen.

§. I. Die erste Geschichte, so sich im Elsaß solle zugetragen haben, finde ich bey dem wohlerfahrnen Geschichtschreiber Joh. Daniel Schöpflin a), und ist folgende: Um das Jahr nach Erbauung der Stadt Rom 163, und 591 Jahr

---

t) Lucanus in Pharsalide L. I. versu 444.

a) Alsatia Illustrata Period. Celtica. Pag. 122.

vor Christi Geburt, soll Sigovesus mit einer grosen Anzahl Celtischer Colonisten durch das Elsaß über den Rhein gesetzet, selbe ins Deutschland an die Donau geführt, und sich mit ihnen daselbsten häuslich niedergelassen haben. Weil aber diese Geschichte gar zu alt, als daß sie dazumal wegen Mangel der gallischen und deutschen Schriftstellern hätte können aufgezeichnet werden; und weder gedachter Autor eine Stelle anziehet, woher er diese Geschichte genommen, noch ich selbe bey einem andern gefunden, überlaße ich solches eines Jeden seinem eigenen Urtheil.

§. II. Im Jahr 644 nach Erbauung der Stadt Rom, oder 110 Jahr vor Christi Geburt haben die Cimbrer, ein Nordisches Volk, so Dänemark und Holstein bewohnte, nachdem ihre Landschaft mit Ueberschwemmung grossen Theils verwüstet worden, ihr Vaterland verlassen, und sind unter Anführung ihres Königs Beleus in die 300,100 stark an den Harz-Wald, hernach an die Donau, und folgends an den Rhein durch das Elsaß in Gallien b) kommen, und haben diese Länder unter Weegs haar-klein ausgeplündert, Willens sich in Italien zu setzen. Kaum hatten die Römer von ihrem Vorhaben Nachricht erhalten, wollten sie diese ungeladene Gäste auf ihrem Boden nicht erwarten; kamen dahero ihnen mit

---

b) Sebast. Münster Cosmogr. L. II. C. LX. p. 330. ad Plutarchum.

einer zahlreichen Armee entgegen, und lieferten ihnen an dem Fluß Rhone ein Treffen, welches aber zum Unglück der Römer abgeloffen, indem die Römische Armee beynahe 80,000 Mann stark meistens in die Pfanne gehauen worden. In so mißlichen Umständen rafften die Römer in aller Eil so viel Volk zusammen, als sie konnten, schickten eine neue Armee unter den Feldherrn Marius und Catullus wider gedachte Cimbrer, haben sie auch zwischen Aix in Provence, (damals Aquæ Sextiæ genannt,) und der Rhone dergestalten aufs Haupt geschlagen, daß wohl 100,000 derselben getödet worden. Hierauf noch mehr erbittert, fanden sie doch Gelegenheit in Italien einzudringen, wurden aber von den Römern bey Verona wieder eingeholet, angegriffen, und dermassen geschlagen, daß abermal 100,000 derselben getödet, und 40,000 gefangen wurden; ohnerachtet die Römische Armee nur in 52,000 Mann zu Fuß, und 18,000 zu Pferd bestanden. Ihre Weiber wehrten sich so verzweifelt in ihrer Wagenburg, daß, da sie zuletzt keine Rettung mehr sahen, und ihre Männer alles verlohren gegeben, sie sich mehrentheils lieber selbst ermordeten, als daß sie in der Römer Hände fallen wollten. Diejenige, so sich noch mit der Flucht gerettet, setzten sich nachmals in Schwaben nieder, von welchen man sagt: daß die Familie der Grafen von Zimbern soll abgestammet haben.

§. III.

§. III. Ohngefehr 100 Jahr vor Christi Geburt, als sich die Helvetier oder Schweitzer ziemlich vermehrten, haben diese sich vorgenommen, in Italien einzufallen und sich daselbsten wohnhaft zu machen. Damit diese Emigranten ihr Vorhaben desto besser ins Werk setzen konnten, haben sie viele Rauracher und Sequaner, (das ist Sundgäuer und Ober-Elsäßer,) samt verschiedenen andern benachbarten Nationen c) an sich gezogen, sind in groser Anzahl über das Alpen-Gebürg marschieret, und haben den Römischen Burgermeister Lucius Cassius, der sich ihnen widersetzen wollte, angegriffen, ihn, samt den mehresten der Seinigen, niedergemacht, und sich in der Lombardey häuslich niedergelassen.

§. IV. Als im Jahr 72 vor Christi Geburt die Sequaner und Auvergner mit den Aeduer d), wegen einem Zoll an dem Fluß Saone, in einen schweren Krieg verwickelt warden, schienen die Aeduer die Oberhand zu behaupten, und haben jene tief in das Sequaner-Land zuruckgetrieben; dahero die Sequaner und Auvergner den deutschen König Ariovistus um Hülf angeruffen. Dieser saumte sich auch nicht, schleunige Hülfe zu leisten: kam dahero gleich mit 15000 Mann Markomannen über den Rhein, auf welche noch 20000 Se-

---

c) Sebast. Münster. L. III. C. XXX. pag. 472.
d) Strabo Geographia. L. IV.

duſer und Haruden folgten, deren König er ebenfalls geweſen e), vereinigte ſich mit den Sequaner, griefe die Aeduer bey Amagetobria (Moigte de Broye, ohnweit Pontarlier im Comté) mit ſolcher Furie an f), daß er ſie nach einem hartnäkigen Widerſtand endlich in die Flucht geſchlagen, und die Sequaner wider vor ihren Feinden in die Sicherheit geſetzet. Hingegen hat Er ſich ihnen deſto ſchreckbarer gemacht, indem er mit Beſitznehmung des Elſaßes ſich vor dieſen Dienſt bezahlt machte. Hierauf griefe er immer mehr und mehr um ſich, und brachte alle, ſowohl dies- als jenſeits des Rheins gelegene Lande, unter ſeine Bottmäſſigkeit.

§. V. Von dieſer Zeit an bliebe Ariovistus 14 ganzer Jahr diſſeits des Rheins; und, nachdem er ſeine Armee mit verſchiedenen Truppen, als Rauracer, Tribocci, Nemetes, Vangiones und Suevi g) verſtärkt hatte, fiele er den Gallier noch etlichemal in ihre Lande, raubte und plünderte, was ihm zu Handen kame; dahero die Aeduer, auf welche ſeine Einfälle hauptſächlich gemünzet waren, einen ihrer Fürnehmſten, Namens

---

e) Jacob. Car. Spener. Notit. German. antiquæ. L. IV. C. II. p. 163.

f) Schœpflin Alſat. Illuſtr. Period. Celt. §. 126, 129 & ſeqq.

g) Das iſt, Sundgäuer, Straßburger, Speyerer, Wormſer und Schwaben.

Divitiacus, zu den Römern schickten, welcher sie um Hülf angeruffen, aber schlechte Audienz bekommen; dahero er unverrichter Dingen wieder nach Haus zuruckkehrte.

Als hierauf die Helvetier, Rhetier, Rauracher und Boji h), samt andern zwischen dem Berg Jura und dem Alpen = Geburg liegenden Völkern, sich einstimmig entschlossen, ihre rauhe und unfruchtbare Gegenden zu verlassen, und sich in Gallien, sonderlich in der Aeduer = Land häuslich niederzulassen, welches nach der mehresten Geschichtschreiber i) Meynung, sich um das 58 Jahr vor Christi Geburt soll zugetragen haben, rusten die Allobroger, oder Savojer, durch deren Gebieth jene in Gallien einfallen wollten, die Römer um Hülfe an, welche auch in aller Eil den Cäsar mit einer Armee ihren Bundsgenossen zu Hülf geschicket. Damit nun keiner aus ihnen sich auf eine Rückkehr vertrösten konnte, und desto tapferer um eine neue Herberg streiten mußten, haben sie alle ihre Wohnungen, samt dem, was sie nicht fortschleppen konnten, im Rauch aufgehen lassen;

---

h) Oder Schweitzer, Sundgäuer und Allgäuer.

i) Cæsar de Bello Gall. L. I. C. VIII. Sebast. Münster Cosmograph. L. III. C. XXX. p. 472. Schœpflin, Alsat. Illustr. Period. Celt. pag. 122. Wursteisen. L. II. C. I. pag. 70.

der gänzlichen Zuversicht, weil sie 368000 im Auszug waren, es werde ihnen nicht fehlen können. Zum Glück der Aeduer kame Cäsar noch zeitlich genug an, und weil er von der Helvetier Absicht Wind bekommen, wohin ihre Reise abzielete, hat er sein Volk, welches er mit den Aeduer unterstossen, Tag und Nacht mit Verfertigung einer 19000 Schritt, oder acht Stunden langen, und 16 Schuhe hohen Maur, tiefen Graben, Schanzen, und bevestigten Casteller, beschäftiget, solche allenthalben wohl besetzet, und seine Armee zu einem kräftigen Widerstand gefaßt gemacht. Als die allierte Völker gen Genf kamen, fanden sie den Weeg allenthalben versperret, weswegen sie solchen durch das Sequaner-Land nehmen mußten, um in Gallien einzudringen. Cäsar, welcher seine Armee unterdessen täglich verstärket, und von ihrer strengen Arbeit etliche Tage hat ausruhen lassen, erwartete die Helvetier an der Saone, wo es zu einem so hitzigen Treffen kame, daß von frühe 7 Uhr, bis Abend, keine Parthey der andern weichen wollte, bis die mehreste der Helvetier zusammen gehauen waren: wornach die Uebriggebliebene endlich das Reißaus genommen, und ihren verbrannten Hütten zugeloffen sind. Es sollen über 200,000 der Helvetier und ihrer Allierten in diesem Unternehmen umgekommen seyn, wodurch sich Cäsar vom Helvetier- und Sequaner-Land bis an die Berge Vogesns und Jura Meister gemacht hat.

§. VI. Kaum hatte Cäsar die Helvetier geschlagen, suchte er seine Armee von neuem zu verstärken; theils mit Aeduer und Sequaner, theils mit frischen, aus Italien gekommenen Truppen: zumalen das Treffen mit den Helvetier ihn viele Leute gekostet. Ariovistus, welchem nach der Niederlag der Helvetier nichts Gutes traumte, sammelte seinerseits auch alle mögliche Kräften zusammen, und brachte eine Armee von 120,000 Mann auf die Beine. Kaum ware Cäsar von neuem zum Streiten gerichtet, liesse er dem Ariovistus berichten: Er solle das Land disseits des Rheins räumen, sich in sein voriges Gebieth zuruckziehen, die Gallische Gefangene, so er hätte, zurückgeben, und mit den Römern in guter Verständniß leben. Auf dies so billige Begehren des Cäsars hat Ariovistus ganz hochmüthig geantwortet k) Daß er keinen Schritt zuruckweiche, die Gefangene nicht zuruckgebe, und sich für den Römern nicht förchte; wann er es auf ein Treffen wolle ankommen lassen, könne er es wagen; er werde sehn, was die unüberwindliche Dentsche, welche schon 14 Jahre unter kein Dach gekommen, mit ihrer Tapferkeit vermögen. Mit dieser Antwort übel zufrieden, gienge der Cäsar auf den Feind los, und kam den achten Tag zu ihm. Es kame alsdann zu einem so hitzigen Gefecht, dergleichen wenig zuvor gewesen. Die Dentschen

---

k) Cæsar de Bello Gall. Lib. I. Cap. XXXVI.

stritten mit Gewalt, und die Römer mit List: dann jene schlossen sich mit zusammengehaltenen Schilden (welche Art zu streiten sie Testudo oder Schildkrott nennten,) eng zusammen; dahero die Römer in sie eingedrungen, ihnen die Schilde hinweg gerissen, und ganz rasend sie von oben herab erschlagen und durchbohret haben. Ariovistus aber wehrte sich so hartnäkig, daß er nicht ehe zum Weichen zu bringen, bis schier seine ganze Armee zuschanden gehauen ware: indem, wie Plutarchus meldet, von 120,000 Mann kaum 40,000 davon gekommen, so mit Schwimmen, und Nachen sich über den Rhein salviert haben l); unter welchen auch Ariovistus gewesen, so schwerlich verwundet, über den Rhein geschiffet, und kurz hernach gestorben. Die Römer waren so verbittert, daß sie die Deutsche bis an den Rhein verfolgten, und wie Dio. Cassius meld., noch viele derselben im Rhein ermordet haben.

§. VII. Dies ist beyläufig die Abschilderung des unglücklichen Treffens Ariovistus: wo aber selbiges gehalten worden, sind die Schriftsteller uneinig. Dann einige m) geben vor, es seye

---

l) Cæsar de Bello Gall. L. I. C. LI. & seqq. dicens: Hostes terga verterunt, neque prius fugere destiterunt, quam ad flumen Rhenum, millia passuum ex eo loco circiter L. pervenerunt &c.

m) Schœpflin. Alsat. Illustr. L. I. §. 134. p. 106.

zwischen Sennheim und Enſisheim, andere n), es ſeye bey S. Apollinaris im Sundgau, einem der Abtey Lüzel zugehörigen Priorat vorgefallen: wieder andere o) ſagen, es ſeye bey Bruntrut im Elsgau gehalten worden, und wollen noch Spuren davon, als aufgeworfene Wälle gefunden haben. Schöpflin p) ſagt, es ſeye bey Dampierre im Comté geſchehn; ohneracht er ſelbſten geſtehet, daß die mehreſte Codices des Cäſars darinn übereinkommen, daß ſie ſich nur 5000 Schritt q) vom Rhein zugetragen habe. Er ſetzt zum Fundament, weil Plutarchus ſagt, daß ſie 400 Stadien oder Roßläufe von dem Rhein entfernt geſchehen ſeye: welches gar 10 deutſche Meilen oder 20 Stunden ausmachte, und nach Schöpflins Meinung Dampierre wäre; zumahlen dieſes wenigſtens 19 bis 20 Stund vom Rhein entlegen.

n) Beatus Rhenan. Rer. German. L. I. p. 13. Collut Memoires ſequanoiſes, L. L Chap. XIII. p. 2. 3. Münſterus Coſmograph. L. III. C. XI. p. 395.

o) Cluverius in Germ. Antiq. L. II. C. VIII. p. 31. Dunod, Lettre à Mr. l'Abbé de B** p. 24.

p) Alſat. Illuſtratæ Period. Celt. §. CXXXVI. p. 107. Quodſi vero à Rauracenſi vel Sequanicâ Rheni orâ, ubi pontis & tranſeundi locus aptiſſimus, Veſontionem verſus per L. millia paſſuum pergas; ad Montisbelligardi opidi confinia pervenis, circa quæ prælium &c.

q) Ibidem. item: P. la Guille L. I. p. 4. Vaſcoſahs, Robert, Etienne, Gryphius &c.

§. VIII. Um auf dieſes Syſtem zu antworten, ſage ich:

1) Wem ſoll man hierinn mehr Glauben beymeſſen, als dem Cäſar? Nach Schöpflins eigenem Geſtändniß r) aber, melden ſeine mehreſte Codices, als Vaſcovans, Robert, Etienne, Gryphius und Swart, daß gedachte Schlacht nur 5000 Schritt, das iſt eine deutſche Meil, vom Rhein entfernt geſchehen ſeye.

2) Kann des Plutarchus Zeugniß von 400 Stadien oder 10 deutſchen Meilen entwebers ein Schreib- oder Druckfehler ſeyn; dann es kann Plutarchus noch leichter quatringenta anſtatt quatraginta geſchrieben, oder derjenige, ſo deſſen Werk zuerſt unter die Preſſe genommen, ſich im Setzen verfehlt haben, als daß er Schöpflin ſelbſt geſchrieben s), daß die Thur aus dem Seben-Thal hervorfließe, da ſie doch aus dem S. Amarin-Thal hervorkommt: oder, daß er an einem Ort t) die Stiftung der Abtey Arnolfsau in das Jahr 748, und in dem andern u) in das Jahr 730 ſetze. Welches meines Erachtens weit gröſſere Verſehungen ſind, als wann Plutarchus quatringinta, anſtatt quatraginta geſchrieben.

---

r) Schœpflin Alſat. Illuſtr. Period. Celt. §. 134. p. 106.

s) Idem in Conſpectu. §. IV. p. 3.

t) Idem Period. Franc. Sect. I. C. XI. §. 257. p. 737.

u) Idem: ibidem. Sect. II. C. IV. §. 77. p. 778.

3) Da Cäſar ſelbſt geſagt, daß die Feind den Rucken gelehret, und nicht ehe zu fliehen aufgehöret, bis an den Fluß Rhein, ohngefehr fünftauſend Schritt x); wie würden die Feinde, welche ihrer Hartnäckigkeit, und groſſen Niederlag nach, über einen halben Tag in der gröſten Sommer-Hitze geſtritten haben, noch ſo viel Kräften gehabt haben, einen Lauf von 20, oder, wie er an einem andern Ort y) ſagt, von 25 Stunden zu machen? Und wie würden vielen Tauſenden über einen ſo weiten Lauf und hitziges Geſecht noch ſo viel Kräften übrig geblieben ſeyn, daß ſie über den Rhein geſchwommen, und ihr Leben darmit ſalviert haben? Zudem, wann auch die Furcht eine ſo unglaubliche Würkung in den fliehenden Deutſchen gehabt hätte? Würden wohl die Römer, welche durch das lange Mezeln überaus ermattet waren, und denen es frey ſtunde, die Feinde zu verfolgen, ſo weit ſie wollten, in groſſer Anzahl ſelben noch bis an den Rhein nachgejagt ſeyn, und viele derſelben im Fluß getödet haben? — Dies wären lauter Muthmaſſungen, ſo wider die Natur und Begriff der Vernunft ſind.

Weil dahero Cäſar ſelbſt den Ort nur 5000 Schritt, das iſt, zwo Stunden, oder eine deutſche Meil von dem Rhein beſtimmet, und die meh-

---

x) Idem Period. Celt. §. 134. p. 107.
y) Schœpflin Alſat. Illuſtr. Per. Celt. §. 136. p. 107.

reſte Autores dißfalls auch einig ſind, finde ich: daß entweders die erſte, oder die andere Claß gedachter Autoren ſtatt findet; indem S. Apollinaris nicht mehr, als zwo Stunden vom Rhein liegt: Pulversheim aber, welches zwiſchen Sennheim und Enſisheim ein bequemes Schlachtfeld aufweiſet, ebenfalls nicht viel weiter davon entfernet ſeyn mag.

§. IX. Aus eben dieſem Artikel ſucht Schöpflin zu behaupten, daß die Tribocci noch keinen beſtändigen Sitz diſſeits des Rheins gehabt haben. Zum Grund ſetzt er: daß die Tribocci, gleich den übrigen Nationen, als: Marcomanni, Harudes, Seduſii, Vangiones, Nemetes und Suevi mit dem Arioviſtus über den Rhein gekommen, daß ſie aber auch zugleich mit ihnen vom Cäſar theils getödet, theils wieder über den Rhein gejagt worden.

1) Geſetzt, die Tribocci wären erſt mit dem Arioviſtus über den Rhein gekommen, und hätten ſich, während ſeinem vierzehnjährigen Aufenthalt, diſſeits des Rheins niedergelaſſen: wird wohl Arioviſtus alle Triboccos mit ſich in den Krieg genommen haben? Werden nicht die Kinder, alte, und andere zum Krieg untaugliche Leute, ſamt den mehreſten Weibern in ihren Hütten zurückgeblieben ſeyn? Dann aus der Antwort des Arioviſtus, darinn er ſich gegen den Cäſar rühmte, daß ſeine Leute ſchon 14 Jahr unter kein

Dach gekommen z), erhellet klar, daß er keine andere, als lauter gesunde, frische und wilde Leute unter seiner Armee gehabt; folglich müßten die Kinder, Alte, Weiber, und die, zu so rauher Lebensart und Streif Untaugliche, zu Haus geblieben, und nicht mit Ariovisto über den Rhein zurückgejagt worden seyn.

2) Meldet sowoh Cäsar, als Strabo, so zu Christi Zeiten geschrieben, auch andere alte Autoren, daß die Tribocci eine disseits des Rheins gelegene Nation ware: keiner aber aus ihnen weißt die Zeit zu bestimmen, wann selbige über den Rhein gekommen, noch vielweniger den Ort anzuweisen, wo sie zuvor wohnhaft gewesen. Mithin muß diese Nation lang vor des Cäsars Ankunft, in Gallien, und noch vor des Ariovistus Zeiten schon disseits des Rheins gewohnt haben; sonsten würde Cäsar, der alles genau aufnotierte, davon Meldung gethan haben. Ja der erleuchte Geschichtschreiber Jacob Carl Spener a) sagt ausdrücklich: daß Ariovistus nicht nur der Marcomannen, sondern auch der Haruden, und Sedusier König gewesen; die Tribocci, Nemetes und Vangiones aber seyen aus dem Reich des Ariovistus ausgeschlossen, auf der Gallischen Seiten des Rheins gewesen. Nach der Schlacht von

---

z) Cæsar de Bello Gall. L. I. C. XXXVI.
a) Notit. German. Antiquit. Tom. III. L. VI. C. V. p. 292.

Moigte de Broye aber hat er alle am Rhein gelegene Nationen unterjocht; weswegen er auch die Triboccos, Nemetes und Vangiones unter seine Armee gestossen, als welche ebenfalls mit ihm vom Cäsar über den Rhein gejagt worden; nicht aber ihre Kinder, Eltern und Geschwistern, so zu Haus geblieben: zumalen Cäsar die Einwohner, so sich seinem siegreichen Schwerd unterworfen, in ruhigem Besitz ihrer Landschaft gelassen.

Drittes Capitel.

Von dem, was sich im Elsaß zugetragen, während deme es unter der Römischen Bottmäßigkeit gestanden.

§. I. Nachdem Julius Cäsar Römischer Stadthalter über Gallien, den herrlichen Sieg über den deutschen König Ariovistus erfochten, hat er sich mit einem Theil der Armee in der Aeduer-, Titus Labienus aber mit dem andern in das Sequaner-Land, ins Winter-Quartier begeben; ist aber gleich das folgende Jahr 57 vor Christi Geburt ins Belgien gerucket, welches sowohl als das Elsaß sich ihm freywillig ergeben: Dahero er dieser Siegen wegen zu Novientum (jetzt Ebersheim-Münster) dem Abgott Merkurius einen Götzentempel erbauen ließ. Hierauf gienge er den Rhein hinab, und brachte im Jahr

56 vor Christi Geburt alle disseits des Rheins liegende Provinzen unter der Römer Bottmässigkeit.

§. II. Im Jahr nach Erbauung der Stadt Rom 699, oder 55 Jahr vor Christi Geburt, als die jenseits des Rheins liegende Deutsche in der Gegend der Menapier (wo jetzt Düsseldorf) öfters über den Rhein streiften, und denen disseitigen Römischen Unterthanen viel Leids zufügten, hat Cäsar daselbst eine Brücke gebauen, ist mit seiner Armee hinübergegangen, und hat die Deutschen von dem Ufer des Rheins zurückgetrieben, und ihnen eine Forcht eingejagt, fernerhin keine solche Ueberfälle mehr zu wagen b).

Als im folgenden Jahr 54 vor Christi Geburt die Trierer sich widerspenstig erzeigten, und die Gesetze der Römer nicht annehmen wollten, hat er dieselbe alsobald wieder zu paren getrieben: und weil einige deutsche Truppen ihnen zu Hülf kommen waren, hat er diese wieder zurückegetrieben, bey den Ubier (wo jetzt Cölln liegt) das folgende Jahr 53 vor Christi Geburt eine andere Brücke erbauet, seine Truppen darüber gesetzt, und die Deutschen jenseits des Rheins dergestalten in die Enge getrieben, daß sie sich in den Bergen

---

b) Cæsar de Bello Gall. L. IV. C. XVI. & seqq. Sebast. Münster Cosmogr. L. II. C. LV. p. 306. & L. III, C. CCXX. p. 714.

und Waldungen verbergen mußten c). Weil er aber keine Lebensmittel daselbst gefunden, mußte er sich bald wieder zurückziehen.

§. III. Im Jahr 702 nach Erbauung der Stadt Rom, und 52 vor der Geburt Christi, sind beynahe alle Gallier unter Anführung des Vercingetorix von den Römern abgefallen. Die Aeduer haben sogar mit ihren Alliierten den Cäsar im Sequaner-Land überfallen, wurden aber von ihm geschlagen d) und bis gen Alesia (heut Alise genannt) zurückgetrieben, woselbst sie sich festsetzten; und nachdem noch mehrere Gallische Völker zu ihnen gestoßen, eine Armee von 248000 Mann ausmachten. Nichtsdestoweniger hat sie Cäsar ganz muthig angegriffen; und, nachdem seine Reuter die Feinde in Unordnung gebracht e), ein solches Blutbad unter ihnen verursachet, daß kaum die Hälfte sich hin und wieder in die Städte retten konnte. Es wurden 74 Feldzeichen erobert, viele tausend Gefangene (die Aeduer und Auvergner ausgenommen) wurden den Soldaten Preiß gegeben, Vercingetorix mußte ausgeliefert werden, Alesia, Avaricus und Gergovia, drey haltbare Städte, mußten sich ergeben, und ganz Gallien

---

c) Cæf. de Bello Gall. L. VI. C. IX. X. & XXIX. Schœpflin L. II. S. V. §. III.

d) Plutarch. in Cajo Cæsare. pag. 720.

e) Cæsar de Bello Gall. L. VII. C. LXXV. LXXXVIII. & XC.

wurde wieder unters Joch gebracht, nachdem das folgende Jahr die Bellovaci, so Soiſſons belagerten, gedemüthiget worden.

§. IV. Nachdem der Cäſar ſolchergeſtalten ganz Gallien in ruhigem Beſitz hatte, fienge er auch an, ſowohl im Elſaß und andern diſſeits des Rheins gelegenen Provinzen, als auch in ganz Gallien, beſſere Ordnung einzuführen. Er bauete hin und wieder Städte und veſte Schlöſſer, beſetzte ſie mit ſtarken Garniſonen, und ſetzte ſeine Duces (Heerführer) und Comites (Burggrafen) darüber. Nur im Elſaß allein bauete er drey Städte f), nemlich Tres Tabernæ (Elſaß-Zabern,) Tabernæ montanæ (Berg-Zabern,) und Tabernæ ad Rhenum (Rhein-Zabern); deren aber nur die erſte unter Ihme den Namen einer Stadt verdiente: maſſen die letztere beyde gleichſam nur Soldaten-Quartiere, nebſt einigen darzu gebauenen Wirthshäuſer, Magazinen und Kramläden geweſen, dahero ſie auch den Namen Tabernæ (das iſt: Wirthshäuſer oder Kramläden) bekommen. Nebſt dieſem bauete er auch Vicum Julium (jetzt Germersheim in der Pfalz,) ſo den Namen von ihm bekommen. Er berufte auch allerhand Künſtler, Baumeiſter und andere Handwerker in die neu-eroberten Lande, um in

---

f) Sebaſt. Münſter Coſmogr. L. III. C. CLXI. & CLXXIII.

allen Stücken eine beſſere Ordnung einzupflanzen, und die Völker geſitteter zu machen.

§. V. Nachdem er neun Jahr in Gallien und am Rhein-Strom ſeine ſiegreiche Waffen herumgetragen, wurde ihm im Jahr 705 nach Erbauung der Stadt Rom, vor Chriſti Geburt aber im Jahr 49 von ſeinen guten Freunden zu Rom eine Warnung zugeſchickt, daß er ſich nach Haus begeben ſolle, um dem Wachsthum des Pompejus, welcher ſich beym ganzen Volk ein groſes Anſehn erworben, Einhalt zu thun. Hierdurch bewogen, ſammelte er den Kern ſeiner Truppen zuſammen, worunter ſowohl Deutſche als Gallier waren: die übrige hinterlieſſe er zu Beſatzungen am Rhein. Mit dieſer auserleſenen Mannſchaft rückte er durch das Elſaß in der Helvetier Land (Schweitz), und als er in das Rauracher-Gebieth kame, ſahe er ſich in der Gegend, wo jetzt das Dorf Dachsfelden (Tavanne) ligt, (ſo 7 Stund von Bruntrut, und 4 von Biel,) von dem Berg Jura eingeſchloſſen, ohne weiter vorrücken zu können. Weil aber die Hinderniß nur in Durchgrabung eines, von der einen, bis zur andern Seiten des Thals, reichenden Felſens g) beſtanden, der ohnehin ſchon 8 Schuhe von Natur durchhöhlet ware, verfügte er ſich mit ſeinen Leuten an das Werk,

---

g) Schœpflin Alſat. Illuſtr. L. II. S. VI. C. XVII. §. 245. Wurſteiſens Basler-Chronik. L. I. C. I. p. 5. Münſter L. III. C. CXVIII. p. 597.

Werk, einen Paß zu eröffnen, welches er auch
glücklich vollbracht. Die Höhe dieser Berg-Porten, so *Pierre-port* auch *Pierre-pertuis* genennet wird, ist nordlicher Seiten 25 Schuhe,
und die Breite 23; die Länge aber des Durchbruchs ist nicht mehr als 13 Schuhe. Die Dicke
des Felsens, so von einer Seiten zur andern reichet, ist 42 Schuhe; auf welchem folgende Inschrift ist: Numini Augusti sacrum via facta
per Durmium Paternum Coloniæ Helvetiorum.
Woraus abzunehmen, daß Durmius dieses Werk
angeordnet hat. Noch mühsamer aber als der
Durchbruch des Felsens war, die Zubereitung
des Weegs, welcher durch verschiedene Umweege,
Krümme, Felsen und Berge des Thals Grandval
gemacht werden mußte. Kaum hatte er diese mühsame Reiß durch die Schweitz und Italien zurückgelegt, fiengen die bürgerliche Unruhen mit dem
Pompejus an. Was die deutsche Truppen dem
Cäsar hierinn für Dienste gethan, kann man aus
dem, was ich oben *) von der Pharsallischen
Schlacht gemeldet, erkennen.

§. VI. Im Jahr der Erbauung der Stadt
Rom 717, und vor Christi Geburt 37, hat Marcus Agrippa, Stadthalter von Gallien, die von
neuem sich empörende Gallier wieder zu Paren getrieben, und ist derentwegen vom Kayser Augustus mit einem triumphirlichen Einzug zu Rom

---
*) Erste Eintheilung, Cap. I. §. VII. n. 3.

D

beehret worden. Desgleichen hat auch Cajus Carinas, Stadthalter von Belgien, im Jahr 29 vor Christi Geburt, die in Gallien einfallende, und sich mit den rebellischen Trierern vereinbarende Schwaben, zurückgetrieben, und darauf die widerspännige Belgier wieder unter den Gehorsam gebracht. h)

28 Jahr vor Christi Geburt hat der Kayser Augustus das Gallien in vier Haupttheile, nemlich ins Narbonensische, Lugdunensische, Aquitanische und Celtische; die Rheinische Provinzen aber, in Germaniam primam und secundam, oder ins obere und untere Deutschland eingetheilet. i)

21 Jahr vor Christi Geburt sind die Sicambri, Usipetes und Tencteri, deutsche Völker über den Rhein in Gallien eingefallen; Marcus Agrippa aber hat sie bald wieder zurückgetrieben. Weil sie sich aber im Elsaß vestsezten, und er, weil sie alle Zugänge des Vogesischen Gebürgs wohl besezt hielten, ihnen nicht zukommen konnte, hat er von dem Kayser Augustus Hülf begehrt; auf dessen Ankunft sie sich im Jahr 16 vor Christi Geburt, gleich zurückgezogen. k)

§ VII. Im Jahr 14 vor der Geburt Christi, hat Munatius Plancus auf Befehl Kaysers Augu-

---

h) Diog. Lib. XLIV. pag. 389.
i) Schœpflin Alf. Illuftr. L. II. S. V. §. VI. p. 355.
k) Diog. Lib. LIV. pag. 528. & 535.

ſi, den Flecken Raurach, so die Rauracher zu
Zeiten des Julius Cäsars verbrannt, und hernach
wieder erbauet hatten, vergrössert und verschönert, daß eine vortrefliche Stadt daraus geworden, welche nach des Kaysers Namen Augusta
(Augst) benamset wurde. Weil nun diese ganze
Gegend wegen dem unglücklichen Treffen, so die
Helvetier mit dem Cäsar gehalten, ziemlich von
Volk entblöset ware, hat er viele neue Einwohner dahin gebracht. Der Stadt ein majestätischer
Ansehn zu machen, hat er einen prächtigen Tempel
zu Ehren des Saturni, ein groses Amphitheatrum,
gemaurte Wasserleitungen, Casteller, und andere
prächtige Gebäue daselbst errichtet. l)

Ein Jahr hernach hat Drusus, des Augustus
Stiefsohn, ausser der Stadt zur Versicherung der
Ueberfahrt, zumalen der Rhein daselbst etwas eng
ist, eine veste Burg aufbauen lassen, davon im
16ten Jahrhundert noch Ueberbleibsel zu sehn gewesen; gleichwie von obgedachtem Amphitheatrum
damals noch schöne Ueberbleibungen vorhanden
waren. Es soll auch das ohnweit Basel liegende
Schloß Wartenberg auf den Fundamenten eines
vom Drusus erbaueuen Castells ruhen m). Nicht
minder siehet man noch die Ueberbleibsel eines von
den Römern auf dem Berg Fracmont erbauten

---

1) Münster Cosmogr. L. III. C. CII. p. 580.

m) Schœpflin Alſ. Illuſtr. L. II. S. L. C. IV. §. LXX.
ubi male citat Münſterum.

Tempels des Merkurius, wie auch in dem sogenannten Thal la Valette bey Dachspurg, den Tempel zu Ottmarsheim, die sogenannte Heydenmaur auf dem Odilienberg, welche sehr weitläufig hin- und hergezogen, 9 bis 12 Schuhe hoch und 6 bis 8 breit gewesen seyn solle. Unter welchem Kayser aber diese Gebäue errichtet worden, ist ungewiß. n)

§. VIII. Als Drusus das vollkommene Commando am Rhein bekommen, hat er alsobald alle Städte und Schlösser in Augenschein genommen; Straßburg (Argentoratus) und Maynz (Moguntiacus) besser befestiget; hin und wieder am Rhein veste Schlösser angelegt; und viele Denkmale seiner Tapfer- und Vorsichtigkeit hinterlassen. Er gieng auch mit einer grosen Armee erstlich in der Rhetier Land, (Altgäu und Boden-See) und nachdem er diese mit grosem Verlust der Seinigen gebändiget hatte, kame er zu den Vindelicier, (Augspurger,) nahm ihre Haupt-Stadt ein, befestigte und verherrlichte sie, und nennte sie nach des Kaysers Namen, Augusta Vindelicorum o).

Nachdem Er solchergestalten die mehreste Deutschen jenseits des Rheins unter die Römische Bott-

---

n) Idem: L. II. Sect. VI. C. I. §. 33. & 44.

o) Cl. Ptolomæus & Münster Cosmogr. L. III. C. CCCXL. p. 849.

mäſſigkeit gebracht hatte, hat er viele von ihnen in Gallien geſchickt, ſelbiges wieder beſſer zu bevölkern; maſſen es theils durch eigene Empörungen, theils durch Streifereyen der Deutſchen, von Volk entblöſet ware. Nachdem er endlich ſowohl in Gallien, als am Rhein und in Deutſchland, alles in guten Stand geſtellet, gienge er 10 Jahr vor Chriſti Geburt nach Rom, kame aber gleich das folgende Jahr wieder mit ſeinem Neben-Burgermeiſter T. Quintus Criſpinus zurück, und fienge an neue Veſtungs-Werke zu bauen. Bevor er aber dies ins Werk ſetzen konnte, iſt er vom Pferd geſtürzet, und in 30 Tagen darnach geſtorben, in dem 30 Jahr ſeines Alters; nicht nur von ganz Rom, ſondern auch von den Gallier und Rheiniſchen ſehr bedauert p). Nach ſeinem Tod aber bekamen ſein Sohn Druſus, ſo ſeiner Siegen wegen Germanicus genannt wurde, und ſein Bruder Tiberius das Commando am Rhein; welcher Letztere acht Jahr vor Chriſti Geburt die Schwaben und Sikambrer, ſo über den Rhein kamen, geſchlagen, 4000 derſelben gefangen bekommen, und ſolchen Wohnungen in den diſſeits des Rheins gelegenen Provinzen angewieſen hat. q)

§. IX. Im neunten Jahr nach Chriſti Geburt

---

p) Florus L. IV. C. XII. Bucherius in Belg. Roman. L. I. C. XVII. p. 43.

q) Sueton. in Auguſto C. XXI. Eutrop. L. VII. C. V.

ist Quintilius Varus, General der Rheinischen Truppen, mit drey Legionen zu Fuß und sechs Rotten zu Pferd, samt einigen deutschen Truppen über den Rhein marschiert, ist aber vom König Arminius oder Herman dergestalten geschlagen worden, daß von den drey Legionen kein Mann davon gekommen, er, der Varus selbst aber, im Treffen geblieben r); wornach jener die Römer gänzlich aus Deutschland verjagt hat. Weswegen Tiberius in aller Eil mit frischen Truppen an den Rhein gekommen, aus Sorg, die Elsässer und andere am Rhein wohnende Unterthanen möchten von ihnen abfallen. Um diese auch besser im Zaum zu halten, hat er ein vestes Schloß an dem Ort, wo jetzt das ruinirte Berg-Schloß Wasenburg stehet, errichten lassen. Man muthmasset, daß er aus der nemlichen Ursach das Schloß Altitona (Hohenburg) auf dem Odilienberg, erbauet habe.

Im Jahr 14 nach Christi Geburt, da Augustus gestorben, wurde Tiberius zum Kayser erwählet. Weil dieser aber zu scharf mit den Rheinischen Truppen verfahren, wollten diese in seiner Abwesenheit sich wider ihn empören, und den Germanicus zum Kayser aufwerfen; weil aber dieser dem Tiberius treu verbliebe, wollte

---

r) Floras Hist. Rom. L. IV. C. XII. Vellejus L. II. Cap. CXIX. Suetonius in Augusto. Cap. XXIII. Tacit. Ann. L. LXXI. i. I.

er solche Würde nicht annehmen, sondern hat die unruhige Gemüther der Deutschen wieder zu besänftigen getrachtet.

In eben diesem Jahr, sagt Schöpflin s), sind die Suevi, ein nordisches Volk, von dem Baldischen Meer an die Donau, und ins Rhätier-Land gekommen: da er sie doch schon unter der Armee des Ariovistus, als jenseits am Rhein wohnende Völker angeführet. Mithin müßten sie schon über 80 Jahr zuvor, jenseits des Rheins an der Donau gewohnt haben.

§. X. Im Jahr Christi 15 hat Germanicus mit den Ober- und Unter-Rheinischen Truppen einen herrlichen Sieg über den Arminius erfochten; ohnerachtet ihn dieser Sieg auch ziemlich Leute gekostet, hat er doch dadurch die Niederlag des Varus ziemlich gerochen t). Endlich ist er nach einem vierjährigen Commando im Jahr Christi 17 vom Tiberius nach Haus berufen, und in Orient geschickt worden; wo er das folgende Jahr zu Antiochia gestorben.

---

s) Ad An. 14. L. II. S. IV. § XII. p. 359. Suevi à Mari Suevico hodie Baltico versus Rhætiam sive Danubium appropinquare incipiunt. Et L. I. §. 133. Sed Romanos inter atque Arioviftum, qui cum Marcomannis, Sedufiis, Harudibus, Suevis, Vangionibus, Nemetibus atque Triboccis, Sequanorum Terras tenebat.

t) Tacit. Annal. L. I. Cap. LVI, LXI & LXVIII.

§. XI. Im Jahr Christi 21 sind die Aeduer und Sequaner durch Aufwicklung des Julius Sacrovir, die Trierer aber unter Anführung des Julius Florus abgefallen: weswegen C. Silius sich zuerst an die Trierer gemacht, und nachdem er diese bezwungen, auch die Sequaner und Aeduer überfallen, ihre Länder mit 8 Legionen meistens verwüstet, und in allem 48000 Mann wieder in den Gehorsam gebracht u). Nichts destoweniger ist er Anno 24 ins Kaysers Ungnad gefallen, und zurückberufen worden, weswegen er sich selbsten entleibet.

§. XII. Im Jahr Christi 26 sind die Deutschen ins Elsaß gefallen, und haben dasselbe zimlich verwüstet, zumalen der Rheinstrom mit wenig Besatzung versehn gewesen; dahero im Jahr 29 Lentulus Getulius mit mehreren Truppen an den Rhein geschickt worden, welcher sich bey den Feinden Ehrfurcht, und bey den Untergebenen durch seine milde Regierung Liebe erwarb x).

Im Jahr 40 hat Galba, Stadthalter am Ober-Rhein, die Cattos (Hessen), so öfter in die diesseitige Länder streiften, überwunden, und in die Flucht geschlagen. Drey Jahr hernach aber hat Kayser Claudius die Drunden aus dem Elsaß vertreiben lassen, weil sie ihren Göttern sogar menschliche Opfer schlachteten y).

---

u) Idem L. III. Cap. XLI.
x) Suetonius in Tiberio. Cap. XLI.
y) Plinius Hist. Nat. Lib. XXX. Cap. I. Sueton. in Claud. CXXV.

§. XIII. Um das Jahr Chriſti 54 ſoll der Apoſtel Petrus drey ſeiner Lehrjünger, Eucharius, Valerius und Maternus, ins Deutſchland geſchickt haben, den Heyden die Lehr Chriſti zu predigen, deren Letzterer im Elſaß geblieben. Sobald er daſelbſt angekommen, hat er mit ſo gutem Erfolg das Wort Gottes geprediget, daß ſehr viele derſelben Einwohner ſich zur chriſtlichen Religion bekehrten. Zu Ebersheim-Münſter (Novientum) und Ehl (Helvetus) zerbrache er alſobald die Götzen-Tempel, deren erſterer vom Julius Cäſar errichtet worden. Er begabe ſich hierauf nach Straßburg, woſelbſt er nur verſpottet, und wegen ſeiner neuen Lehr dergeſtalten verfolget wurde, daß man ihn als einen aberwitzigen Mann zur Stadt hinausjagte; worauf er ſich wieder nach Ehl begabe, und ſeine Lehr mit ſolchen Wundern bekräftigte, daß die aus Vorwitz dahin gekommene Straßburger ihn Bittweiſe zu ſich nach Straßburg lockten; woſelbſt er vor diesmal ganz anderſt als zuvor, empfangen wurde. Eine Menge neubekehrter Chriſten, die neuerbaute S. Peters-Kirche zu Straßburg und zu Dompieter bey Molsheim, (damals Domus Petri genannt,) waren die troſtreiche Früchten, ſo der Samen ſeiner Lehre in kurzer Zeit hervorgebracht. Nachdem er ſolchergeſtalten das Elſaß ſchon groſen Theils bekehrt hatte, begabe er ſich nach Cölln und Tungern, woſelbſt er ebenfalls das Heydenthum ausrottete, und das Chriſtenthum mit gutem Fortgang einpflanzte. Dies ist beyläufig die Geschichte des H. Maternus, worinn die mehreste Geschichtschreiber z) übereinkommen. Wegen der Zeit, wann der H. Maternus ins Elsaß gekommen, sind die Geschichtschreiber uneins; viele und die mehreste, so zur dunklen Zeit geschrieben a), sind der Meinung, daß er vom H. Apostel Petrus in obbesagtem Jahr dahin gekommen; weswegen ich auch diese Geschichte hieher gesetzt habe: Einige, wie Schöpflin b), setzen sein ganzes Daseyn in Zweifel; und weil ich keine Kirchen-Historie beschreibe, stehet es mir nicht zu, derentwegen eine Gegenred zu stellen, sonsten könnte man sich verwundern, warum er keinen andern an seine Stelle gesetzet, welcher der Elsässischen Christenheit das erste Licht gegeben. Endlich giebt es solche c), welche das Daseyn eines Materni zwar nicht läugnen, und die obige Beschreibung von ihm machen, was aber die Zeit anbelanget, finde ich, daß sie die Sach etwas gründlicher untersucht, und ihn in eine solche Zeit versetzt haben, welche der Ver-

---

z) Beda, Usuardus, Ado, Baronius, Notkerus, Harigerus, Marian. Scotus, Bucherius, Browerus, Rhenanus, Kœnigshofen &c.

a) Iidem excepto Rhenano.

b) Alsat. Illustr. L. II. Sec. IV. Cap. I. §. II.

c) Beat. Rhenan. Lib. II. §. 85. p. 264. De Materno, qui hic (in Alsatia) doctrinam Evangelicam primus annunciaverit, non puto prorsus inanem esse famam . . . de tempore dubito, de reipsâ satis certus. &c.

nunft nach für einen Bischoff von Tungern und
Cölln dienlicher war: das ist, eine Zeit, wo es
zuläſſig ware, die Götzentempel zu verstöhren,
Christliche Kirchen aufzurichten, die Götzenbilder
zu zertrümmern, und was den Heyden am frem-
besten vorkame, einen gekreuzigten Gott zu erkennen, und anzubeten; welches zur Zeit, da
die Abgötterey auf dem Thron saß, und den Monarchen den Scepter leitete, den Pöbel unter ihrem Joch zu erhalten, nicht thunlich ware, ohne der Marter zu unterliegen, bevor man recht
die Hand ans Werk gelegt hatta. Dahero ver-
setzen einige d) die Ankunft des H. Maternus in
das End des dritten Jahrhunderts, da er unter
der milden Regierung des Ober-Rheinischen
Stadthalters, Constantius Chlorus, von dem
Pabst ins Deutschland geschickt worden, das Christenthum einzuführen; selbiges auch, wie oben ge-
sagt, mit Predigen und Zerstöhrung der Götzenbilder, auch gutem Fortgang eingepflanzet; das
Bisthum Straßburg errichtet; im Jahr 313 auf
Befehl Constantini M. nach Rom zum Kirchenrath
wider die Donatisten gereiset, von wannen er das
folgende Jahr 314 zu dem Kirchen-Rath von
Arles verreiset. Gleich zu Anfang des 4ten Jahrhunderts wurde er Bischoff zu Trier, nemlich
nach dem Tod seiner Mitbrüder Eucharius und
Valerius, und ohngefähr ums Jahr 311 hat er
es dem H. Agricius übergeben; nach dem Kir-

---

d) Grandidier Tom. I. Diſſert. Imiere pag. 38.

chen = Rath von Arles richtete er die Bisthümer, Cölln und Tungern auf, und sein Tod wird von ihnen auf den 14ten Sept. des 333sten Jahres gesetzet. Was sein Tod, und durch den Stab des H. Petrus erweckte Auferstehung, Errichtung vieler Bisthümer und Klöstern, Hinaufschwimmung seines Sargs auf dem Rhein, und andere fabelhafte Wunder anbelanget, findet man bey einem wohl einsehenden Criticus der Elsässischen Kirchen-Historie e) weitläufig und gründlich widerlegt; dahero ich mich wieder an meine Profan-Historie begebe.

§ XIV. Im Jahr Christi 68 haben die Elsässer, Trierer, und andere am Rhein und in Gallien gelegene Nationen, sich entschlossen, wider den Galba, welcher mit ihnen zu tyrannisch verfahren, einen andern Kayser zu erwählen. Dahero sie das folgende Jahr 69 den Vitellius, welcher von Kölln ins Elsaß kame, zum Kayser ernennten, woraus ein bürgerlicher Krieg entstanden, und was dem Vitellius nicht anhienge, mußte starke Verfolgung leyden. Dieser ordnete alsobald den Hordeonius Flaccus als Stadthalter am Ober-Rhein, den Vespasianus am Untern, und den Aulus Cecina im Elsaß an, um die am Rhein liegende Völker auf seiner Seiten zu behalten. Sobald er von dem Tod des Galba Nachricht erhal-

---

e) l'Abbé Grandidier, hist. de l'Eglise de Strasb. T. I. Dissert. IIme.

ten, und die Wahl seines Gegen-Kaysers Otto in Erfahrung gebracht, hat er gleich dem Valens mit 40000 Gallier aufgeboten; Er aber nahme den Kern der Rheinischen Truppen in 30000 bestehend, vereinigte sich in dem Rauracher-Gebieth mit der Gallischen Armee, durchreißte das Helvetier-Land, und weil diese von dem Tod des Galba noch keine Nachricht hatten, wollten sie den Vitellius nicht für ihren Kayser erkennen, dahero er ihre Landschaft im Durchzug zimlich verwüstete, und alsdann über das Alpen-Geburg in Italien marschierte. Als aber der von den Römern neuerwählte Kayser Otto vernommen, daß Vitellius mit einer so grosen Armee wider ihn anrücke, hat er sich aus Verzweiflung selbst erstochen f).

§. XV. Im Jahr 71, als die Helvetier wider den Vitellius in dessen Abwesenheit sich empörten, hat Aulus Cecina, Stadthalter vom Elsaß, alsobald seine am Rhein vertheilte Truppen zusammengezogen, selbige bey Baden in der Schweitz angegriffen, und theils niedergemacht, theils zerstreut, viele aber als Gefangene nach Straßburg geschickt. Die aus der Schlacht davon kamen, flüchteten sich mehrentheils ins Sundgäu, während deme Cecina im Helvetier-Land streifte g).

---

f) Tacitus Hist. L. I. Cap. LII. & seqq. Münster Cosmogr. L. II. Cap. LVII. pag. 312.

g) Münster ibidem. Haffner Cosmogr. ad ann. 71. Schœpflin Als. Illustr. Period. Rom. Sect. I. Cap. IV. §. 93.

§. XVI. Im Jahr 88 ist L. Antoninus, Stadthalter von Ober-Deutschland, von dem Kayser Domitianus wegen seiner grosen Grausamkeit abgefallen; weswegen Lucius Maximus auf Befehl des Kaysers jenen unversehens überfallen und geschlagen, nachmalen aber alle seine Anhänger aufs schärffste gestraft hat h).

Als Trajanus Stadthalter am Ober-Rhein geworden, hat er sich alsobald beflissen, alles in besseren Stand zu setzen; dahero er auch unter andern eine Straß von Vesontio (Besançon) nach dem Rhein gemacht, und verschiedene Bestungen am Rhein theils angelegt, theils verbessert hat. Als er aber im Jahr 98 von dem Kayser Nerva zum Nachfolger erwählet, und Germanicus genennet worden, ist ihm in seinem Commando am oberen Rhein, Hadrianus nachgefolget i).

§. XVII. Im Jahr 126 ist Antoninus, welcher nachmal Kayser geworden, an den Rhein gekommen, hat die Deutschen, welche in Gallien einfallen wollten, wieder zurückgetrieben, und um selbige desto besser im Zaum zu halten, die damals noch disseits des Rheins liegende Stadt Breysach (Brisiacum genannt) befestiget; von dannen er über den Rhein gesetzet, und die Stadt Baden

---

h) Sueton. in Domitian. C. VI. Tillemont hist. des Emp. T. II. in Not. p. 39.

i) Plinius in Panegyr. Trajani, Cap. IX.

wegen dem daſelbſt befindlichen geſunden warmen
Waſſer erbaut, und ein Bad daſelbſt errichtet hat.
Hierauf begabe er ſich nach Straßburg, und nachdem er die Veſtung Breyſach nochmal in Augenſchein genommen, und alles in gutem Stand hinterlaſſen, iſt er wieder nach Rom zurückgekehret k).

Im Jahr 156 kame Markus Aurelius auch
in das Elſaß, nahme alle Veſtungen am Rhein
in Augenſchein, und ſetzte alsdann mit ſeinen
Truppen über gedachten Fluß, hat auch verſchiedene merkliche Eroberungen gemacht. Er iſt aber
mit ſeinen Gefangenen ganz mildreich verfahren;
ja er faßte eine ſolche Liebe zu den Deutſchen,
daß er ſich ſogar deutſch kleidete.

§. XVIII. Im Jahr 162 hat Anſidius Victorinus unter dem Kayſer Antoninus Pius die
Cattos (Heſſen) ſo über den Rhein in die Pfalz
und Elſaß gefallen, und von dannen ſich bis ins
Rhätierland (an den Boden-See) hinaufbega-
ben, wieder zurückgetrieben, und einen herrlichen
Sieg über ſie erhalten. Dieſen Sieg hat ſich der
Kayſer ſelbſt zugeeignet, und ſich theils derowe-
gen, theils weil er die Markomannen zuvor ſelbſt
überwunden, den Namen Germanicus beygelegt l).

---

k) Münſteri Coſmographia L. III. Cap. CCLXV.
pag. 769, & C. CCLXXIX. pag. 782.

l) Julius Capitolinus in Antonin. Philoſ. C. VIII &
XII. p. 337.

Weil nun, durch die verſchiedene über die Deutſchen erhaltene Siege, das Elſaß ein wenig ruhig geworden, haben die Römer im Jahr 164 das Ort Ruſiana (Ruffach) erweitert, viele herrliche Gebäue und Palläſte darinnen angelegt, und hierdurch eine anſehnliche Stadt daraus gemacht, in welcher ſich ein groſer Römiſcher Adel niedergelaſſen. Um die Sicherheit und Gerechtigkeit handzuhaben, iſt daſelbſt auch ein peinliches Gericht, und andere, für Dieb, Mörder und Räuber, dienliche ſcharfe Verordnungen gemacht worden. Es ſind aber erſt im Jahr 277 die erſten Weingärten daſelbſt angelegt worden m).

§. XIX. Im Jahr 166, als die Deutſchen ſahen, daß die Römer am Rhein-Strom zu mächtig wurden, haben ſie auch unter ihnen Bündniſſen gemacht, und ſind im Jahr 167 häufig, unter andern hauptſächlich die Markomannen, wider die Schweitzer und Elſäſſer, als Römiſche Bundsgenoſſene angezogen; weswegen der Stadthalter Anſidius Victorinus, ſo viel immer möglich, aus Gallien und vom Unter-Rhein die Truppen zuſammengezogen, und dieſe mächtige Alliierten mit groſem Verluſt wieder zurückgetrieben hat n).

---

m) Münſter Coſmogr. L. III. Cap. 147. pag. 627. Haffner Coſmogr. in ann. 164.

n) Julius Capitol. in Antonino Phil. Cap. XXII. & Haffner Coſmogr. in ann. 193.

Im Jahr 186 wagten es die Deutschen nochmahlen über den Rhein ins Elsaß zu fallen, wurden aber vom Clodius Albinus, welcher nach dem Pertinax in Gallien als Kayser ausgerufen wurde, wieder über den Rhein gejagt o).

Im Jahr 193, als Verschiedene sich um die Kayserliche Kron bestrebten, und Julianus, so das Kayserthum von den Römischen Soldaten erkauft, bald wieder abgesetzt, und getödtet worden, ware Severus, Landvogt vom Lugdunensischen Gallien, einer der mächtigsten Werber der Kayserlichen Kron; darum ihm nicht nur die Gallier, sondern auch die am Rhein gelegene Truppen und Völker angehangen, durch deren Hülf er seine Feinde, den Niger in Orient, und den Clodius Albinus in Occident, überwunden, und hierdurch die Kron erlanget hat p).

§. XX: Als im Jahr 212 die Gallier unter dem Antonius Bassianus rebellierten, und die Deutschen auch oft über den Rhein ins Elsaß fielen, kame er das folgende Jahr 213 mit einer erlesenen Mannschaft aus Italien, und hat erstlich die Gallier wieder unter den Gehorsam gebracht; hernach im Jahr 214 ist er ins Elsaß kommen, und hat die Deutschen jenseits des Rheins auch gedemüthiget; weswegen er sich den Namen Alle-

---

o) Julius Capitol. in Clodio Albino. Cap. VI.
p) Schœpflin Alſ. Illuſtr. Per. Rom. Sect. V. §. 34. p. 373.

mannicus zugeeignet: wurde aber hierauf ein so guter Freund derselben, daß er sich sogar Leibwachten aus ihnen erlesen q).

Weniger Glück aber widerfuhre dem Alexander Severus, welcher im Jahr 234 aus Antiochia durch Italien und Gallien ins Elsaß kame, und von da aus über den Rhein setzte, die rebellische Deutsche, so das Elsaß und andere disseits gelegene Römische Provinzen beunruhigten, zu bändigen. Dann als er nicht das geringste mit ihnen ausrichten konnte, mußte er noch schimpflicher Weise den Frieden von ihnen erkaufen; weswegen er von seinem Hauptmann Maximinus im Zelt erstochen worden r). Worauf Maximinus das Reich angetreten; und, nachdem er alle Gönner des Alexanders aus dem Weg geräumet, ist er das folgende Jahr 235 mit seinem General Balbinus, und einer auserlesenen Armee über den Rhein, bis in das Herz Deutschlands eingedrungen. Was er darinn ausgerichtet, erhellet aus dem, was er an den Rath zu Rom geschrieben, dieses Innhalts: "Wir haben den Deutschen „ 40000 Dörfer verbrennt, das Viehe hinweg„ genommen, Gefangene hinweggeführet, die „ Bewaffnete getödtet, in den Pfützen gekämpfet ꝛc.„

q) Spartianus in Antonino Caracalla, Cap. V & X, Hafner Cosm. in an. 214.

r) Münster. L. II. C. LVII. N. 25. p. 317. Dio L. LV, p. 564.

Hier aber müssen die Dörfer nicht verstanden werden, wie heut zu Tag die Dörfer sind; sondern eine jede Familie hat dazumal ihren Hof in der Mitte ihrer Güter gehabt: solchergestalten hatten Vater, Söhne und Enkel ihre Hütten beysammen, welche Familie aus 3, 5, 8, bis 12 Häuser bestehend, ein Dorf genennt worden. Hierauf ist Maximinus mit seiner siegreichen Armee in Ungarn und nach Smyrna vorgerücket, daselbsten gleiche Progressen zu machen s).

§. XXI. Unter der Regierung des Kaysers Maximinus, soll sich eine sonderbare Geschichte am Rhein zugetragen haben, welche, wie sie die mehreste Geschichtschreiber berühren, folgenden Innhalts ist: Die heilige Ursula, eine fürnehme Person aus Groß-Brittanien, wo damals schon der Christliche Glauben blühete, soll mit 11000 Jungfrauen sich zu End der Regierung des Kaysers Alexander Severus, welcher sehr mild mit den Christen verfahren, und dessen Mutter Mammäa selbst eine Christin gewesen, auf die Reiß begeben, und, dem Rhein-Strom nach, in Italien nach Rom gereiset seyn, die Wahl-Städte der HH. Märtyrer zu besuchen. Weil aber während ihrer Zurückreise Alexander Severus gestorben, und Maximinus, der ihn mit eigener Hand ermordet,

---

s) Haffners Cosmograph. ad ann. 237. Jul. Capit. in Maximin. Cap. XII. Dieser sagt unrecht CCCC millia; welche Zahl unglaublich wäre.

das Commando bekommen, hatten diese Wahlfahrterinnen das Unglück seiner Armee bey Cölln am Rhein in die Hände zu fallen: und weil unter andern hauptsächlich die Hunnen, ein barbarisches Volk, so damal bey der Armee des Maximinus ware, auf sie loß kamen, haben sie selbige, aus Haß des Christlichen Glaubens, sämtlich theils mit Pfeilen erschossen, theils in Stücke zerhauen. Dies ist die Geschichte der H. Ursula, soweit die mehreste Geschichtschreiber des mittlern Alters miteinander übereinkommen t).

Ueber das geben noch einige vor, daß verschiedene heilige Diener Gottes sie begleitet haben; darunter sie auch den H. Pantalum, ersten Bischoff von Augst (also wurde zuerst das Bisthum Basel genannt) zehlen. Andere sagen, daß verschiedene von ihren Gefährtinnen unter Wegs an Krankheiten eines natürlichen Tods gestorben: darunter sie drey, deren Namen unbekannt, in dem Sundgau begraben wissen wollen; die S. Aurelia aber soll zu Straßburg, und S. Eugenia zu Weisenburg kränklich zurückgeblieben und verschieden seyn. Soviel weiß man zuverlässig, daß schon vor dem achten Jahrhundert zu Straßburg eine Kirche zu Ehren einer H. Aurelia erbaut

---

t) Elisabetha Schœnaugiensis, Galfredus Monumetensis, Robertus Antisiodorens. Gotfredus Viterbiens. Martinus Polonus, Augustinus de Angona, Petrus de Natalibus, Cæsar Baronius, Anton. Pagius &c.

worden iſt. Ob ſie aber aus der Geſellſchaft der H. Urſula geweſen, ſind keine Beweißthümer vorhanden x).

Einige geben vor y), daß Urſula, ſamt 11000 andern Jungfrauen, vom Kayſer Maximinus aus Großbrittanien nach Trier verſchickt worden, um daſelbſt den Galliern, ihre Landſchaft beſſer zu bevölkern, ehelich heimzuſtellen. Weil ſie aber in ihrer Fahrt abwegs getrieben worden, ſeyen ſie den Hunnen und Sachſen in die Hände gefallen, und von ihnen erſchlagen worden.

Andere z) glauben, daß die Geſellſchaft den Namen *Undecimillæ* gehabt habe; woraus die Schriftſteller des mittlern Alterthums abgenommen, als ſollte es *undecim mille*, das iſt, eilf tauſend, geſchrieben ſeyn. Und dieſe laſſen die Zahl der Geſellſchaft unbeſtimmt.

Wieder andere a) ſagen, es ſeyen nur eilf Gefährtinnen der H. Urſula geweſen, weilen in den alten Geſchichten und Martyrologien hievon

---

x) Item Cron ach. in Urſula vindice. L. I. C. 7 & 8. Kœnigshofen Chr. Alſ. Cap. V. p. 279. Hertzog. Chron. Alſat. L. VIII. Cap. 18.

y) Aventinus Annal. Bojor. L. II. Wurſteiſen Chron. Baſil. Lib. II. C. VII.

z) Grandidier Hiſt. de l'Egliſe de Strasbourg. Tom. I. Liv. I. page 147. in notis vide g).

a) Vide ibidem.

nur die Römische Zahlen XI. M. V. stehen; welche man sowohl auf eilf gemarterte Jungfrauen, als auf eilf tausend Jungfrauen auslegen kann; welches um so wahrscheinlicher vorkommt, weil nach obbesagtem Namen der Gesellschaft *Undecimillæ*, (welcher laut Zeugniß des Abbé Grandidier b) in einem alten Meßbuch der Sorbonne zu Paris gefunden wird) nur eilf Gefährtinnen der Ursula herauskommen, wann man ihn unterscheidet in *undecim illæ*; zumahlen in den alten Schriften oft zwey Worte zusammengehängt gefunden worden. Solchergestalten konnten in den alten und ersten Beschreibungen dieser Geschichte gar leicht diese lateinische Worte gefunden worden seyn: S. Ursula & undecimillæ Virgines & Martyres, die H. Ursula und jene eilf Jungfrauen und Märtyrer.

Solchergestalten kann obige Erzehlung von ihrer Wallfahrt, Reiß, und was man immer Natürliches von der H. Ursula vorgiebt, wahrscheinlich, ja wahr seyn: Da im Gegentheil die Wallfahrt von 11000 Jungfrauen, durch so viele Länder, so im Hin- und Hergehen über 1000 Stund ausmachen, und welche allenthalben mit Heyden, so damal die Christen aufs eiferigste verfolgten, besetzt waren, nicht einmal wahrscheinlich, vielweniger wahrhaft seyn kann.

§. XXII. Im Jahr 241 sind die Franken

---

b) Vide ibidem.

über den Rhein gefallen, und haben schon würklich die Stadt Mayntz überrumpeln wollen, da Aurelianus mit der unter sich habenden sechsten Legion und andern angezogenen Truppen sie noch überfallen, bevor sie in grosser Anzahl den Rhein paßiert hatten. Dieser hat 700 derselben getödtet, 300 gefangen und verkauft, die übrige aber schlecht zugerichtet wieder hinübergejagt c).

Im Jahr 254, als der Kayser Valerianus seine mehreste Truppen mit sich in Orient gegen die Perser genommen, liesse er sehr wenig Besatzungen unter dem Commando seines Sohns Gallienus am Rhein: dahero die Franken und Allemannier zu allen Seiten des Rheins sich wieder feindlich bezeigten. Weil Gallienus sahe, daß er mit seinen wenigen Truppen, aller Rheinischen Vestungen und Schanzen ungeachtet, nicht im Stand seye allenthalben zu wehren, hat er mit einem der deutschen Fürsten Allianz gemacht, damit er den übrigen die Einfälle in die dißeitige Lande desto besser verwehren konnte d).

§. XXIII. Im Jahr 260 haben die Allemanier abermal das Elsaß überfallen, und solches der Länge nach ganz durchstreift, alle Orte geplündert und verwüstet, kamen endlich auch zu der Schutz-Stadt Augst (ohnweit Basel), ero-

---

c) Flavius Vobiscus in divo Aureliano. Cap. VII.
d) Zozimus Lib. I. Cap. XXX.

berten und verheerten dieselbe, und giengen von da in der Helvetier-Land, (Schweitz), Willens daselbsten ein gleiches zu verüben. Sie wurden aber vom Lucius Valerianus wieder zurückgetrieben, welcher, alsdann die Stadt Augst von neuem wieder befestiget hat e).

Als Gallienus nach dem Tod seines Vaters Valerianus, welcher in Persischer Gefangenschaft gestorben, sich auf Wollüsten verlegte, und sich der Regierung wenig annahme, ja die Gränzen am Rhein sehr schlecht besetzt hielte, kamen die Deutschen abermal unter ihrem König Chrokus ins Elsaß und Gallien; und nachdem sie diese Länder geplündert und verwüstet hatten, sind sie wieder mit grosser Beut in ihr Land zurückgekehret. Dahero die Gallier den Gallienus des Reichs entsetzet, und ihren Stadthalter Posthumus zum Kayser ernennet haben: welcher den Salonius, des Gallienus Sohn, zu Cölln belagert, und, nach eroberter Stadt, ihn samt seinem Lehrmeister ermordet hat. Als Gallienus hievon Nachricht erhalten, kame er alsobald mit einer grossen Armee wider den Posthumus angezogen. Weil dieser Letztere aber seinen Soldaten das Plündern in der Stadt Mannz nicht verstatten wollte, ist er von solchen getödtet worden f).

---

e) Haffner Cosmograph. Solodur. ad ann. 260.
f) Aurel. Victor. in Epitom. C. XXXI. Tillemont Hist. des Emper. T. III. p. 299.

§. XXIV. Im Jahr 277 ist der Kayser Probus an den Rhein gekommen, und hat die Deutsche, welche unter ihrem König Chrokus zum öftern ins Elsaß und Schweitz gefallen, nicht nur aus diesen Landen vertrieben, sondern ihnen auch 70 Städte, so sie disseits des Rheins eingenommen hatten, abgejagt. In verschiedenen Treffen und Belagerungen hat er 40000 derselben getödtet, 16000 gefangen, und diejenige, so seinem Schwerd entronnen, bis über den Neckar getrieben. Hernach hat er den Wall und hölzerne Schanze, so Hadrianus lang zuvor wider der Deutschen Einfälle gemacht, und die sie indessen verwüstet hatten, wieder mit steinernen Mauren hergestellet, und mit starken Garnisonen versehn g). Er hielte auch immer Schiffe auf dem Rhein in Bereitschaft, um auf solchen die Deutsche alle Augenblick überfallen zu können; diese aber haben solche nächtlicher Weil im Rauch aufgehn lassen. Er hatte seinen Namen Probus (fromm) auch in der That bewiesen, zumahlen er alle Beut, so er den Deutschen abgenommen, wieder denjenigen zugestellet, denen sie von diesen entwendet ware.

§. XXV. Als im Jahr 283 Kayser Probus gestorben, fielen die Deutsche von neuem ins Elsaß, und die Gallier empörten sich auch wider die Römer; dahero Kayser Carus seinen Sohn Ca-

---

g) Vobiscus in Probo Imperatore Cap. XIII. & XV. Haffneri Cosmograph. ad ann. 277.

rinus dahin schickte, die Unruhen zu stillen. Als dieser aber wenig ausgerichtet, kame Maximianus dahin; welcher nicht nur die Rebellen in Gallien wieder zum Gehorsam gebracht, sondern auch die Burgunder und Allemannier, so im Jahr 286 ins Elsaß fielen, in dem Vogesischen Geburg dermaſſen in die Enge getrieben, daß sie fast sämtlich durch Hunger und Schwerd aufgerieben wurden h). Hierauf schickte Maximianus den Feldherrn Carausius wider die Franken und Sachsen, um selbige zu demüthigen: dieser aber ware so unglücklich, daß er selbst, samt vielen der Seinigen, im Treffen geblieben. Damit nun die Einwohner und Garnisonen des Landes bey nochmahligem Einfall der Deutschen einen sichern Zufluchtsort hätten, hat Maximianus das veste Schloß Altitona (Hohenburg, jetzt Odilien-Berg genannt,) auf einem gähen Felsen i) besser befestiget, und die obere Fläche des Bergs mit einer grossen Zikzak laufenden Maur eingefangen, welche eine halbe Stund lang, und eine Viertelstund breit ist. Diese Maur, davon noch einige Rudera zu sehen, ware von lauter grosen Quater gemacht, nicht verküttet, noch mit Kalch gemauert, sondern bestunde nur aus aufeinandergesetzten, und mit eichenen Schwalbenschwänzen zusamengesetzten

---

h) Schœpflin Alsat. Illustr. Tom. I. L. II. Sect. V. §. 57. & 58.

i) Schilterus in Obſerv. in Kœnigshofen. Hist. Lombard. Mscpt. p. 101.

Steinen, und hatte in der Höhe 9 bis 11, in der Dicke aber 6 bis 8 Schuhe. Am äussersten Spitze derselben ware ein Wacht=Thurn, der Wachtelstein genannt; die Maur aber wurde die Heyden=Maur in den folgenden Zeiten genannt k).

§. XXVI. Nachdem die Franken, Schwaben und Allemannier im Jahr 294, die vom Probus gemachte Mauren, Wall und Schanzen wieder ruinirt hatten, sind sie endlich im Jahr 296 in die 400,000 Mann stark über den Rhein marschieret, und haben das Triboccer=Sequaner= und Lingoner=Land, (das ist, das Elsaß, Comté und Lothringen,) fast gänzlich verwüstet, bis sie Constantius Chlorus, der tapfere Römische Stadthalter von Gallien, im Jahr 297 im Lothringischen angegriffen, wobey er Anfangs zurückgetrieben worden, und fast sein Leben selbst eingebüßt hätte: als er aber seine Armee von neuem verstärket, und alle Garnisonen an sich gezogen, um der so zahlreichen feindlichen Armee gewachsen zu seyn, hat er dieselbe bey Langres, der Lingoner Haupt=Stadt, mit solcher Furie angegriffen, daß sie endlich, nachdem 60000 derselben ins Gras gebissen, die Flucht über das Vogesische Gebirg nehmen mußten l).

Ohnerachtet die Deutsche durch dies Treffen

---

k) Schœpflin Alf. III. T. I. L. II. Sect. VI. C. XIV. §. 169. & seqq.

l) Haffner Cofmograph. ad annum 296.

eine ziemliche Schlappe bekommen, wollten sie doch die Sache noch nicht gänzlich aufgeben, sondern setzten sich von neuem im Elsaß, und liessen die dasige Einwohner ihre Wuth mit Plündern, Sengen und Brennen ziemlich verspühren. Dahero Constantius das folgende Jahr 298, nachdem er seine Armee, welche in dem Treffen bey Langres auch viel gelitten, nochmahlen verstärket, über das Vogesische Gebürg in das Elsaß gekommen, die streifende Feinde von neuem überfallen, hin und wieder 30000 derselben erlegt, und die übrige wieder über den Rhein gejagt hat.

Zwey Jahr hernach versuchten die Allemannier ihr Glück nochmahlen, und fielen in die Schweitz; wurden aber vom nemlichen Constantius auch aus diesem Land getrieben. Wornach er zur Sicherheit der Helvetier die Schutz-Stadt Constanz am Boden-See erbauen, und sie nach seinem Namen nennen ließ. Auf diese herrliche Thaten sind die Römische Unterthanen wieder in die Ruhe gesetzt worden, bis auf den Tod des Constantius, welcher im Jahr 306 erfolgte m).

§. XXVII. Im Jahr 303 hat die Christen-Verfolgung des Kaysers Diocletianus viele Unruhe im Elsaß verursachet; weil das Christenthum unter dem milden Commando des Constantius Chlorus, welcher im Jahr 292 zum Regent über

---

m) Haffner Cronic. Solodurens. ad ann. 300.

Gallien gemacht worden, sich darinnen ziemlich ausgebreitet hatte. Doch hat diese Tyranney nur zwey Jahr gedauert; dann so bald Constantius Kayser geworden, hat nicht nur allein die Christen-Verfolgung durch Vermittlung seiner Gemahlin Helena, so selbst eine Christin ware, aufgehöret, sondern die Christen haben unter ihm und seinem Sohn allen Schutz erlanget.

Als im Jahr 306 Kayser Constantius gestorben, hat der deutsche König Chrokus die Armee am Rhein dahin beredet, daß sie dessen Sohn Constantinus zum Kayser erwählet. Aus Erkenntniß dessen dieser mit den Allemanniern in guter Verständniß geblieben, ja ein genaues Bündniß mit ihrem König Chrokus gemacht hat n).

Sobald aber Chrokus gestorben, haben die Allemannier, Franken, und andere Deutsche sich miteinander wider die Römer verbunden, und haben das Elsaß abermal überfallen; sind aber vom Kayser Constantinus alsobald wieder mit blutigen Köpfen zurückgewiesen worden o).

§. XXVIII. Als im Jahr 312 der Kayser Constantinus wider den Tyrann Maxentius, des Maximianus Sohn, zu Feld ziehen wollte, hat er

---

n) Victor in Epitome C. XLI.
o) Nazarius in Panegyr. Constant. Cap. XVIII. Eutropius L. X. C. II. Eumenes in Paneg. Const. C. X. & seqq.

seine mehreste Truppen am Rhein gelassen, um die disseitige Provinzen für ferneren Einfällen der Deutschen zu sichern: darum er nur den vierten Theil derselben, darunter sehr viele Deutsche waren, mit sich genommen, voll Vertrauen auf die Erscheinung, so ihm ein Kreuz vorstellte, um welches die Worte „ In hoc signo vinces: **In diesem Zeichen wirst du überwinden** ,, geschrieben stunden; weswegen er nur mit wenig Truppen gedachte, seinen Feind zu überfallen; welcher aber in der Flucht über die Fall=Brücke, so er dem Constantinus aus Betrug zugerichtet, unvorsichtig selbsten gejagt, und in der Tyber ertrunken ist; welches im Jahr 313 geschehen.

Wegen dem Ort der Erscheinung gedachten Kreuzes, sind die Autoren wieder verschiedenen Sinns. Eusebius p) sagt nur: daß sie an dem Ort geschehen, wo sich Constantinus mit dem Schwerd umgürtete, als er sich auf die Reiß machte. P. la Guille q) sagt: daß die Elsässer entweder Zuschauer dieses Wunders, oder wenigstens nahe dabey gewesen. Brucherius r) ein Niederländer sagt: daß sie im Niederland zu Neumagen ohnweit Trier, zur Rechten der Mosel geschehen. Schöpflin s) sagt: sie seye in Frank=

---

p) Euseb. in vita Constantini. L. I. C. XXVI.
q) Histoire d'Alsace. Liv. II. p. 20.
r) Belg. Rom. L. VIII. Cap. VI. p. 243.
s) Als. Illustr. T. I. L. II. Sect. V. §. 61. p. 393.

reich geschehen, und nimmt besagte Rede des Eusebii zum Zeugniß. Einige geben vor zu Besançon, andere zu Rom, wieder andere, in der Schweitz seye sie geschehen.

Eine kurze Anmerkung hierüber zu machen, so ist diese Erscheinung 1) nicht bey der Schlacht, oder in Italien, sondern vor der Abreiß des Constantinus mit der Armee geschehen; weil er wieder ein so mächtig Heer von 192000 Mann viel zu wenig Truppen mit sich genommen, und drey Theil seiner Völker, so er in Gallien und am Rhein hatte, zurückgelassen hat. Folglich muß er vor seiner Abreiß sich schon auf den göttlichen Beystand verlassen haben. 2) Ist es nicht in Gallien geschehen, weil er, wegen den öfteren Einfällen der Deutschen, seine mehreste und beste Truppen am Rhein hatte; und, um alle Augenblick wider diese gerüstet zu seyn, selbst bey seiner Observations- und Schutz-Armee am Rhein gegenwärtig seyn mußte: Folglich muß sie irgendwo am Rhein geschehen seyn. 3) Da sie laut des Eusebii Zeugniß geschehen, als er, um wider den Maxentius in Krieg zu ziehen, sich mit dem Schwerd umgürtete, muß sie sich bey einer Haupt-Stadt am Ober-Rhein zugetragen haben, wo er nemlich seine Truppen versammelte, und selbige musterte. Folglich müßte diese Erscheinung entweder bey Straßburg, oder einer andern Vestung im Elsaß, oder bey Augst geschehen seyn; nach der Meinung des P. la Guille, welcher die

Elsässer zu Zuschauern, oder wenigstens zu Nachbarn derselben macht.

§. XXIX. Kaum hatte Constantinus den Marentius aus dem Weg, kame er im Jahr 314 gleich wieder an den Rhein zurück, die Franken, welche neue Einfälle versuchten, zurückzutreiben. Nachdem er den Rhein wieder in Sicherheit gestellet, verfügte er sich in Gallien, und hat dessen vier Haupt-Provinzen in verschiedene kleinere, wie auch in ihre Bisthümer eingetheilt. Desgleichen hat er auch das Ober- und Nieder-Deutschland in verschiedene Provinzen zertheilet. Das Ober-Elsaß, welches durch den Landgraben vom Untern abgesondert, wurde zu dem Burgunder-Krayß, das Unter-Elsaß aber zum obern Deutschland gerechnet t).

§. XXX. Im Jahr 327 sind die Allemannier abermahl über den Rhein ins Elsaß und Gallien gedrungen, aber vom Constantius, des Constantinus M. Sohn, wider daraus vertrieben worden. Also hat auch Constans im Jahr 342 die Franken, so zu wiederholten mahlen in gedachte Länder eingefallen, wieder mit blutigen Köpfen zuruckgewiesen u).

Im Jahr 337 setzte Constantius mit seiner Armee, die er im Elsaß verstärkt hatte, über den Rhein,

---

t) Schœpflin Alſat. Illuſtr. T. I. L. II. Sect. V. §. 62.
u) Idem ibidem §. 63. p. 395.

Rhein, um den unruhigen Allemanniern ein Gebiß einzulegen. Die zween Brüder Gundomadus und Vadomarius, Herzoge von Allemannien, wollten ihm zwar die Ueberfahrt bey Augst verwehren, wurden aber beede von ihm überwunden, und zurückgetrieben x).

§. XXXI. Als im Jahr 351 Constans durch die Aufruhr des Magnentius ums Leben gekommen, sind die Deutschen wieder häufig über den Rhein ins Elsaß und Gallien gefallen, ohnerachtet sie selbst unter sich uneins waren: dann die Franken hielten es mit Magnentius, und die Allemannier mit Constantius. Anstatt daß diese aber dem Julianus, des Constantius Sohn, helfen sollten, haben sie nur das Gallien ausgeplündert, die Stadt Lyon erobert, und wollten sich mit Gewalt in Gallien wohnhaft machen. Julianus liesse sie eine Zeitlang ungehindert ihren Frevel ausüben, weil sie ihm Hülfs-Truppen wider den Magnentius zugeschickt hatten. Sobald er aber diesen überwunden, und 45000 der Feinde erlegt, auch selbige nach verlohrner Schlacht in Italien geflohen, hat er auch diese untreue Knechte aus Gallien vertrieben. Als sie sich aber im Elsaß vestsetzten, hat er sie bey Straßburg angegriffen, und über den Rhein gejagt y). Kaum

---

x) Wursteisens Basler-Chronik. L. II. C. II.
y) Socrates Hist. Eccles. Lib. III. Cap. I. p. 166. Zosimus L. II. C. LIV. Haffner Chron. Solotur, ad ann. 351.

waren sie aber jenseits des Rheins, streiften sie in das Rhätier-Land bis gen Graubünden, wo sie ebenfalls vom Kayser Constantius Widerstand gefunden, welcher, zur grössern Sicherheit des Lands, die Stadt Chur erbauen ließ z).

§. XXXII. Als hierauf Constantius und Julianus in Italien eilten, um den Magnentius zu verfolgen, überließ Constantius seinem andern Sohn Decentius das Commando am Rhein und in Gallien. Weil nun dieser kein sonderlicher Kriegsheld ware, und die Deutschen wieder durch die Abwesenheit des Constantius und Julianus Luft bekommen, sind sie unter ihrem König Chnodomarus 35000 Mann stark ins Elsaß, und sodann in Gallien eingefallen, haben den Decentius geschlagen, und gedachte Länder sauber ausgeplündert, ja fast alle Städte am Rhein verwüstet. Ohneracht Constantius hievon Nachricht bekommen, mußte er doch dieses alles geduldig leiden, nur damit er mit gesammter Macht auf den Magnentius losgehen konnte. Durch das Beyspiel des Chnodomarus, welcher im untern Elsaß ware, angetrieben, haben im Jahr 354 die beede Brüder, Gundomadus und Vadomarius, sich auch über den Rhein gemacht, und mit Sengen und Brennen sowohl das Ober-Elsaß als Sequaner-Land verwüstet: dahero Constantius sich genöthiget sahe, aus Italien zu kommen, und diese fre-

---

z) Wurstisens Basler-Chronik. Lib. II. Cap. II.

selhafte Feinde zu vertreiben; auf dessen Annäherung sie sich alsobald mit ihrer Beut aus dem Staube gemacht. Constantius, hiemit nicht zufrieden, wollte eine Brücke über den Rhein schlagen lassen, sie in ihrem eigenen Land anzugreiffen, und zu demüthigen. Weil sie aber seinem Rach-Schwerd vorgekommen, und Gesandte, um Frieden zu bitten, geschickt, hat er sie in den Römischen Schutz und Bund aufgenommen, und ist wieder in Italien verreißt a).

Sie haben aber ihre Versprechen schlecht gehalten; dann das folgende Jahr 355 haben die Linzgäuer die Römer unter dem Obrist-Rittmeister Arbetius bey Bregenz unversehens überfallen, passierten den Rhein, ruckten in Gallien vor, verwüsteten viele Städte, und schleppten sowohl die Leuth als Beute mit sich; wurden aber vom nemlichen Arbetius, nachdem er sich wieder erhohlet, geschlagen und zuruckgetrieben b).

§. XXXIII. In gedachtem Jahr 355 hat der Kayser Constantius seinen Sohn Julianus auf Anrathen seiner Gemahlin Eusebia zum Stadthalter von Gallien gemacht: wornach dieser alsobald dahin gekommen, und im Jahr 356 die Allemannier bey Autun im Lugdunensischen geschlagen, auch durch das Vogesische Gebürg verfolget hat; wobey sie ihm den Durchbruch durch die

---

a) Ammianus Marcellinus L. XIV. Cap. X.
b) Idem. L. XV. Cap. IV.

Thäler ziemlich bitter gemacht haben. Es wären ihm auch beynahe zwo Legionen, welche vorangiengen, zuschanden gehauen worden, wann nicht die Armee noch zeitlich genug darzu gekommen, und ihnen Luft gemacht hätte.

Als er endlich mit harter Mühe ins Elsaß gekommen, fande er alles im elendesten Zustand, und 45 Städte waren gänzlich verwüstet: daher er sich entschloß, das Aeusserste zu wagen, diese so verderbliche Feinde auszurotten c).

Um dieses besser zu bewürken, hat er sie zuerst aus den haltbaren Orten verjagt. Zabern haben sie freywillig verlassen; Brocomagus (Brumat) hat er mit Sturm erobert, und die Garnison niedergemacht; solchergestalten hat er einen Ort nach dem andern wieder in die Hände bekommen. Endlich, als die Feinde von neuem gedachtes Brumat überfallen und einnehmen wollten, kame es daselbst zu einem Treffen, in welchem jene den kürzeren gezogen, und voller Furcht sich über den Rhein gerettet haben d).

§. XXXIV. Als er solchergestalten das Elsaß wieder von Feinden gesäubert, gienge er auch an den Unter-Rhein auf die Franken los, welche öfters bey Cölln über den Rhein fielen; durfte

---

c) Ammian. Marcell. L. XV. C. VIII. Julian. Epist. ad S. P. Q. Athen. p. 972.

d) Ammian. Lib. XVI. Cap. III.

sich aber nicht lang daselbst verweilen, zumahlen er vernommen, daß die Deutsche von neuem über den Ober-Rhein gebrochen; darum er eilends zurückgekommen, Willens sich mit dem Obrist-Rittmeister Marcellus zu vereinigen. Weil dieser aber, wie man muthmasset, mit Genehmigung des Kaysers Constantius dem Julianus seine Unternehmungen beschwerlich zu machen trachtete, hat er durch Hin- und Wiedermarschieren die Vereinigung verhindert: weswegen er auf die Klag des Julianus das folgende Jahr 357 zurückberuffen, aber durch den Barbatio, welcher eben so untreu ware, wie er, ersetzt worden; als welchem 25000 Mann bey Raurach, oder Augst, zu commandieren übergeben worden e).

Als Julianus eine Brück über den Rhein schlagen wollte, die Feinde in ihren eigenen Wohnungen heimzusuchen, begehrte er vom Barbatio seine 7 Schiffe, so er bey Augst hatte. Damit dieser ihm solches versagen konnte, fienge er selbsten an eine Brück, in der Gegend wo jetzt Basel ist, zu bauen, sich stellend, als wann er auch ernsthaft auf die Feind losgehen wollte. Nichtsdestoweniger hat doch Julianus durch Schiffe, die er von den Feinden erobert, über den Rhein gesetzet, und selbige von den Ufern dieses Stroms abgetrieben. Die Deutsche, welche diese Uneinigkeit merkten, sind ganz beherzt im Sundgau über den

---
e) Libanius Orat. X. pag. 273.

Rhein marschiert, und haben bis nach Lyon ge=
ſtreiffet; welchen Julianus in dem Vogeſiſchen
Gebürg aufgepaſſet, und in ihrem Ruckzug viele
derſelben durch ſeine Reuter niederhauen laſſen.
Die Deutſche merkend, daß ihnen der Paß durch
das Vogeſiſche Gebürg abgeſchnitten, wendeten
ſich durch die Schweitz, und haben den Barbatio
im Heimziehen noch wafer geklopfet; worüber er
nach Haus beruffen worden f).

§. XXXV. Bald darauf in eben dieſem Jahr
357 kame der deutſche König Chnodomarius mit
noch 6 andern deutſchen Fürſten, nemlich: Ve=
ſtralpius, Urius, Urſicinus, Serapio, Suoma=
rius und Hortarius, bey Straßburg über den
Rhein, und dies um ſo muthiger, weil der Rö=
miſche General Barbatio kurz zuvor geſchlagen
worden g). Julianus, welcher noch allezeit mit
Befeſtigung und Herſtellung der Stadt Zabern be=
ſchäftiget ware, durfte es mit ſeinen 13000 Mann
ſo er bey ſich hatte, nicht gleich gegen die feind=
liche Armee, ſo über 50000 ſtark ware, wagen:
dahero er ſich zu Zabern verweilte, bis er meh=
rere Truppen an ſich gezogen hatte. Chnodoma=
rius, welcher meinte, Julianus dörfe es wegen
der wenigen Mannſchaft nicht mit ihm wagen,
ſchickte erſtlich Geſandte zu ihm, mit dem Begehren:
er ſolle ihnen das Elſaß abtretten, welches ſein

---

f) Beatus Rhenanus Rer. Germanar. L. I. pag. 78.
g) Schœpflin Alſat. Illuſtr, T. I. L. II. Sect. V. §. 74.

Vater Constantius ihnen schriftlich übergeben. (Dann, als dieser mit dem Magnentius zu thun hatte, mußte er den Deutschen alle beliebige Bedingnissen eingehen, damit sie ihm Zeit liessen jenen zu verfolgen.) So hoffärtig Chnodomarius in seinem Begehren ware, eben so stolz hat Julianus seine Gesandte bey sich behalten, biß er den Vestungsbau von Zabern vollendet, und mehrere Truppen an sich gezogen hatte. Kaum hatte er Verstärkungen erhalten, so gienge er auf den Feind los, welcher auf seine Annäherung sich gleich in Schlacht-Ordnung stellte h). Das Treffen wurde zwischen Straßburg und Haußbergen gehalten, und ware beyderseits so hitzig, daß, ohngeachtet die Römer von der Menge der Feinde gleichsam umgeben waren, sie sich doch nicht ergeben, ja nur desto verzweifelter gestritten haben. Während der Aktion kame der Batavier (Holländer) König mit einer grossen Armee dem Julianus zu Hülff i), der mit seinen Truppen den Deutschen in den Rücken gehauen; wodurch die Römer nicht nur allein Luft und frischen Muth bekommen, sondern auch die Deutsche in solche Unordnung gebracht wurden, daß sie sich um die Flucht umgesehn. Chnodomarius sammelte die seinige von neuem, und drunge mitten in die Römer ein: allein der erfrischte Muth in diesen,

---

h) Beat. Rhenan. Rer. German. L. III p. 320.
i) Ammian. Marcellin. L. XVI. C XII. p. 113.

und durch der Batavier Ankunft eingejagte Furcht in den Deutschen, liessen nicht zu, daß sie sich wieder erhohlen konnten; darum ein jeder sich zu retten trachtete, so gut er konnte: viele sind noch in der Flucht theils erschlagen, theils erschossen worden. Die mehreste, so dem Schwerd der Feinde entgangen, sind von den Wellen des Rheins verschlungen worden. Chnodomarius hat mit etlich hundert die Flucht in sein voriges Lager, so er ehedessen zwischen Lautenburg und Altstadt hatte, genommen k), von wannen er eingeholt, und in das Lager geführt wurde, woselbst ihn Julianus ganz gnädig empfangen, und zum Kayser geschickt. Auf dem Schlachtfeld sind über 6000 Deutsche gefunden worden, und noch mehr sind auf der Flucht und im Wasser umgekommen, da doch dieser Sieg die Römer viel weniger Volk gekostet. Die mehreste Geschichtschreiber schätzen den ganzen feindlichen Verlust bis auf 30000; die übrige sollen sich mit Schwimmen und Nachen über den Rhein salviert haben. Das Volk wurde hierdurch dem Julianus so geneigt, daß es ihm den Titul Augustus beylegen, und für seinen Kayser erkennen wollte; welches Julianus aber aus Lieb gegen seinen Vater nicht annehmen wollte l).

---

k) Lud. la Guille Hist. d'Alf. Part. I. L. II. p. 24.
l) Ammian. Marc. L. XVI, C. XII. p. 116. Libanius Orat. X.

§. XXXVI. Nach diesem Sieg hat sich Julianus nach Maynz verfüget, die daselbst rebellische Soldaten zu bändigen. Von dannen begabe er sich über den Rhein, und hat die Schanze des Trajanus erneuert, und wohl besetzet. Dahero die deutschen Fürsten Gesandte zu ihm geschickt, den Frieden von ihm zu begehren: ja drey derselben kamen bald selbsten ins Lager, mit ihm ein Bündniß zu machen m).

Das folgende Jahr 358 kam auch der deutsche König Suomarius, und gab alle Römische Gefangene zurück. Seinem Exempel folgte auch Hortarius, so mit dem Chnodomarius zu Straßburg im Treffen gewesen. Solchergestalten hat Julianus 20000 Gefangene bekommen, so mehrentheils Elsäßer gewesen. Hierdurch hat das Elsaß nicht nur seine Städte und Einwohner wieder bekommen, sondern Julianus hat vor dessen Unterhaltung auch Getraid aus Brittannien kommen lassen n).

In eben diesem Jahr 358, wo die Bevestigung und Ausbesserung der Stadt Zabern vollendet wäre, hat Julianus aus den ruinirten Orten Augst, Olée und Arialbino, an dem Rhein, wo zuvor schon etliche Fischer- und Kaufmanns-

---

m) Schœpflin Alſ. Illuſtr. T. I. L. II. Sect V. §. 83. p. 407.

n) Wurſteiſen Chronic. Baſileenſ. L. II. C. II. Haffner coſmogr. ad an. 358.

Häuser waren, die Stadt Basel erbauen, und zur Sicherheit der Rauracher solche mit Mauren umfangen lassen o).

§. XXXVII. Im Jahr 359 ist Julianus wieder ohnweit Maynz über den Rhein marschiert, dahero die jenseitige Deutsche die Flucht genommen; wornach er alle ihre Länder, ausgenommen des Hortarius, so den Römern treu verblieben, mit Feur und Schwerd verwüstet hat.

Als er hierauf wieder nach Straßburg gekommen, sind die zween Brüder Marianus und Hariobaudus dahin gekommen, um Frieden anzuhalten, welchen sie auch erhalten. Gleich darauf kam auch Vadomarius, so im Breisgau regierte; auch dieser hat Gnad erlanget. Vor die drey übrige Fürsten, Ursius, Ursicinus und Vestralpius, für welche er um Gnad anhielte, konnte er nichts erhalten, sondern Julianus hat ihre Länder gänzlich verwüstet: die drey obige aber, so sich ergeben hatten, mußten den Römern zinsbar seyn, und die Gefangene zurückgeben p).

§. XXXVIII. Als im Jahr 360 Constantins das Volk aus Gallien und vom Rhein gegen die Perser berufte, wurde dieses rebellisch, und ernennte den Julianus zum Kayser; gienge auch

---

o) Wurstesen ibidem. Cap. III.

p) Ammian. Marc. L. XVIII. C. II. & L. XX C. IV. Wurstesen ibidem.

nicht aus dem Land, sondern bliebe mit dem Julianus am Rhein, denn dieser hatte damahl mit den Franken zu thun, welche zum öftern in der Bundsgenossenen Länder am Unter-Rhein Einfälle gemacht. Als er diese geschlagen, verfolget und auseinander gejagt hatte, kame er wieder ins Elsaß, gienge nach Augst, und von da nach Vienne in die Winter-Quartiere q).

Im Jahr 361 hat Vadomarius, welcher fünf Jahr des Julianus guter Freund ware, mitten im Winter über den Rhein gesetzet, ist ins Rauracher-Gebieth eingedrungen, Willens auch in das Sequaner-Land zu fallen. Der General Libino setzte sich ihm zwar bey Sekingen entgegen, wurde aber samt vielen Tausenden der Seinigen erlegt r). Vadomarius, durch diesen Sieg aufgeblasen, rückte weiter vor, und würde vor diesmal dem Julianus ziemlich Hitze gemacht haben, wann er ihm nicht mit List in die Hände gespielet, und in Spanien gefangen geschickt worden wäre: wornach sein Sohn Witigab, ein beherzter und verwegener Mann, das Commando seiner Truppen übernommen, und den disseitigen Provinzen des Rheins, besonders dem Elsaß, manchen derben Streich versetzet hat.

§. XXXIX. Als Julianus im Jahr 365 bey den Persern umgekommen, kamen verschie-

---

q) Ammian. Marcell. L. XX. Cap. IV. & X.,
r) Idem L. XXI. Cap. III. & IV.

dene deutsche Nationen wieder über den Rhein, das Elsaß zu beunruhigen. Andere deutsche Fürsten aber schickten ihre Gesandte zu dem Valentinianus in Gallien, ihm ihre Hülfe wider die übrige zu erbiethen: weil sie aber nicht nach Standes-Gebühr, sondern niederträchtig von ihm empfangen wurden, schlugen sich diese auch zu den übrigen, und haben das Elsaß, Rauracher- und Sequaner-Land jämmerlich verwüstet, wurden aber das folgende Jahr vom General Justinus wieder zurückgewiesen s). Hierauf hat Valentinianus im Jahr 374 verschiedene Schlösser am Rhein, und unter andern auch die Burg *Robur* zu Basel erbaut, an dem nemlichen Ort, wo jetzt die Domkirch stehet, welcher Platz bis auf den heutigen Tag noch Auf Burg genannt wird. Es ist selbige aber im Jahr 407 wieder von den Wenden, Sueven und Alanen zerstöhret worden t).

Im Jahr 366 sind die Deutschen bey kältester Winterszeit über den gefrornen Rhein gegangen, und haben das Elsaß wieder hart mitgenommen, auch den Römischen General Charitto, so sich ihnen widersetzte, geschlagen, den General selbsten getödtet, den Herulern und Bataviern ihre Panier hinweggenommen, und die Römer bis in Gallien verfolget. Als Valentinianus der flüchtigen Ar-

---

s) Ammian. Marcell. L. XXVI. Cap. IV.

t) Idem ibidem Cap. V. Wurstesens Basler-Chronik L. II. C. IV.

mee zu Hülf gekommen, hat er ihr Muth eingesprochen, die Feinde zwischen Toul und Metz angegriffen, und in die Flucht geschlagen u). Hierauf machte er sich an die andere Armee der Deutschen, grieffe sie bey Chalons sur Marne an, tödtete 6000, und bekame ihren König, den er aufhenken liesse, samt 4000 der Seinigen gefangen, da doch der Römer, ohngeachtet des tapferen Widerstands, nur 1200 im Treffen geblieben y).

§. XL. Als im Jahr 367 der deutsche König Witigab zum öftern das Elsaß beunruhigte, und von den Römern nicht ins Netz gebracht werden konnte, haben diese einen seiner Hofherrn bestochen, daß er ihn im Jahr 368 verrätherischer Weiß ermordet: wornach der Mörder seine Zuflucht nach Straßburg genommen, das Elsaß aber wieder ein wenig Ruhe bekommen. Das folgende Jahr 369 aber gienge es desto hitziger jenseits des Rheins zu: zumahlen Valentinianus über den Rhein setzte, die Deutschen bey Sulz unterhalb Rotweil, links am Neckar angrieffe, und sie von ihrem Posten am Berg, mit grossem Blutvergiessen in die Waldungen triebe: wornach er wieder zurückkame, und die von den Deutschen verheerte Bestungen Brisach, Kembs und andere Orte von neuem befestigte y).

---

u) Ammian. L. XXVII. C. I. & II. Zozimus L. IV. C. IX.
x) Valesius in regio codice.
y) Phil. Cluveri. Germ. antiq. L. III. p. 16. Franc. Guillimann. de reb. Helvet. L. II. Cap. 5. p. 186.

Als im Jahr 370 die Burgunder 80000 Mann stark ins Ober-Elsaß, die Allemannier aber unter dem Makrianus im Unterland über den Rhein kamen, hat Valentinianus, um die Allemannier desto besser zu bezwingen, mit den Burgundern ein Bündniß gemacht, mit deren Hülf er auf jene losgegangen: weil sie aber keinen Stand hielten, hat er ihr Land haar-klein ausgeplündert und verwüstet z).

§. XLI. Im Jahr 378 sind die Linzgäuer unter Anführung ihres Königs Priarius 40000 Mann stark zur Winterszeit über den gefrornen Rhein gegangen, Willens, ganz Gallien in Besitz zu nehmen, weil die mehreste Römische Truppen ins Jllyrische verreiset waren. Gratianus, so damals von seinem Vater Valentinianus das Commando in Gallien und am Rhein bekommen, sobald er von deren Ankunft Nachricht erhalten, liesse gleich die letztere Truppen, so er in Ungarn zu marschieren geschickt, wieder zurückberuffen, raffte in aller Eil so viel Volk zusammen, als er konnte, grieffe gedachte Feinde bey Argentuaria (heut zu Tag Horburg genannt, eine halbe Stund von Colmar gelegen,) mit so hartnäckigem Widerstand an, daß 30000 derselben auf dem Platz geblieben, die übrige aber ihr Leben kümmerlich mit der Flucht gerettet a). Hierauf hat er den

---

z) Ammian. L. XXVIII. C. V. & L. XXIX. C. IV.
a) Ammian. L. XXXI. Cap. X. Sebast. Münster.

Rhein paſſieret, das ganze Linzgau verwüſtet, und, nachdem er die Feinde, ſo ſich in die Berge und Waldungen gerettet, durch Hunger und Noth zur Uebergab gezwungen, ſelbige wieder in ihr Land zur Ruhe geſchicket b).

§. XLII. Im Jahr 383 hat ſich der Tyrann Maximus in Brittannien zum Kayſer aufgeworfen, und mit unglaublicher Geſchwindigkeit ganz Gallien und Spanien unterjocht. Gratianus wollte ihm gleich Anfangs widerſtehen, iſt aber noch dieſes Jahr zu Lyon geſtorben. Dahero jener auch an den Rhein gekommen, und das Elſaß gleich andern Provinzen unter ſeine Bottmäſſigkeit gebracht hat c).

Im Jahr 392 hat Eugenius, nachdem er den Valens umgebracht, ſich in Gallien zum Kayſer aufgeworfen, und mit den Franken und Allemanniern eine Bündniß gemacht. Als aber auch jener aus dem Weg geraumt worden, haben die Allemannier von neuem ins Elſaß geſtreiffet; weswegen Honorius, Kayſer in Occident, im Jahr 395 ſeinen Feldherrn Stylico wider ſie geſchickt, welcher ihnen auch das folgende Jahr einen herrlichen Sieg abgejagt, und ſie mit blutigen Köpfen wieder aus dem Elſaß über den Rhein gewieſen,

---

Coſmogr. L. II. C. LVII. Num. 45. p. 325.
Haffner Coſmograph. Solotur. ad ann. 377.

b) Schœpflin Alſ. Illuſtr. L. II. Sect. V. §. 102.

c) Zoſimus L. IV. Cap. XXXV.

ihren Feldherrn Markomirus aber gefangen nach Rom geschicket hat, wormit dem Rheinstrom wieder Ruhe verschaffet worden d).

§. XLIiI Im Jahr 404 kamen die Franken bey Maynz über den Rhein, ihr Glück in Gallien zu probieren, fanden auch damahl wegen innerlichen Mißhelligkeiten Gelegenheit das erstemal vesten Fuß darinn zu setzen, bey welchem Vortheil sie aber nicht lang gelassen wurden: dann als der General Stylico, so ein gebohrner Wandal ware, und seinen Sohn Eucharius auf den Thron zu setzen verlangte, seine Landsleute, die Wandalen, welche unter ihrem König Gensericus im Jahr 402 an die Donau gekommen, samt den Alanen und Sueven in Gallien berufte, um dem Kayser Honorius, welcher in Italien schon genug mit dem Gothen-König Alaricus zu schaffen hatte, auch dieser Orten eine Diversion zu machen, fielen zur nemlichen Zeit im Jahr 406 auch zugleich die Burgunder und Nuitones (Nüchtländer) welche beyde Nationen aus Unter-Oestreich, Steyrmark und Ober-Ungarn kamen, unter Anführung ihres Königs Gundikar im Sundgau über den Rhein e), schlugen sich zu besagten Völkern, mit denen sie in allem 300,000 Mann ausmach=

---

d) Schœpflin Alſ. III. L. II. Sect. V. §. 107. Haffner Chronic. Solodur. ad ann. 396.

e) Wurſteiſend Baſler-Chronik. L. II. C. V. Haffner ad ann. 406.

ausmachten. Stylico, dem bey so vielen fremden Nationen in Gallien nicht wohl zu Muth ware, versprach ihnen sämmtlich sich in Gallien wohnhaft machen zu dörfen, wann sie ihm die Franken vertreiben würden; welches diese auch wegen ihrer grossen Macht gleich ins Werk setzten. Nachdem sie die Franken vertrieben hatten, haben die Burgunder das Sequaner-Land eingenommen, und dem Burgundischen Reich in Gallien den Anfang gemacht; die Nücht-Länder aber nahmen einen Theil des Helvetierlands in Besitz. Sie vertrugen sich anfänglich ganz gut mit den Römischen Feldherren; nachdem sie aber im Jahr 408 die Allemannier, Markomannen, Sachsen und frische Schwaben an sich gezogen, fiengen sie auch an in Gallien den Meister zu spielen, und haben gleich den Gothen, Wandalen, Alanen und Sueven, welche schon ein paar Jahre das Land erbärmlich mitgenommen, zu tyrannisieren angefangen. Ganz Gallien, und alle disseits des Rheins gelegene Länder, wurden dermassen verwüstet, daß weder Historien-Schreiber noch Poeten, die abscheuliche Meutereyen gedachter Nationen, mit den lebhaftesten Farben genug darthun konnten f).

§. XLIV. Mittlerweil Gallien in seinem be-

---

f) Claudianus de Bello Getico vers. 419 & 423 & seqq. Ovosius L. VII. Cap. XXXVIII. Beat. Rhenan. Haffner, Schœpflin, & alii plures. Grandidier Hist. Eccles. Argent. T. I. L. I. dans l'Interruption pag. 149.

jammerswürdigen Zustand seufzete, und Honorius sich mit den Gothen in Italien herumschluge, hat das Kriegs-Volk in Britannien sich den Constantinus zum Kayser erwählet, welcher alsobald in Gallien gekommen, und weder den Truppen des Honorius, noch den Barbarn verschohnet hat. Mit den Burgundern, Allemanniern und Franken machte er Bündniß; liesse beede erstere Nationen in ruhigem Besitz, erstere in Burgund, Comté und Schweitz, die andern aber im Elsaß, mit deren Hülf er die Wenden, Alanen, Gothen, Markomannen und Schwaben über den Rhein gejagt, und selbigen durch die Allemannier wohl besetzen lassen, damit jene nicht mehr darüber setzen konnten. Als Kayser Honorius sahe, daß er dem Constantinus keinen Widerstand thun konnte, damit er ihn auf seine Seiten brächte, hat er ihn zum Mitregenten ernennet, damit selbiger das Gallien fürohin beschützete g).

§. XLV. Im Jahr 410 kamen die Wenden abermal unter ihrem König Carocus den Rhein herauf, und haben unterwegs alle Städte und Schlösser verwüstet. Als sie nach Straßburg gekommen, und nichts davor ausrichten konnten, haben sie sich nach Metz gewendet, um daselbsten, wie in andern Städten, ihrem Muthwillen den freyen Zügel zu lassen. Allein, ihr Glücksrad ware ausgeloffen, dann sie erlitten daselbst eine

---

g) Bucherius Belg. Rom. L. XIII. Cap. V. p. 404. seq.

so grosse Niederlag, daß ihr König selbst gefangen wurde, welcher sodann zu seiner Straf, nachdem er zuvor durch alle Städte, welche er auf Einrathen seiner unmenschlichen Mutter verwüstet, gefänglich herumgeschleppet wurde, aufs schärfeste hingerichtet worden h).

Als Constantinus sahe, daß die Burgunder schon im Jahr 410 anfiengen in ganz Gallien den Meister zu spielen, trachtete er auch diesen ein Gebiß einzulegen; dahero er, theils um dem Kayser Honorius Luft zu machen, theils die Burgunder im Zaum zu halten, den Gothen-König Ataulphus aus Italien in Gallien beruffen, ihm eine Landschaft für sein Volk versprochen, und als einen Bundsgenossen des Römischen Volks angenommen. Als dieses Goaris der Alanen, und Gundikar der Burgunder König merkten, haben sie den Römischen Feldherrn Jovinus wider den Constantinus aufgehetzet, mit Versprechen, ihm auf den Thron zu helfen; wodurch Jovinus bewogen, den Constantinus aus dem Weg geraumet: hingegen diesem vom König Ataulphus, als er aus Italien in Gallien gekommen, zu Valence ein gleiches widerfahren; wornach sowohl die Gothen, als Burgunder und Alanen, von neuem das Gallien durchstreiften und in Besitz nahmen i).

---

h) Haffners Solothurner-Chronik ad annum 410.
i) Schœpflin Als. Illustr. T. I. L. II. Sect. V. §. 113. p. 427.

§. XLVI. Im Jahr 414 kam eine andre Menge Gothen unter Anführung ihres Königs Walles an den Rhein, streifte durch das ganze Elsaß, raubte und plünderte alle Orte aus, drunge in Gallien ein, und schluge die Römische Armee, so sich bey Arles ihnen entgegen setzte: wornach sie das Gallien hin und wieder verwüstete, zumahlen Honorius nicht im Stand ware, den verschiedenen in Gallien streifenden Nationen Einhalt zu thun. Dahero die Römische Macht in Gallien nach und nach in Stecken gerathen, bis der Feldherr Aetius die Sachen wieder ein wenig in Ordnung gebracht.

Im Jahr 419 wagten es die Franken zum andernmal, unter ihrem Herzog Pharamund in Gallien einzufallen: sie kamen durch die Pfalz ins Elsaß, von wannen sie über das Vogesische Gebürg in Gallien eingedrungen. Weil nun der Römische Feldherr Aetius nicht Truppen genug hatte, selbigen Widerstand zu thun, haben sie vor diesmal festen Fuß darinn gefasset. Als ihre Landsleute vernommen, daß sie in ihrem Unternehmen glücklich gewesen, sind im Jahr 431 noch mehrere derselben ihnen gefolget. Im Jahr 436 aber, ist noch der übrige Kern der Fränkischen Nation unter ihrem Herzog Meroveus den Vorigen nachgekommen. Als sie solchergestalten verstärket waren, daß ihnen weder die Römer noch Burgunder mehr etwas abgewinnen konnten, hat sich der Römische Stadthalter Aetius mit ihnen verglichen, und sich mit den Belgischen Galliern, so von den Franken vertrieben worden, im Celtischen niedergelassen, diese aber in ruhigem Besitz ihrer eroberten Lande lassen müssen; wornach sie ein besonderes Königreich errichtet, und selbiges nach ihrem Namen Frankreich genennet k).

§. XLVII. Im Jahr 435 wollten die Burgunder unter ihrem König Gundikar sich von neuem ausbreiten, und in das Belgien nisten, wurden aber von dem Aetio mit Hülf der Franken, mit denen er hernach einen Bund gemacht, wieder zurückgetrieben, und ist ihnen ihr voriges Gebieth des Sequaner-Lands zur Wohnung angewiesen worden l), in welchem sie aber keine lange Ruhe genossen; zumahlen das folgende Jahr 436 die Hunnen zum erstenmal in Gallien kamen, und in einem Treffen 20000 Burgunder erlegten, die übrige aus ihren Staaten verjagten, ja ihren König samt seiner ganzen Familie tödteten; worauf Aetius ihnen ihre Wohnung in Savoyen und der Gegend bey Genf angewiesen. Als die Burgunder hierauf die Römer und Franken um Hülf angeruffen, haben sie gedachte Barbaren wieder mit deren Hülf aus ihrem Sitz vertrieben, und ihr altes Reich in Besitz genommen, ja noch bis Lyon und an die Saone erweitert m).

---

k) Wursteisens Basler-Chronik. Lib. II. Cap. V. Haffner ad ann. 431.
l) Sidonius Apollinaris in Aviti Panegyr. vers. 234.
m) Bucherius Lib. XVI. p. 487. §. VI.

Im Jahr 440 wollten die Allemannier und Schwaben, deren Landsleute sich schon im Jahr 408 im Elſaß feſtgeſetzt hatten, auch in Gallien einfallen, ſich gleich den Franken daſelbſt häuslich niederzulaſſen. Sie paſſierten zwar ohngehindert durch das Vogeſiſche Gebürg; als ſie aber zu den Franken kamen, fauden ſie ſo tapfern Widerſtand, daß ſie unverrichter Dingen wieder zurückkehren mußten. Nachdem die Franken dieſe vertrieben hatten, haben ſie ſich an die Stadt Paris gemacht, ſich derſelben bemächtiget, und ihren Haupt-Sitz darinn aufgeſchlagen n).

§. XLVIII. Als im Jahr Chriſti 450 Attila, der Hunnen König, aus Scythien durch Ungarn ins Deutſchland kame, und alles der Donau nach verwüſtete, kame er auch im folgenden Jahr 451 mit 500,000 Mann bey Baſel an den Rhein, daſelbſt über dieſen Fluß zu ſetzen: weil nun König Sigismund von Burgund zeitliche Nachricht von der Ankunft dieſes Wütterichs eingeholet, ſetzte er ſich mit ſeiner Armee an den Rhein, ihm die Ueberfahrt zu verwehren, ware aber wegen Uebermacht der Feinde ſo unglücklich, daß er in einem blutigen Treffen ſein eigen Leben, ſamt vielen der Seinigen einbüßte. Hierauf ſtreifte Attila durch das ganze Elſaß, und verwüſtete alles, was die vorige Einfälle der Wenden noch übrig gelaſſen. Weil nun wegen vorigen Verwü-

---

n) Haffner Chronic. Solodur. ad ann. 440.

stungen kein haltbarer Ort mehr im Land ware, haben die Einwohner ihre Zuflucht zum Bergschloß Altitona (Odilienberg) genommen, woselbst sie sich hinter der sogenannten Heydenmaur gegen die Feinde sicher setzten. Das folgende Jahr 452 begabe er sich nach Speyer, Worms und Maynz, von dannen er sich nach Metz verfügte. Wie grausam sie allenthalben mit den Leuten verfahren sind, ist an dem abzunehmen, weil sie nicht einmal der Priester am Altar und der schwangern Weibern verschohnet; ja eine Menge Schriftsteller o) waren nicht im Stand, genug die über tygermässige Grausamkeit gedachter Bößwichter mit lebhaften Farben vorzustellen: dahero alle Nationen sich zusammen gerottet, den allgemeinen Untergang abzuwenden. Aetius raffte von den Römern, Galliern, Spaniern und Burgundern so viel Volk zusammen, als er konnte; die alliirte Franken unter ihrem König Meroveus, und West-Gothen unter ihrem König Theodoricus, samt den im Elsaß und am Rheinstrom wohnenden Allemanniern, vereinigten sich auch mit ihm; mit denen allen er im Jahr 453 dem Feind entgegen rückte, und

---

o) Sidonius Apollinaris, Priscus, Bucherius, Serarius, Gregor. Turonius, Paulus Diaconus, Jornandes, Idatius, Isidorus Hispal, Ulricus Obrechtus, Kœnigshofen, Schilterus, Münsterus, Urstirius, Schœpflinus, Haffner &c. Hertzog, Albert. Argent. La Guillius, Doppelmayr, Merian, B. Rhenanus &c.

ihn bey Chalons in Champagne angetroffen. Allda kame es auf dasiger Heyde zu einem so hitzigen Gefecht, dergleichen wenige oder kaum eines zuvor sich zugetragen. Sie konnten den Augenblick nicht erwarten, bis sie einander gewahr würden, und haben noch vor Tag 15000 ins Gras gebissen. Folgenden Tags gienge das Treffen von neuem an, und daurte mit abwechselndem Glück den ganzen Tag hindurch mit solcher Wuth und Hartnäckigkeit, daß bald der eine, bald der andere Theil die Oberhand zu bekommen schiene, ohne daß einer davon zum Weichen zu bringen ware: wenn schon einige zuweilen zurückgetrieben wurden, erholten sie sich doch wieder, und griffen mit neuem Muth an, daß, der zuvor überwunden schiene, nunmehro schon nach dem Siegeskranz griffe. Unter andern drunge Theodoricus so erhitzt mit seinen Gothen mitten unter die Hunnen, daß ihn seine Tapferkeit das Leben kostete. Endlich hat die anbrechende Nacht dem Treffen ein Ende gemacht, und der Rückzug der Hunnen gegen dem Rhein zeigte an, daß sie es verlohren gaben. In diesem Haupt-Treffen blieben 150000 Mann auf dem Kampfplatz, so in allem mit denen, so während Nacht erlegt wurden, 165000 der Erschlagenen ausmachten. Hierauf sind die Hunnen wieder durch Metz und Straßburg, welche sie zu Steinhaufen gemacht, über den Rhein marschieret, nachdem sie unter Wegs noch grausamer gehauset, als bey ihrer Ankunft:

dahero Attila ſich nicht vergebens ein Geiſſel Gottes genennet; zumahlen er nachmahlen friſche Truppen in Ungarn geſammelt, ganz Italien verwüſtet, und ſich wegen dieſer Schlappe greulich an den Römern gerochen hat.

§. XLIX. Hierauf gieng die alliirte Armee den Fußſtapfen der Hunnen nach, um zu ſehen, ob ſich ſelbige nicht etwann in Gallien, oder am Rhein feſt ſetzen wollten: als Aetius aber geſehen, daß ſie ohne ſich lang aufzuhalten, nur im Durchzug ſtreifweis mitnahmen, was ſie erhaſchen konnten, und ſchnurſtraks dem Rhein zu marſchierten, iſt er mit ſeinen Truppen wieder zurückgegangen, mittlerweil die übrige Alliirte auch auseinander giengen. Nur die Franken allein bedienten ſich dieſer Gelegenheit, und ſich ſtellend, als wann ſie den Hunnen nachgiengen, haben ſie einige Schlöſſer und Ortſchaften des Vogeſiſchen Gebürgs in Beſitz genommen, ſo wegen der Hunnen Streifereyen von den damaligen Elſäſſern den Allemanniern verlaſſen worden: weswegen es hernach zwiſchen dieſen und jenen zu öfteren Streitigkeiten Anlaß gegeben.

§. L. Im Jahr 460 bekamen die Franken auch das Ober-Elſaß und Sundgau. Dann als Gothmarus, oder wie einige melden, Gundibald, König von Burgund, von Childrich I. der Franken König, aus ſeinem Reich vertrieben worden, fiele das Ober-Elſaß und Sundgau, ſo bishero mehrentheils als ein Theil des Sequaner-Lands zu dem Königreich Burgund gehörte, samt diesem auch an das Fränkische Reich, und wurde dieses solchergestalten eine mächtige Monarchie, wie folget. Vide Math. Merian. Typogr. Alsat.

Zweyte Eintheilung.
Wie das Elsaß unter den Fränkischen Königen gestanden.

Erstes Capitel.
Von dem Zustand des Elsaßes unter den Fränkischen Königen, bis zur Zeit, da es von Herzogen regiert worden.

§. I. Bevor man von dem Erwähnung thut, wie das Elsaß nach und nach unter die Franken gekommen, ist nöthig zu wissen: wer diese Nation gewesen, und woher sie ihren Ursprung genommen. Königshofen sagt zwar im 4ten Capitel seiner Straßburger-Chronik, daß sie von den Trojanern herkommen: weil dieses aber nicht genug bewiesen wird, lasse ich es dahingestellt seyn, und halte mich an das, was ich aus mehrern andern Autoren ersehen a). Nemlich: daß sie sich Sicambri nenuten, und ohngefehr 433

---

a) Sebastian. Münster Cosmograph. Lib. III. Cap. 386. p. 906.

Jahr vor Christi Geburt mit ihrem König Markomirus aus Scythien, nemlich jener Gegend, wo die Donau in das schwarze Meer fällt, gekommen seyen, und sich in Frießland, Gellern und Holland niedergelassen, welche Landschaft von ihnen Sicambria genennt worden. Vierhundert Jahr hernach, etwann 24 Jahr vor Christi Geburt hatten sie einen Herzog Namens Francus, deme zu Lieb sie ihren Namen Sicambrer abgelegt, und sich Franken genennet haben. Andere sagen, daß sie ohngefehr 200 Jahr nach Christi Geburt erst angefangen, sich Franken zu nennen, da sie sich nemlich mit verschiedenen andern deutschen Völkern verbunden, den Römern Widerstand zu thun, und das Gallien einzunehmen b). Wornach diese alliirte Völker sich insgesamt Franken, das ist, freye Leute, so keinem wollten unterthan seyn, nennten.

Im Jahr 326 haben sie die Thüringer gegen ihre Feinde, die Schwaben, um Hülf angerufen, und damit sie künftighin vor selbigen desto sicherer wären, haben sie den Franken das jetzige Frankenland eingeraumet, um zwischen sich und den Schwaben selbige gleichsam zur Scheidwand zu haben; worauf diese unter ihrem Herzog Genebaldus Besitz davon genommen.

§. II. Demnach nun die Fränkische Könige im Jahr 460 mit dem Königreich Burgund, auch

---

b) Schœpflin Alsat. Illustr. Lib. III. Cap. I. §. 620.

das obere Elſaß ſamt dem Sundgau erobert, auch in der untern Landſchaft einige Poſten beſeſſen, um ſich daſelbſt weiter ausbreiten zu können, gab es von jener Zeit an zwiſchen ihnen und den Allemanniern immer Zwiſtigkeiten, wo bald die eine, bald die andere Parthey ihrem Feind Abbruch that, ohne im Stand zu ſeyn, ſelbigen gänzlich aus dem Elſaß zu vertreiben; bis endlich dem Franken-König Clodoveus I. gelungen, durch ein Haupt-Treffen den Allemanniern alle ihre Beſitzungen am Rhein hinweg zu nehmen, und ſich Meiſter von dieſem Strom zu machen, wie folget.

§. III. Hierzu gabe hauptſächlich Anlaß Sigebertus, ein kleiner König der Franken, dergleichen damahl mehrere die Fränkiſche Länder unter ſich zertheilt hatten. Dieſer hatte ſeinen Sitz zu Cölln am Unter-Rhein, und wurde oft von den Deutſchen beunruhiget, welche mit mißgünſtigen Augen das Glück der Franken anſahen. Als dieſe um das Jahr 495 ihm ſcharf zuſetzten; rufte er den Clodoveus, welcher den inneren Theil des Frankreichs beſaſſe, um Hülf an. Weil dieſer wohl merkte, daß, wann die Deutſche mit dem Sigebertus fertig wären, die Reihe an ihn kommen würde, kame er mit einer auserleſenen Mannſchaft demſelben zu Hülf. Im Jahr 496 kam es zwiſchen beyden Partheyen zu einem hitzigen Gefecht c), wobey Sigebertus am Kniee

---

c) Du Bos Hiſt. Critiq. de la Monarch. Franc. T. II.

schwerlich verwundet, die Franken aber nebst Verlust vieler Leute zum Weichen gebracht wurden. Clodoveus würde damals zweifelsohne sich in das Innere seines Reichs gezogen haben, um mehrere Truppen zu sammeln und sein eigen Reich zu beschützen, wann er nicht, auf Einrathen seines Hof-Raths Aurelianus, und durch die Erinnerung des öfteren Einspruchs seiner Gemahlin Clodiltis bewogen, sich, den christlichen Glauben anzunehmen, gelobt hätte: worauf er voll Vertrauen das Treffen bey Tulpach (wie Einige sagen, Zulch oder Zulpich im Herzogthum Jüllich) angefangen, und mit solchem Muth in die Feinde eingehauen, daß seine Soldaten, welche nach dem Beyspiel ihres Königs ein Gleiches thaten, die weit stärkere Armee der Deutschen, nach einem verzweifelten Widerstand und schweren Niederlag, in die Flucht geschlagen. Hierauf hat er alle Länder der Deutschen dies- und jenseits des Rheins, eines nach dem andern, erobert, kame den Rhein herauf, und Elsaß mußte gleich andern Rheinischen Provinzen, sich dem Scepter der Franken unterwerfen d).

---

p. 70. seqq. Gregor. Turon. L. II. C. 37. & L. III. C. 8. Münster Cosmogr. L. III. C. 17. Schœpflin T. I. L. II. Sect. V. §. 117.

d) Mathæus Merian in seiner Topographia Alsat. Königshofens Straßburger-Chronik, Sebast. Münster Cosmograph. Schœpflin Alsat. Illustr. &c. Grandidier T. I. L. II. p. 154. La Guille, Hist. d'Alsace T. I. L. IV. p. 194. La Barre, Hist.

§. IV. Als Clodoveus nach Straßburg kam, bewiese er gleich, zur Dankbarkeit des Siegs, so er auf sein heiliges Vorhaben erhalten, das erste Zeichen der christlichen Erkenntlichkeit, und hat den Tempel des Abgott Hercules, (Merian sagt des Apollo, die Münster-Chronik und andere sagen des Mars,) welchen die Einwohner Krutzmann, das ist, Kriegsmann nennten, und dessen Bildniß bis aufs Jahr 1525 in der S. Michaels-Kapell gestanden, und alsdann nach Paris geführt worden, niederreissen, und statt dessen die erste christliche Kirch im Jahr 504 erbauen lassen e). Zur nemlichen Zeit hat er auch die Stadt *Argentoratum* (Straßburg), welche ruinirt ware, wieder herstellen, und, nachdem er mit Erbauung des Tempels und Herstellung der Stadt im Jahr 510 fertig ware, selbige wieder mit Mauren einfangen lassen; hierauf wurde sie, wegen den vielen Straßen, so daselbst kreuzweis zusammenkamen, *Strateburgum* genennet f): dann eine kame von Divoduro (Mez) aus Frankreich ins Deutschland; die andere aus dem Schirmeker-Thal an den Rhein; die dritte von Altitona (Hohenburg oder Odilienberg); die vierte

---

gen. d'Allemagne. T. I. Differt. II. p. 11. Bertholet, Hift. du Duché de Luxemb. T. I. p. 283.

e) Schilterus Obferv. in Chronic. Kœnigshofen in Obferv. VIII. p. 196. & Mfc. p. 101.

f) Schœpflin Alfat. Illuftr. T. I. L. III. Cap. VII. §. 123. p. 681.

von Vesontio (Besançon) mitten durch das Elsaß über Argentuaria (Horburg) und Helvetus (Ehl) nach Straßburg; die fünfte dem Rhein nach von Basel, Kembs, Breisach ꝛc.; die sechste von Tribuni (Lauterburg) durch Saletio (Selz); die siebente von Concordia (Altstadt) durch Brocomagus (Brumat); die achte über den Rhein.

Genealogie der Austrasischen Könige.

§. V. Als Clodoveus Magnus im Jahr 511 sein Leben geendet, wurde sein Reich unter seine vier Söhne vertheilet. Der älteste, Namens Theodericus I, so zu Metz residierte, bekam das Königreich Austrasien für seinen Antheil, so aus dem Lothringen, Elsaß und Herzogthum Allemannien (das ist, dem Breißgau, Baden und einigen Schwäbischen Landen) bestanden. Nachdem er es bis auf das Jahr Christi 534, 23 Jahr lang, ruhig besessen, folgte ihm in der Regierung sein Sohn Theodebertus I, welcher, wie auch dessen Sohn Theodebaldus dem Königreich Austrasien in vollkommener Ruhe vorstunden g).

§. VI. Als Letzterer ohne Erben im Jahr 555 verschieden, fiele das Königreich Austrasien

---

g) Idem L. III. Sect. II. C. I. §. V. Gregor. Turon. Hist. Francor. L. III. Cap. XXXVII. Doppelmeyers General-Beschreib. des Elsaßes p. 11.

an seines Großvaters jüngern Bruder Chlotarium I, König von Soissons; zumahlen dessen anderer Bruder, Chlodomeris, König von Orléans, im Krieg, und Childebertus I, König von Frankreich, im Jahr 558 zu Paris ohne Leibes-Erben verschieden; mithin wurde Chlotarius I. in diesem Jahr der einzige Regent und vollkommene Monarch von Frankreich. Als er im Jahr 561 gestorben, wurde die Monarchie wieder in vier Reiche vertheilt. Sein ältester Sohn Charibert, König von Neustrien, wohnte zu Paris, und der andere Guntram, König von Burgund, zu Orléans; beede aber sturben ohne Nachfolg. Der dritte Sohn Chilpericus I, König zu Soissons, zeugte mit seiner Gemahlin Fredegunda einen einigen Sohn Chlotarium II. Der jüngste, Sigebertus I, bekame das Königreich Austrasien für seinen Antheil: als dieser aber durch Nachstellungen seines Bruders Chilperici I, auf Anstiften dessen Gemahlin Fredegunda im Jahr 575 aus dem Weg geraumt worden, folgte ihm im Königreich Austrasien sein einiger Sohn Childebertus II, den er aus seiner Gemahlin Brunehildis gezeuget. Dieser hat im Jahr 593 das Königreich Burgund mit Austrasien vereiniget, wurde aber drey Jahr hernach 596 mit Gift auf die Seiten gethan. Nach seinem Tod wurde das Elsaß, vermög einem Successions-Tractat zwischen seinen zween Söhnen, von Austrasien abgetrennt, und dem Königreich Burgund, so dem jüngeren

Theo-

reich und Austr

481. verjagt die Teutsche

CHLOTARIUS I. wird
von Austrasien 555.

ICUS I. König von
Gemahlin Fredegunda.

von ganz Frankreich
† 628.

Theodorico II. zu Theil wurde, einverleibet. Wie es der ältere Theodebertus II. an sich gebracht, aber auch deßwegen sein Leben verlieren müssen, werde ich besser unten (§. XV.) anzeigen. Kurz nach dessen Tod hat Theodoricus II. im Jahr 612 auch das Königreich Austrasien bekommen: er genoße aber beyde Reiche nicht lang beysammen, zumahlen er im Jahr 613 gestorben, und einen einigen Sohn, Sigebertum II, hinterlassen; welcher aber gleich nach des Vaters Tod vom Chlotario II, König von Frankreich, aus dem Weg geraumt wurde, damit dieser die ganze Monarchie bekame. Solchergestalten ist auch die Linie des jüngsten Sohns Clodovei M. auf dem Austrasischen Thron ausgegangen.

§. VII. Dieser Chlotarius II, Sohn Chilperici I. und Fredegundæ, hat im Jahr 622 das Königreich Austrasien seinem Sohn Dagoberto I. übergeben, welcher während seiner Regierung vom Königreich Austrasien, sich mehrentheils zu Ruffach im Elsaß aufgehalten. Als sein Vater im Jahr 628 im Herbstmonat gestorben, ist er König von Frankreich, und im Jahr 630, nach dem Hintritt seines ohne Leibs-Erben verschiedenen Bruders Chariberti II, Königs von Aquitanien, vollkommener Monarch worden. Nach seinem Tod, so im Jahr 638 erfolget, wurde die Monarchie wieder unter seine zween Söhne vertheilet: Chlodoveus II. wurde König in Frankreich und Burgund, der jüngere Sigebertus III.

H

aber wurde im Jahr 633 schon als ein Kind von 4 Jahren zum König von Austrasien ernennet h), welches Reich während seiner Minderjährigkeit von seinem Obrist-Hofmeister Grimoaldo regiert wurde. Dieser Sigebertus hatte einen Sohn Dagobertum II, welcher durch listiges Einrathen des Grimoaldi heimlich in Engelland geschickt worden, unter dem Vorwand: damit er vor den Nachstellungen Clodovei II, seines Vaters Bruder, welcher gern alles beysammen hätte, sicher wäre. Als aber Sigebertus III. den 1 Hornung 656 gestorben, hat Grimoaldus seinen Sohn Childebertum in das Königreich Austrasien eingedrungen. Dieser unrechtmässige König aber wurde gleich nach sieben Monaten von Clodoveo II. vom Thron gestossen; welcher das Königreich Austrasien auch an sich zog, und hiermit vollkommener Monarch wurde, zumahlen man den Dagobertum II, Sohn Sigisberti III, für Tod hielte i).

§. VIII. Noch im nemlichen Jahr 656, in welchem Clodoveus II. das Königreich Austrasien angetretten, ist er den 30 Weinmonat gestorben, und sein ganzes Reich wurde dem ältesten Sohn Chlotario III. zuerkannt, da er erst vier Jahr alt ware: dahero sein Obrist-Hofmeister Ebroi-

---

h) Fredegarius Chronic. C. LXXV. Du Chesne Script. Rer. Franc. T. I. p. 581.

i) In libro: L'art de verifier les dates &c. p. 481.

nus die ganze Regierung übernommen. Vier Jahr hernach, nemlich 660, übergab er auf Einrathen seiner Mutter das Austrasien seinem Bruder Childerico II, welcher dies Reich bis in das Jahr 671 allein besessen; alsdann ist er nach dem Tode seines ohne Leibesfrucht verblichenen Bruders Chlotarii, Monarch von ganz Frankreich worden, zumahlen sein jüngerer Bruder Theodoricus III. welcher bishero jederzeit ohne Reich am Königlichen Hof zu Paris erzogen, und nach dem Tod des ältern Bruders Chlotarii III. König von Frankreich und Burgund geworden, wegen seiner tyrannischen Regierung alsobald entsetzt, und in ein Kloster gestossen worden. Gedachter Childericus II hat noch kurz vor seinem Tod das Elsaß, Brisgau und einen Theil von Lothringen dem Clodoveo, so ein durch die Vermittlung des Obrist-Hofmeisters Ebroini untergeschobener Sohn Chlotarii III. war, von dem ihm zugefallenen Reich Austrasien abgerissen, und dem Dagoberto II, seines Vaters Bruders Sigisberti III. Sohn, als welchen man für todt gehalten, und der nach zwanzigjährigem Ausbleiben sich wieder eingefunden, als einen Antheil seines väterlichen Erbs zu Anfang des 674sten Jahrs übergeben, in welchem noch Childericus II. entleibet worden. Dieser Dagobertus aber genoße es nur fünf Jahr, und wohnte während dieser Zeit mehrentheils zu Kirchheim im Unter-Elsaß; dann im Jahr 679 wurde er samt seinem

Sohn Sigisberto gewaltsamer weise aus dem Weg geräumet k).

§ IX. Hierauf hat Theodoricus III, welcher, nach seines Bruders Childerici II. Tod wieder aus dem Kloster genommen, und König in Frankreich geworden, auch das Reich Dagoberti II, oder das damahl sogenannte Allemannien, als ein Lehen der Kron Frankreich an sich gezogen. Nach seinem Tod, so sich im Jahr 692 ereignet, folgte ihm sein Sohn Clodoveus III. allein in der Regierung, so das Reich aber nur 4 Jahr besessen, massen er im Jahr 695 ohne Leibes-Erben gestorben, und seinen Bruder Childebertum III. als Thronfolger hinterlassen. Als auch dieser den 14 Aprill 711 das Zeitliche gesegnet, succedirte ihm sein Sohn Dagobertus III, so aber nur vier Jahr regierte, und im Brachmonat 715 verschieden.

Ohnerachtet dieser Dagobertus einen Sohn hatte, wurde doch das Reich durch Vermittlung des Obrist-Hofmeisters Pipini Heristallii, und anderer Ministern, so damahlen in Frankreich den Meister spielten, dem Chilperico II. des Childerici II. Sohn, welcher zuvor durch die nemliche Intriquen um sein väterlich Erb gekommen, in die Hände gespielet; weil aber sein neuer Obrist-Hofmeister Carolus Martellus ihm abgeneigt wur-

---

k) Bouquetus T. IV. Scriptor. Francic. p. 652. Haffner Cosmograph. ad ann. 679.

de, brachte er ihn zwey Jahr hernach um das Königreich Austrasien, und übergab es dessen Vaters Bruders vermeinten Sohn Chlotario IV, welcher es aber nur anderthalb Jahr genossen, nach dessen Tod im Jahr 719 Chilpericus II. es wieder bekommen hat, so im folgenden Jahr 720 verschieden.

§. X. Obschon Chilpericus II. einen Sohn hatte, brachte doch der Obrist-Hofmeister Carolus Martellus das Reich wieder auf die Linie des Theodorici III, nemlich auf dessen Ur-Enkel Theodoricum IV, welcher mit Hintansetzung Childerici III, des Chilperici II. Sohn, im Jahr 720 König worden, und das Reich bis ins Jahr 737 ruhig besessen, da er ohne Leibes-Erben gestorben. Weil nun Carolus Martellus sich selbsten gern auf den Thron schwunge, trachtete er so viel als möglich den einzig-übriggebliebenen Sproß der Merovingischen Linie für untauglich zur Regierung zu erklären: dahero er auch 5 ganzer Jahr allein regierte, bis endlich die Stände im Jahr 742 Childericum III. zum König erklärten; wurde aber in zehn Jahren hernach vom Obrist-Hofmeister Pipino brevi im Jahr 752 entsetzet, und in das Kloster Sithin gestoßen; womit der Merovingische Stamm ausgestorben, Pipinus aber auf den Thron erhoben worden 1).

---

1) Gebhardi Reges Franc. Merov. docum. autoritate assertos. p. 154. seqq.

§. XI. Weil aber von Clodoveo II. an, eilf Könige sich dermaſſen wenig um die Regierung angenommen, daß ſie den ganzen Laſt derſelben ihren Obriſt-Hofmeiſtern (Major Domûs genannt) überlieſſen, und in der Ruhe nur den Namen eines Königs geführet, iſt auch billig, die ſich um das Reich ſo wohl verdient gemachte Männer, nicht mit Stillſchweigen zu übergehen.

Unter Sigeberto III. ware Obriſt-Hofmeiſter der obgenannte liſtige Grimoaldus, ein Sohn Pipini de Landis, welcher nach dem Tod ſeines Vaters im Jahr 639 Major Domûs wurde; dieſer war der Erſte, welcher mit unumſchränkter Gewalt regierte, aber auch nach dem Tod Sigeberti abgeſetzt wurde. Seine Schweſter war an den Anſegiſium, Sohn des H. Arnulphi, welcher unter Dagoberto I. Obriſt-Hofmeiſter war, und hernach Biſchoff zu Metz geworden, verheyrathet, welchem ſie den Pipinum gezeuget.

Ebroinus ware Major Domûs unter dem König Chlotario III, Pipinus Heriſtallius aber verſahe dieſe Stelle unter den Königen Theodorico III, Chlodoveo III, Childeberto III, und Dagoberto III: ſein Sohn Carolus Martellus hingegen unter Chilperico II, Chlotario IV, und Theodorico IV. Sein älterer Sohn Carolomannus ware Major Domûs im Königreich Auſtraſien, der jüngere Pipinus brevis aber in Frankreich unter Childerico III, den er abgeſetzt, wie oben geſagt worden.

§. XII. Um aber auch nicht mit Stillschweigen zu übergehen, was auſſer der Genealogie währender Regierung der Fränkiſchen Könige bis auf die Regierung des Herzogs Atticus ſich im Elſaß zugetragen, iſt zu merken: daß im Jahr 535 König Theodebertus von Auſtraſien, die zween Brüder Leutharium und Bucellinum, ſo Herzoge in Allemannien waren, wider die Römiſche Feldherrn Narſem und Beliſarium in Italien geſchickt, um den Oſt-Gothen Königen zu Hülf zu kommen: es ſind aber beede vom Narſes geſchlagen, und ſamt ihrer Armee in die Pfanne gehauen worden m).

Im Jahr 580 kame König Childebertus II. nach Straßburg, bauete ſich einen herrlichen Pallaſt daſelbſten, Königshofen genannt, woſelbſt er 10 Jahr reſidierte. Unterdeſſen bauete er auch ein ſchönes Schloß zu Marlheim, das klein Troja genannt, und hat im Jahr 590 ſeine Hof-Stadt daſelbſt aufgeſchlagen. Hieſelbſten wurden ſeine zween Söhne Theodebertus und Theodericus von ihrer Gouvernantin Septiminia auferzogen. Zuletzt wurde aus dieſem Schloß eine Wollenfabrick für die Züchtlinge gemacht n).

Im Jahr 568 iſt S. Fridolinus, Abt vom S. Hilarius-Kloſter in Poitier, nach Straßburg

---

m) Gregor. Turon. Lib. III. 32. & IV. 9.

n) Doppelmayer General-Beſchreibung des Elſaßes. p. 11.

gekommen, woselbst er zur Ehr des H. Hilarius, dessen Reliquien er dahin gebracht, eine Kirch erbaute; nachdem er aber von da nach Sekingen verreißte, und daselbst ebenfalls eine Kirch erbaute, hat er gedachte Reliquien mit sich dahin genommen o).

Im Jahr 588 hat obgedachte Gouvernantin unter den Grossen des Reichs eine Zusammenverschwörung angesponnen, und unter andern sonderheitlich den Leudefried, Herzog von Allemannien darein verwickelt. Als König Childebertus II. solche zu Marlheim entdecket, hat er daselbsten ein Criminal-Gericht gehalten, und viele Rebellen beym Kopf genommen: Septiminia wurde verurtheilt, in dem zum Zuchthaus gemachten Schloß Marlheim einen Mühlstein zu treiben, Leudefried aber fande noch benzeiten Gelegenheit zu entfliehen; dahero sein Feind Uncelin seine Stell des Herzogthums bekommen p).

Im Jahr 590 hat gedachter König Childebertus II. die Benediktiner-Abtey Leobards-Zell für derselben ersten Abt S. Leobard gestifftet, und reichlich beschenket: als der Abt Maurus selbige aber im Jahr 730 wieder frisch hergestellet, ist sie *S. Mauri Monasterium*, oder Maurs-

---

o) Grandidier Hist. de l'Eglise de Strasbourg. T. I. L. II.

p) Schœpflin Als. Illustr. T. I. Lib. III. Sect. I. C. IX. §. 165. p. 703.

Münster (Marmoutier) genennt worden. Sie nahme hernach an Reichthum dergestalten zu, daß derselben Abt ein unmittelbarer Reichs-Stand geworden q).

§. XIII. Im Jahr 597, als Garibaldus, König aus Bayern, die jenseits des Rheins gelegene Landschaft des Austrasischen Königs Childeberti, nemlich das Brisgau, überfallen, ist dieser mit einer auserlesenen Mannschaft Elsässer und Burgunder über den Rhein marschieret, und hat jenen nicht nur aus gedachtem Land verjagt, sondern auch sogar seines Reichs entsetzet, und statt seiner den Tasilo zum König von Bayern ernennet r).

Im Jahr 613 hat Chlotarius II. zu Marlheim ein Gericht gehalten, und daselbsten sehr viele Rebellen enthaupten lassen s). Eben dieser Chlotarius ist im Jahr 621 über den Rhein gegangen, und hat die Sachsen, welche seine jenseits des Rheins gelegene Lande verheeret, in einem Treffen überwunden, und mit blutigen Köpfen nach Haus gewiesen.

§. XIV. Im Jahr 628 haben der König Chlotarius II. und sein Sohn Dagobertus I,

---

q) Idem ibidem C. XI. §. 254. p. 735. Grandidier Hist. de l'Eglise. T. I. L. IV.

r) Sebast. Münster Cosmograph. L. III. Cap. 369. p. 883.

s) Fredegarius Chronic. Cap. XLIII.

König von Austrasien, den S. Amandum II. zum Bischoff von Straßburg gemacht. Dieser Bischoff ware im Jahr 594 zu Herbauges im Gebieth von Nantes (so damal zum Königreich Aquitanien gehörte) von adelichen Eltern gebohren; als ein Jüngling gieng er in der Insul Yeu bey Rochelle in ein Kloster, weil sein Vater ihn aber daraus zwingen wollte, gieng er nach Tours, wo er den geistlichen Stand angetretten; von da begab er sich im Jahr 612 nach Bourges zu dem heiligen Bischoff Austregisilus, und seinem Erz-Diacon S. Sulpicius; nachdem er 15 Jahr daselbst in einer Einsamkeit gelebet, gienge er nach Rom, von wannen er als Missionarius ins Elsaß kame, und wegen dem Ruf seiner Heiligkeit alsobald das ledig-gewordene Bisthum Straßburg erhalten. Es muß aber dieser Amandus nicht für den ersten Bischoff von Straßburg gerechnet werden, dann der heilige Amandus, erster Bischoff, ist im Jahr 334 nach dem heiligen Maternus Bischoff worden, als welcher Letztere nur Missionarius und nicht wirklicher Bischoff von Straßburg ware, ohnerachtet er die Bischöffliche Würde, als Elsässer-Apostel besaße t). Im Jahr 629 wurde Amandus wieder vom König Dagoberto aus dem Land verwiesen, weil er ihm zu scharf zugeredet, daß er seine Gemahlin Gomatrudis verstoßen, und statt ihrer die Nantildis

---

t) Grandidier Hist. de l'Eglise de Strasb. T. I. L. I. in S. Amando I. Ep.

angenommen. Als er aber diese auch verstossen, und aus der dritten Ragnetrudis, einer Austraſierin, im Jahr 630 einen Sohn bekam, schickte er um den Amandum, dieses Kind zu taufen, welcher ihm den Namen Sigebertus beygelegt. Nachdem der heilige Bischoff hierauf den König auf einen bessern Lebens-Wandel gebracht, ist er als Missionarius in Frankreich gegangen. Im Jahr 646 hat er den Bischöflichen Sitz zu Maſtricht angetretten, weil er daselbst aber wegen der verderbten Cleriſey nichts ausrichten konnte, gienge er im Jahr 650 nach Rom, wo er die Erlaubniß, das Bisthum zu verlassen, erhalten; hierauf gieng er in die Abtey Elnones, so er bey Tournay gestifftet, und lebte ganz einsam, bis er sein Leben im Jahr 684 den 6. Febr. geendet u).

§ XV. Im Jahr 610 machte Theobertus II, König von Austrasien, einen Anspruch auf das Sundgau, so vermög Vertrags im Jahr 596 samt dem ganzen Elſaß von dem Königreich Austrasien abgerissen, und dem Burgund einverleibet worden. In solcher Absicht überfiele er es, bevor sein Bruder Theodoricus II, König von Burgund, das Geringste davon muthmaßte. Die Land-Stände versammelten sich zu Selz, wohin Theodoricus selbst mit 10000 Männ kame, des Meynung, wie Theodebertus vorgegeben, die Sach in Güte beyzulegen. Als dieser aber mit ei-

---

u) Idem ibidem. T. I. L. II. in S. Amando II. Ep.

ner weit stärkeren Armee dahin kame, nöthigte er seinen Bruder, ihm wieder alles dasjenige abzutretten, was vom Königreich Austrasien abgerissen worden. Theodoricus hierauf betrachtend, zu was für einem Unrecht er mit Gewalt gezwungen worden, nahme sich vor, Gleiches mit Gleichem zu vergelten, zumahlen er ein so schönes Land nicht gern im Stich liesse. Diese Scharte dann auszuwetzen, sammelte er im Jahr 612 aus dem ihm zugehörigen Antheil von Burgund so viel Volk, als er zusammen zu bringen vermochte. Kaum ist er mit seinen Truppen ins Elsaß gekommen, sind ihm die Elsäßer, als ihrem rechtmässigen Herrn alle zugefallen, wodurch er desto mächtiger seinen Bruder Theobertum II, zweymahl aus dem Feld geschlagen, wobey dieser im zweyten Treffen das Reich und das Leben eingebüßt. Solchergestalten wurde unter Theodorico II, das Königreich Austrasien mit dem von Burgund wieder vereiniget, welche Theodoricus aber nicht lange beysammen genoß, zumahlen er das folgende Jahr 613 gestorben x).

§. XVI. In dem Jahr 630 hat der König Dagobertus I. den deutschen Herzog Chrodobertum mit dem Allemannischen Kriegsheer wider den König der Sclafen und Windisch zu Feld geschickt, welcher auch einen herrlichen Sieg über diesen erfochten y).

---

x) Doppelmeyers General-Beschreib. des Elsaßes. p. 11.
y) Schœpflin Alſ. Illuſtr. L. III. Sect. II. C. II. §. XVIII.

Im Jahr 633 kamen einige Mönchen Benediktiner-Ordens und Lehrjünger des heiligen Pabsts Gregorius von Rom aus ins Münsterthal, welche unter ihrem Vorsteher Oswaldus einige schlechte Hütten daselbst erbaueten, und sich mit ihrer Handarbeit ernährten. Im Jahr 660 hat ihnen König Childericus II. von Austrasien auf Einrathen seiner Baaß Himnehildis, hinterlassenen Wittwe seines Vaters Bruders Sigeberti III, eine Kirch nebst angehengtem Kloster erbauen lassen, und unter dem Abt Coldwinus die Mönchen daselbsten versammelt, und die Abtey mit Gütern reichlich beschenket; welche wegen den vielen und öftern Stiftungen dermassen zugenommen, daß der Abt nachhero ein unmittelbarer Reichs-Stand wurde. Es ware diese Abtey auch gleichsam eine Pflanz-Schul verschiedener Aebten und Bischöffen, zumahlen in dem Bisthum Straßburg allein 6 Bischöffe waren, so daraus entsprossen, nebst einem Erzbischoff von Besançon: dieser ware Wichardus, jene aber Ansoaldus, Justus und Maximinus im siebenten und Heddon, Remigius und Rachion im achten Jahrhundert. Weil die Kirch zu Ehren S. Mariæ, S. S. Petri und Pauli, und S. Gregorii erbaut ware, bekame das Thal hernach auch den Namen Gregorien-Thal z).

§. XVII. Als im Jahr 656 Sigisbertus III,

---

z) Grandidier Hist. de l'Eglise de Strasb. T. I. L. I. in Rothario Ep.

König von Austrasien, gestorben, hat sein Obrist-Hofmeister Grimoaldus, welcher Dagobertum II, des Sigisberti Sohn, noch als ein Kind durch den Dido, Bischoff von Poitiers, in Irrland verschickt, und selbigen für Tod ausgegeben hat, sich einen grossen Anhang des Adels gemacht, und erkläret: Daß Sigisbertus im Todbett sich vernehmen liesse, daß, sofern sein Sohn Dagobertus gestorben wäre, Childebertus seinen, des Grimoaldi Sohn, Thron besteigen, und zum Kron-Erben eingesetzt seyn sollte. Himnchildis, des Sigisberti hinterlassene Wittib, wäre hiemit nicht zufrieden, zumahlen sie das Reich ihrem Sohn Dagoberto vorbehalten wollte, so lang sie noch keine vollkommene Versicherung von dessen Tod hätte: weil sie aber dem Gewalt des Grimoaldi nicht widerstehen konnte, und Childebertus nichts destoweniger auf den Thron erhoben wurde, hat sie sich zu ihrem Schwager Clodoveo II. König von Frankreich begeben, welcher den Childebertum vom Thron gestossen, und das Königreich Austrasien an sich gezogen hat. Als Childericus II, des Chlodovei II. Sohn, im Jahr 660 auf den Austrasischen Thron kame, unter der Obsicht der Himnchildis, welche ihm ihre Tochter Bilichildis zur Ehe gegeben, wurde in Erfahrung gebracht, daß Dagobertus II, des Sigisberti III. Sohn, unter der Obsicht des S. Wilfridi, Bischoffs von York, noch in Irrland bey Leben seye; dahero die Land-Stände von Austrasien heimlich einen Gesandten an diesen geschickt, mit der Bitte, ihren Kron=Erben geziemend nach Haus zu schicken. Während deme Dagobertus auf der Rückreiß in sein Vaterland ware, und seine Mutter beym König Childerico um ein Land vor ihn anhielte, und selbiges auch erhalten, truge es sich zu, daß dieser von einem seiner Hofherrn Namens Bodillon, den er schimpflich tractiert hatte, samt seiner Gemahlin und einem Sohn, im Jahr 673 getödtet wurde: worauf Himnehildis bey den Ständen von Austrasien zuwegen brachte, daß sie, aller Gefahr eines, von Seiten Theodorici III, Königs von Neustrien (also war damals das innere Frankreich genennt) und Burgund, zu besorgenden Kriegs ohnerachtet, den Dagobertum zu Metz krönten, und als ihren rechtmäßigen König erkannten. Dieser König hielte sich mehrentheils zu Isenburg bey Ruffach und zu Kirchheim auf, und wandte den Frieden, so er während der Regierung genossen, zu Stiftungen verschiedener Abteyen an, unter denen hauptsächlich Weißenburg, Blindenfeld, nachmahl Klingen-Münster genannt, Surburg, Haßlach und S. Sigmund, jetzt S. Marx, sich befunden. Das Stift Straßburg hat er auch reichlich mit Gütern beschenket a).

§. XVIII. Gedachter Dagobertus II. hatte aus seiner Gemahlin, einer sächsischen Prinzessin, Namens Bachildis, oder wie andere wollen,

---

a) Grandidier Hist. de l'Eglise de Strasb. T. I. L. I. in Rhotario Ep.

Mathildis, fünf Kinder erzeuget: einen Sohn, Sigebertum, und vier Töchter, Irminia, Adala, Rathildis und Rognetrudis, deren erstere zwo im Ruf der Heiligkeit gestorben. Als gedachter Sohn im Jahr 675 im Wald bey Novientum (Ebersheim-Münster) auf der Jagd ware, begegnete ihm ein wild Schwein von so ungeheurer Grösse und Wuth, daß sein Pferd darüber erschrack, und mit einem Seitensprung den jungen Herrn aus dem Sattel warf, daß er gleichsam todt zur Erden lag. Als alle Aerzte an seinem Auffkommen zweifelten, hat der heilige Arbogastus, damahliger Bischoff von Straßburg, welcher sich damals zu Ruffach beym König befunden, schier die ganze Nacht mit inständigem Gebet um die Genesung dieses Prinzens den Himmel erflehet, worauf auch derselbe von Tag zu Tag besser wurde; weswegen der König ihm das obere Mundat, oder die Gegend um Ruffach, vor das Bißthum Straßburg, aus Erkenntlichkeit verehret hat. Zu grösserer Sicherheit dessen, hat er dem Diener Gottes eine eigentlich hierzu verfertigte Donation übergeben b).

Von dem heiligen Arbogalto was kurzes zu melden, ist selbiger aus Aquitanien gebürtig, und um das Jahr 666 ins Elsaß gekommen, wo er im Vogesischen Gebürg, drey Stund hinter Hägenau,

---

b.) Idem ibidem L. II. in Arbogasto II. Ep.

genau, in dem sogenannten Heiligenforst, ein einsames Leben geführt. Sein heiliger Lebenswandel lockte noch mehrere fromme Priester zu ihm, für welche er eine Kirch und Kloster zu Ehren Mariæ und S. Martini erbauen ließ, welches von dem dabey fliessenden Wasser Surburg genannt wurde. Als Rhotarius, Bischoff von Straßburg, im Jahr 673 gestorben, hat ihn König Dagobertus, so ihm überaus geneigt ware, zum Bischoff ernennet, welches Amt er mit Unwillen annahm, weilen er die Einsamkeit liebte: dahero er als Bischoff sich mehrentheils in einem an der Brusch, ausser der Stadt Straßburg erbauten Sommerhauß, (wo jetzt der grüne Berg ist,) aufgehalten, woselbst der Dom-Dechant Carolus im Jahr 1069 das S. Arbogasti-Kloster für regulierte Chorherrn des Augustiner-Ordens gestiftet. Als er im Jahr 678 verschieden, wollte er durchaus unter dem peinlichen Gericht vergraben werden; und da sie diesen letzten Willen vollziehen mußten, hat man selbigen Ort hernach in die S. Michaels-Kapelle verändert, welche an dem Ort stunde, wo jetzund das S. Barbaræ-Kloster stehet.

§. XIX. Nach dem Tod Arbogasti wollte König Dagobertus das Bisthum Straßburg dem S. Wilfrido, Bischoff von York, welcher auf seiner Reiß nach Rom diesen ihm so sehr vertrauten König besuchte, antragen: weil dieser aber solches abschluge, hat er es einem Schottländer, dem S. Florentio, Abten von Haßlach, verliehen, welcher schon zuvor die blinde und stumme Tochter des Dagoberti, Namens Rathildis, gesund gemacht hatte. Kurz hernach im Jahr 679, als Theodoricus III, König von Neustrien und Burgund, auf Anstiften seines Obrist = Hofmeisters Ebroini dem Dagoberto II. ein Stück Land um das andere von Austrasien abgerissen, machte dieser anfänglich seine gütige Anforderungen: weil diese aber nichts verfangen wollten, kündigte er jenem den Krieg an, Willens, sein Recht mit dem Degen in der Faust zu behaupten. Beyde Armeen kamen an den Gränzen von Lothringen und Champagne zusammen: weil aber Ebroinus an der Spitze seiner Armee mit Gewalt dem Dagoberto nichts abgewinnen konnte, wikelte er die fürnehmste Hofherrn des Dagoberti auf, daß sie ihn fünf Viertelstund von Stenay in den Wald von Voivre lokten, wo er von Grimoaldo, einem Taufpath des Ebroini, den 23 Christmonat 679, meuchelmörderischer weise samt seinem Sohn Sigeberto umgebracht worden. Sein Leib wurde zu Roven begraben, im Jahr 872 aber, wegen dem Ruf der Heiligkeit nach Stenay in die S. Michaels= Kirch übersetzt c).

---

c) Grandidier Hist. de l'Eglise de Strasb. T. I. L. II. in Florentio Ep.

Zweytes Capitel.
Zustand des Elsaßes unter seinen beson= sondern Herzogen.

§. I. Was ein Herzog in den ersten Zeiten gewesen, führt der Name sowohl im Lateinischen als Deutschen selbst mit sich. Zu Latein heißt Herzog *Dux* ein Führer, das ist, einer wel= cher die Kriegs=Heere anführte, commandierte, und sowohl in Friedens= als Kriegs=Zeiten alles für dieselbe anordnete: dahero einem solchen Ober= haupt der Name Herzog von Heer und Zug beygelegt worden, weil er das Heer nach sich zo= he. Weil aber solche Feldherrn im Krieg sich oft so tapfer gehalten, daß ihre Monarchen ihnen im Frieden nicht nur allein das Commando über eine Provinz, sondern auch ein eigenes Stück Land zu ihrem Genuß übergeben, ist daraus entstanden, daß diese Würde bey ihrer Nachkommenschaft erb= lich wurde. Hiebey wurde aber das Etiquette oder Hof=Ordnung dergestalten beobachtet, daß nur der Erstgeborne Herzog, die übrige Brüder desselben aber Grafen genennet wurden. Diese Ordnung wurde lang beobachtet, bis endlich, weil auch Königliche Prinzen mit solchem Com= mando und Titul beehret wurden, durch gnädige Verordnung der Kayser und Könige, solcher sich auf die ganze Nachkommenschaft erstrekte. Der= gleichen waren auch unter den Fränkischen und Austrasischen Königen im Elsaß der Gundonius und Bonifacius, von welchen aber nichts hauptsächliches zu merken, als daß jener im Elsgau, (das ist, in dem Fürstenthum Bruntrut, und dem daran gränzenden obern Theil des Sundgaus) regierte; dieser aber bis aufs Jahr 666 dem oberen Elsaß vorstunde d). Dahero mich gleich an die unumschränkte Herzoge von Elsaß mache.

§. II. Zu Zeiten Königs Childerici II. ware ein Herzog im Elsaß, welcher, weil die damahlige Schriftsteller sich nicht so genau an die Benamsung gebunden, in den alten Documenten verschieden genennet wird; als: Edith, Edich, Etichin, Eticho, Adalricus, Athelricus, Ethicus, Chaticus und Atticus. Die Zeit seiner Geburt wird von den Autoren nicht so genau bestimmt, doch kann sie ohngefähr in das Jahr 626 einfallen. Seine Voreltern betreffend, ist sein Großvater Erchonaldus Obrist-Hofmeister von Frankreich gewesen; sein Vater Leudesius oder Leutherius hatte zur Gemahlin eine Tochter des Königs von Burgund. Die Gemahlin des Attici aber ware Berswinda, eine Schwester der seligen Sigranda, Mutter des S. Leodegarii, und der Blihildis oder Eimhildis, Königs Childerici II. Gemahlin, sämmtlich aus Burgund gebürtig. Eben diese Königen brachte bey ihrem Gemahl Childerico zuwegen, daß er, nach dem Tod Bonifacii, Herzogs von Elsaß, ihrem Schwager

---

d) Schœpflin Alsat. Illustr. T. I. L. III. Sect. II. C. III. §. 28. p. 753.

Attico dies Herzogthum ertheilte: welches er ihm dann auch mit so unumschränkter Gewalt verliehen, daß er darmit nach seinem Belieben schalten und walten konnte. Das Jahr seiner angetrettenen Regierung ist eben so unbestimmt, als seiner Geburt, indem einige sagen, daß er im Jahr 660, andere 666, wieder andere 670, und noch mehrere 678, seine Regierung angetretten. Die erstere drey Zeiten werden durch Diplomata, letztere aber durch verschiedene Autoren bewiesen f).

Weil Childericus II. bis in das Jahr 671 nur Austrasien allein besessen, kann man wohl zugeben, daß er gleich nach dem Tod des Herzogs Bonifacii, den Atticum zum commandierenden Herzog über das Elsaß gesetzet, wie jenen; um einem so nahen Anverwandten und Schwager seiner Gemahlin, eine, seinem Stand gemäße Ehren-Stelle zu verleihen. Die unumschränkte Regierung desselben über das Elsaß, als ein eigenthümliches Lehen, kann in keine frühere Zeit, als in das Jahr 671 gesetzt werden, als in welchem Childericus II. Monarch von ganz Frankreich geworden. Weil leicht zu gedenken, daß, da er nur das Austrasien allein besessen, er keinen so wichtigen Theil, wie das Elsaß ist, von seinem so mittelmäßigen Reich Austrasien wird getrennt haben; besonders da Atticus nebst dem Elsaß noch

---

f) Schœpflin Alsat. Illustr. T. I. L. III. Sect. II. C. III. §. 32. p. 755.

verschiedene Güter in Lothringen, Schweitz und jenseits des Rheins bekommen.

Dieser Herzog hatte seinen Sitz zu Oberehnheim im Unter-Elsaß, und hat das Land eine geraume Zeit weislich und bescheiden regiert; doch muß er ein Mann von jähem Zorn, und, was nicht leicht beysammen ist, von einem unversöhnlichen Haß gewesen seyn, welches aus seinen Thaten selbst erhellet; da er aus Eifersucht den heiligen Abt Germanum von Granval umbringen liesse g), weil die umliegende Orte diesem mehr gehorchten, als ihrem Herzog; und weil er bey der Geburt seiner blinden Tochter Odilia, selbige zu tödten befohlen; auch seinen Sohn, auf dessen Geheiß gedachte Tochter aus dem Kloster Palma wieder nach Haus zurückkam, jähling mit eigener Hand getödtet h). Hingegen muß er sein Gemüth nach angetrettenem Christenthum, und bey herannahendem Alter ziemlich geändert haben, indem Ludovicus pius selbst von ihm sagte: daß der Atticus, der heiligen Odiliæ Vater, ein ehrbarer, in der That freygebiger, in Sinn tugendhafter, und in der Andacht glorreicher Fürst gewesen. Nebst andern guten Einrichtungen, Stiftungen und Gebäuen, so von ihm den Ursprung haben, sind hauptsächlich zwey Klöster von ihm erbaut worden. Er liesse nemlich aus dem Berg-

---

g) Bobolenus in vita S. Germani. C. II. & XII.

h) Biologus Odilianus apud Mabillon.

ſchloß Hohenburg ein Kloſter für ſeine Tochter Odilia, und 100 adeliche Fräulein errichten, welchem er überaus viel Ortſchaften, Güter, Zinſe und Zehenden zugeordnet i): er hatte auch eine ſolche Freud daſelbſt zu wohnen, daß er in ſeinem Alter bald da, bald zu Oberehnheim ſich aufhielte. Nebſt dieſem hat er das Kloſter Ebersheimmünſter erbauet, und für Geiſtliche Benedictiner-Ordens geſtiftet. Neben dieſem hat er auch das Caſtell in Oberehnheim, ſo noch würklich als ein Stadt-Werkhof die Burg genennet wird, zu einer herzoglichen Reſidenz gemacht, erneuert, und beſſer gezieret. Als er hohen Alters ware, iſt er mit ſeiner Gemahlin Berswinda auf dem Odilienberg geblieben, wo er nicht lang mehr gelebt, ſondern ohngefähr im 76 Jahr ſeines Alters verſchieden. Neun Tage hernach hat ſeine Gemahlin auch das Zeitliche geſegnet, und liegen beede in gedachtem Kloſter begraben. Sie hatten vier Söhne: Adalbertum, Hugonem und Etticonem, nebſt dem unbekannten, den der Vater erſchlagen, und ihrer Tochter Odilia k).

§. III. Bevor wir aber von deſſen Söhnen Meldung thun, verdienet die heilige Odilia, daß man auch, ſoviel die Hiſtorie erlaubt, eine kurze Beſchreibung von ihr machet. Da viele Geſchicht=

---

i) Idem ibidem.

k) Fragment. Piſtorianum in vita S. Odiliæ. P. la Guille Hiſt. d'Alſace. L. VII. p. 82.

schreiber ihrer Geburt wegen uneins sind, hab ich gefunden, daß die richtigste selbige um das Jahr 658 bestimmen; zumahlen die heilige Attala, ihres Bruders Tochter, um das Jahr 718 Aebtissin zu S. Stephan geworden, von welcher Zeit man wenigstens 60 Jahr, bis auf die Geburt Odiliæ zurückzehlen kann. Als diese Prinzessin blind zur Welt gebohren wurde, schöpfte ihr Vater einen solchen Verdruß an ihr, daß er alsobald befahl, dies Kind aus dem Weg zu räumen. Ihre Mutter Berswinda, so eine Christin ware, aus Sorg, er möchte es gar ermorden lassen, übergab es einer Säugamme, unbekannter weise zu erziehen: als aber das Herkommen dieses Kindes ruchtbar wurde, liesse sie es zu ihrer Baaß, der Aebtissin von Palma, (Beaume les Nones,) einem Kloster, so sechs Stunden von Besançon entfernet, tragen, wo es von S. Erhardo, Bischoff von Regenspurg, getauft, und von seinem Bruder, S. Hildulpho, damahligen Abt und Stifter der Abtey Mogen-moutier, über die Tauf gehoben wurde, wornach sie alsobald das Licht der Augen erhalten. Ohnerachtet ihr Vater hievon Nachricht erhalten, und ihr Bruder oft um ihre Zurückberuffung angehalten, hat er doch das verhärtete Herz des Vaters nicht erweichen können; weswegen er ohne dessen Vorwissen seine Schwester nach Haus kommen liesse. Als der Vater sie ankommen sahe, und sein Sohn ganz offenherzig bekannte, daß er die Ursach ihrer Ankunft seye,

hat jener sich dergestalten über ihn entrüstet, daß
er ihm einen unvorsetzlichen Streich versetzet,
daran er sein Leben eingebüsset 1). Er liesse
hierauf diese Tochter noch eine geraume Zeit in der
Verachtung und Armuth von Haus verstossen leben, bis er von ihrem tugendhaften Lebenswandel genauere Einsicht bekommen: hierdurch bewogen, hat er sie nicht allein als eine geliebte
Tochter nach Hof aufgenommen, sondern ihr auch
alle erdenkliche väterliche Liebe bewiesen. Er
wollte sie zwar zur Heyrath bereden, als er aber
ihr Vorhaben vernommen, ein klösterliches Leben
zu führen, hat er ihr aus dem Schloß Hohenburg
ein Kloster zubereiten lassen: hieselbst hat sie 100
adelichen Jungfrauen, welche als Canonissinen
unter der Regel des heiligen Augustini lebten,
mit Tugenden und Weisheit so vorgeleuchtet, daß
Kayser und Könige sich gerühmet, ja Maximilia-
nus I. sich sogar glücklich geschätzet, von ihrem
Geschlecht herzustammen. Die Fräulein des Klosters Hohenburg hatten einen wahrhaft hochadelich-
Canonischen Aufzug. Ihre lange weise Kleidung
ware mit einem rothen mit Hermelin gefütterten
Mantel grossentheils bedecket, und das Haupt mit
einem schwarzen Schleyer umgeben, unter welchem

---

1) Abbé Grandidier sagt zwar, daß dieser Sohn Hugo gewesen, welcher 3 kleine Kinder hinterlassen.
Allein wann dieser schon drey Kinder gehabt hätte,
müste Odilia, als die älteste, schon über 30 Jahr
in ihrer Zuruckkunft gehabt haben, so doch aus den
Autoribus anderst erhellet.

die Zöpfe, als Zeichen der Jungfrauschaft, hervorragten. Kaum war ihr Vater gestorben, hat sie erstlich einen Spithal zu *S. Nicolaus* genannt, vor die Pilgrim und Reisende, hernach ein anderes Kloster Nieder-Münster genannt, am Fuß des Bergs für andere 30 Fräulein gestiftet. Nachdem sie ihren Lehrjüngerinnen viele Regeln und Lebens-Ordnungen hinterlassen, und solchen selbst aufs genaueste nachgekommen, ist sie ohngefehr um das Jahr 723, im 65 Jahr ihres Alters, in Gott selig entschlafen. Ein mehreres hievon ist in ihrer besondern Lebens-Beschreibung zu ersehen.

§. IV. Adelbertus, sonst auch Adalardus und Obreht genannt, der erstgebohrne Sohn des Attici, hat nach dem Tod des Vaters das Herzogthum bekommen. Seine erste Gemahlin, Gerlindis, gebahre ihm folgende Kinder: Luitfrid I, welcher nach dem Vater Herzog worden; die S. Eugenia, so nach der Odilia Aebtissin zu Hohenburg wurde; die selige Attala, welcher der Vater um das Jahr 718 das Kloster S. Stephan m) für 30 adeliche Jungfrauen und 4 Canonicos gestiftet, und sie zur Aebtissin darüber gesetzet;

---

m) Schœpflin inquit, in Alsat. Illustr. T. I. L. II. C. IV. §. 157. p 210. Adalbertus Alsatiæ Dux Etichonis filius; qui S. Stephani Parthenonem circa annum 744 instituens. Et L. III. Sect. II. C. III. §. 58. p. 778. inquit ille: Adelbertus ergo inter 720 & 723 vivere desiit.

den Herzog Maso, Stifter der Abtey Maßmünſter im Sundgau; die Gundelindis, Aebtiſſin im Kloſter Nieder-Münſter am Fuß des Odilienbergs; und den Graf Eberhard, Stifter der Abtey Murbach n). Mit der zweyten Gemahlin Bathildis zeugte er zwo Töchter, Luitgardis und Savina genannt.

Gedachter Adalbert ſoll auch die Abtey Honau zwey Jahr, nachdem er die Abtey S. Stephan geſtiftet, erbauet haben. Weil er aus Liebe zu ſeiner Tochter Attala gern in Straßburg verbliebe, hat er daſelbſt den Königlichen Pallaſt Königshofen erneuert, und bewohnet. Uebrigens findet man nichts ſonderlich merkwürdiges von ihm, als daß, da er mit Carolo Martello wider die Saracenen ſeine Truppen anführte, er mit einem Pfeil erſchoſſen, ſeinen Geiſt im Anfang des 723 Jahres aufgab o).

Die Nachkommenſchaft des Herzogs Attici wird in drey Linien getheilet: diejenige, welche vom Adalberto abſtammen, werden die Luitfri-

---

n) Ich nenne hier die Stifter Murbach und Mußmünſter, Abteyen, weil ſie als ſolche geſtiftet waren.

o) Wann Adalbertus im Jahr 720 geſtorben wäre, wie Schöpflin in ſeiner Genealogie-Tafel anzeigt, wie würde er die Abteyen S. Stephan und Honau im Jahr 721 haben ſtiften können, wie er es durch Lazium und Ruyrium L. III. Sect. II. C. III. §. 58. p. 768. erproben will? Zwar nach meiner obigen Citation Not. m) ſetzt er ſie gar in das Jahr 744.

dische Linie genannt; von Hugo, dem dritten Sohn des Attici, stammet die Hugonische, und von Etticho die Eberhardinische Linie ab. Dahero will ich von einer jeden insbesondere handeln.

§. V.
Luitfridische Linie.

1. Luitfrid, der älteste Sohn Adalberti, trate nach dem Tod seines Vaters noch als Herzog an das Licht der Regierung: als er aber im Jahr 750 gestorben, wurde sein Sohn Luitfrid II. nur noch Graf genannt, weil Carolus Martellus das Herzogthum wieder an die Kron Frankreich gezogen, und seinen Vater, Luitfrid I, samt seinen Brüdern Maso und Eberhard, wieder zu Unterthanen der Kron Frankreich gemacht.

2. Maso, der zweyte Sohn Adalberti, hatte seine Residenz in dem Schloß Ringelstein, woselbst er nach dem Tod seines in der Tolder ertrunkenen einzigen Sohnes eine Abtey Augustiner-Ordens mit Namen Maßmünster gestiftet p), so nunmehro ein frey-weltliches Stift für eine Aebtissin und acht adeliche Fräulein ist.

3. Eberhard, der dritte Sohn Adalberti, führte nur den Titul eines Grafens, und residierte anfänglich zu Ensisheim; nachdem er aber um das Jahr 728 das Schloß Eggisheim erbaute, verlegte er seinen Sitz dahin. Auch hat er um das

---

p) Königshofen Elsässer-Chronik. C. IV. & V.

dem

e Bers w

Graf v
n Vater

Boro:
Graf 7
† 75

Hugo

af 749
754.

Jahr 727 zu Ehren des H. Leodegarii die Abtey Murbach gestiftet q), und selbiger das folgende Jahr die Amtey Dattenried gegeben. Als sein mit der Gemahlin Emeltrudis gezeugter Sohn noch unverehligt gestorben, hat er gedachte Abtey noch mehr bereichert; wohin auch dieser löbliche Stifter, nachdem er im Jahr 747 zu Eggisheim blind verschieden, begraben worden. Seine Güter wurden unter seinem Bruder Luitfrid, und seines Vaters Bruders, Hugonis I. Kindern vertheilet; welche letztre unter anderm auch das Schloß Eggisheim nebst Zugehörigem bekamen.

4. Die Schwestern gedachter drey Brüdern betreffend, ist oben schon gemeldet worden, wohin Attala, Eugenia und Gundelindis hingekommen seyen. Die zwo Töchter aus der letzten Ehe des Adalberti, nemlich Luitgardis und Sabina, sind, wie zu vermuthen, in dem Kloster S. Stephan gestorben; wenigstens sind sie darinn begraben.

II. Luitfrid II, ein Sohn des Herzogs Luitfrid I, war nur Graf genannt, und unter ihm ist der herzogliche Titul im Elsaß auf eine zeitlang erloschen gewesen. Er hatte zween Söhne, Leu-

---

q) Schœpflin inquit L III. Sect. I. C. XI. §. 257. p. 737. Eberhardus Comes Maſonis Frater monaſterium exſtruxit ſub eodem Rege Theodorico IV. circa an. 724. Et L. III. Sect. II. C IV. §. 76. p. 777. inquit ille : Præcipue vero memoriam ejus illuſtravit inſtituta ab eo Murbacenſis Abbatia anno 727.

tardum und Hugonem, samt einer Tochter Basila.

2. Leutardus zeugte mit seiner Gemahlin Grimildis einen Sohn Gerardum, wegen seiner Residenz de Rossilon genannt; dieser wurde am Hof des Ludovici Pii erzogen, und ware derjenige, welcher sowohl die wider ihren Vater aufgebrachte Söhne wieder zu besänftigen gewußt, daß sie sich mit ihm versöhnten, als auch den französischen Adel bewogen, daß er ihn aus dem Kloster genommen, und wieder auf den Thron gesetzet; darum Ludovicus ihm den Titul eines Grafen von Paris ertheilet r). Mit seiner Gemahlin Bertha, des Pipini, Königs von Aquitanien Tochter, hat er einen Sohn Theodoricum, und eine Tochter Evam erzeuget, so beede jung gestorben.

3. Basila, die Schwester des Leutardi, und Tochter Luitfrids II, ware Aebtissin zu S. Stephan.

4. Hugo III, Bruder des Leutardi und der Basila, hat mit seiner Gemahlin Bava fünf Kinder gebohren; nemlich: Ermengardis, Graf Luitfrid III, Graf Adalard, Hugo, so als ein Knab in Italien gestorben, und Adelhaid. Hugo III. ist im Jahr 837 gestorben s).

III. Ermengardis ware an den Kayser Lotharium I. verehligt, von welchem sie Lotharium

---

r) Nitardus L. II. p. 365.

s) Vignier Preuves de la Genealogie de la Maison d'Alsace. p. 91.

II. gezeuget. Sie hat im Jahr 849 für sich und ihre Tochter das Stift Ehrenstein für adeliche Jungfrauen errichtet, so aber längstens abgegangen.

2. Luitfrid III, Graf, hatte unter andern Gütern auch die Abtey *Granval* und die umliegende Gegend in Besitz t); er hinterließ zween Söhne, nemlich Hugonem IV. und Luitfrid IV; deren ersterer im Jahr 880, letzterer aber im Jahr 910 gestorben.

3. Adelardus, Graf, ist am Hof des Ludovici Germanici gewesen, wo er sehr angesehen, und als Gesandter von diesem zum Carolo Calvo geschickt wurde, um die Familien-Theilung in Ordnung zu bringen. Er soll nach des Vignier Zeugniß eine Tochter Namens Ermeltrudis gehabt haben u).

4. Adelhaydis ware zuerst an Graf Conrad den Gwelfen, Graf von Auxerre, des Caroli Calvi Mutter Bruder, und den Bruder des Grafen Eudo v. Orleans, welcher der Irmentrudis, gedachten Caroli Gemahlin, Vater gewesen, verheyrathet. Nach seinem Tod wurde sie an Robertum fortem, Grafen von Anjou, vermählet, von dem die Capetingische Linie abstammete. Mit ihrem ersten Gemahl zeugte sie den Abt Hu-

---

t) Du Chesne T. III. p. 469.
u) Annales Bertiniani ad ann. 873 & 876.

go, Erzbischoff von Cölln, mit dem andern aber die Grafen Otto und Robertum x).

IV. Hugo IV, Luitfrids III. Sohn, stunde bey Carolo calvo und im ganzen Elsaß in grossem Ansehn, und ware Erb von allen väterlichen Gütern: als er aber im Jahr 880 ohne Kinder gestorben, ist ihm sein Bruder, Luitfrid IV, in der Regierung nachgefolget.

2. Dieser Luitfrid IV. hatte drey Söhne: Hunfrid, Luitfrid V, und Hugo V. Der erste bekam das Schloß Königshofen samt dem Zugehörigen; der andere das Sundgau, und der dritte Eggisheim samt dem Angränzenden. Der erste und letzte sind ohne Erben gestorben. Luitfrid V. aber hatte drey Söhne: Albert, Grafen von Elsaß; Luitfrid VI, Grafen vom Sundgau; und Wolfgang, Grafen von Dachspurg. Luitfrid VI hatte einen Sohn Luitfrid VII, so im Jahr 986 Colmar besasse, samt einer Tochter, so an den Graf Hugo III. von Eggisheim vermählet worden.

§. VI.
Die Hugonische Linie.

1. Ohnerachtet Hugo I, der dritte Sohn Attici, noch vor seinen Eltern gestorben, hat er doch drey Söhne hinterlassen; nemlich: Boronum, Haicho oder Eticho, und Bleonum.

2. Von

---

x) Chronic. S. Benigni Divionens. apud Dacherium spicil. T. I. p. 417.

2. Von dem ersten findet man keine Nachkommenschaft. Etticho hatte einen Sohn Namens Hugo II, welcher zween Söhne hinterlassen, deren Namen Bodalus und Remigius. Ersterer soll Blodelzheim und Holzheim dem Stift Honau geschenkt haben; letzterer aber ist Bischoff zu Straßburg gewesen.

3. Bodalus hatte wieder einen Sohn Egerhardum, und eine Tochter Attalam, welche Aebtissin zu Eschau wurde; nach deren Tod ihre Schwester Raduna diesem Kloster fürgestanden; mit denen die Linie des Hugonischen Stamms ausgestorben.

4. Bleonus, der dritte Sohn Hugonis I, hatte nur einen Sohn, so ohne Erben verstorben. Solchergestalt hat sich die Hugonische Linie nicht weit erstreckt.

§. VII.
Die Eberhardinische Linie.

1. Der vierte Sohn des Herzogs Attici ware Etticho, oder Atticus II, ein Herzog genannt: dieser hatte seine Güter im Niederland oder Nordgau, und regierte nicht lang; denn er hinterließ seine zween Söhne noch ganz jung.

2. Graf Albericus der ältere ist ohngefehr ums Jahr 765, nachdem er einen Sohn Eberhardum hinterlassen, gestorben. Eddo der jüngere aber wurde Bischoff zu Straßburg. Dieser war zuerst Mönch zu Münster, wurde im Jahr 725 Abt,

K

im Jahr 727 Abt in der Reichenau, und im Jahr 734 Bischoff zu Straßburg. Er hat lang und weißlich regiert, und weil er viele Güter jenseits des Rheins besaße, die Abtey Ettenheim-Münster von neuem hergestellet, und mit Einkünften vermehret, woselbst er im Jahr seines Hinscheidens 776 begraben worden y).

3. Eberhard I, Sohn des Alberici, ist um das Jahr 800 gestorben, und hinterließ ebenfalls einen Sohn Eberhard II. genannt; dieser zeugte Eberhardum III, welcher von seiner Baaß Waldrada, Lotharii II. Concubine, die Einkünften der Abtey Luthers bekommen, mit deren Mönchen er auch etwas hart verfahren. Von diesem Eberhardo III. stammen die Häuser Lothringen, Habspurg, und Eggisheim-Dachspurg ab; wie ich weiter unten bey den Landgrafen anzeigen will.

§. VIII. Demnach nun die Genealogie des herzoglichen Hauses Attici vollendet, ist füglich auch dasjenige beyzufügen, was während der Regierung der Herzogen im Elsaß, bis auf Ludovicum pium sich zugetragen.

Im Jahr 700, nachdem die Stadt Straßburg zum erstenmal erweitert worden, sind die Wenden unter ihrem König Corcho abermal in Frankreich eingefallen, und haben in ihrem Durchzug das Elsaß wieder grausam mitgenommen;

---

y) Grandidier Hist. de l'Eglise de Strasb. T. I. L. III. in Edition. Ep.

zumalen sie alle Städt und Dörfer, wohin sie kamen, plünderten, und in die Asche legten; alle aber, so ihnen in die Hände fielen, über die Klinge springen liessen z).

Als im Jahr 721 die Saracenen in Frankreich eingefallen, und solches überaus verwüsteten, ist Herzog Adalbertus auch mit seinen Elsässern dem König zu Hülf gekommen, und das folgende Jahr in dem Treffen bey Tours an der Loire mit einem Pfeil erschossen worden. In diesem Treffen hat Carolus Martellus ein solches Blutbad unter den Feinden verursachet, daß 375000 derselben auf dem Platz geblieben, da doch nicht mehr als 15000 Christen umkamen. Hierauf ist er im Jahr 723 auch ins Elsaß gekommen, und nachdem er den Herzog Luitfried und Graf Eberhard mit ihren Truppen an sich gezogen, hat er die Schwaben und Bayern jenseits am Rhein im Feilenforst angegriffen und geschlagen, auch einen grossen Theil vom Adel erlegt.

§. IX. Als im Jahr 725 der heilige Pirminius, Abt und Stifter der Abtey Reichenau, von Theobaldo, Herzog von Allemannien, verfolgt und vertrieben wurde, hat jener seine Zuflucht in das Elsaß zu dem Graf Eberhard, Adalberti, Herzogs von Elsaß Sohn, genommen, dessen Gunst er auch also erlangte, daß er ihn an seinen Hof zu Ensisheim aufnahm: weil sich aber Pir-

---

z) Münster. Cosmograph. L. II. C. 84. p. 191.

minius verlauten ließ, daß er ein Verlangen tra=
ge eine Abtey im Elsaß aufzurichten, erlaubte ihm
Graf Eberhard sich in seiner Herrschaft einen Ort
auszulesen, wo er wollte; worauf Pirminius sich
jenen Ort, welcher eine halbe Stund von der jetzt
öde gelassenen Abtey Murbach entfernet, und
wo eine Katharina = Kapell ist, insgemein die
Weyermatt genannt, erwählet; und, nachdem
ihm Graf Eberhard daselbst eine Kirch und Klo=
ster für seine Landsleute, die Schott= und Irrlän=
der, erbauet, selbige auch mit Gütern und Ein=
künften hinreichend versehen, solches *Vivarius peregrinorum* genennet; woselbst die Geistliche
unter der Regel des heiligen Benedicti lebten,
und hin und wieder auf dem Land dem Volk als
Missionarii predigten. Die Kirch wurde im Jahr
727 vom Bischoff Widegerno, zu Ehren des S.
Leodegarii, Bischoffen von Autun, dessen Haupt
noch zu Murbach ist, eingeweihet. Graf Eber=
hard, wie auch der Bischoff, erklärten diese Abtey
alsobald exempt, sowohl von geist= als weltlicher
Obrigkeit, ausser dem Pabst und dem König. Sie
wurde auch durch der Mönchen tugendhaften Wan=
del, Weisheit, Missionen und Donationen so mäch=
tig, daß sie eine der fürnehmsten gefürsteten Abteyen
des Römischen Reichs geworden a).

§. X. Im Jahr 748 hat Graf Ruthardus
von Elsaß, welchen einige auch Herzog von Alle=

---

a) Grandidier Hist. de l'Eglise de Strasbourg. T. I.
L. III. in Widegerno Ep.

mannien nennen, auf das Einrathen des Abts Pirminii, mit seiner Gemahlin Irminsinde die Abtey Arnolfsau auf einer Rhein-Insul bey Rozenhausen, zwischen Drusenheim und dem jetzigen Fort-Louis, erbauet und gestiftet, auch mit fremden Geistlichen besetzet b): welche im Jahr 826 von dem Abt Wido, auf Anordnung Ludovici pii, jenseits des Rheins in die Gegend von Lichtenau übersetzt, und Schwarzach genennet worden.

Im Jahr 750 kame Pipinus, des Caroli Martelli Sohn, und Obrist-Hofmeister von Frankreich samt seinem Bruder Grypho, mit einer grosen Armee ins Elsaß, und nachdem er selbige mit Elsässischen Truppen verstärket, zog er damit über den Rhein, bekriegte die Sachsen und Bayern, und zwunge ihren König Tasilo ihm zu huldigen: weil er aber unter dem Kayser Carolo Magno wieder untreu geworden, hat ihn dieser im Jahr 788 abgesetzt, und in ein Kloster gesteckt c). Zwey Jahr hernach hat er es dem Theodorico III, König von Frankreich, auf gleiche Weise gemacht, und sich selbsten krönen lassen.

Im Jahr 757 hat S. Fulradus, Abt von S.

---

b) Schœpflin sagt in seinem Buch Alsat. Illustr. L. III. Sect. I. C. XI. §. 257. p. 737. Ruthardus Comes Abbatiæ Arnolfesaugiæ fundator fuit circa an. 748. und Sect. II. C. V. §. 77. p. 778. sagt er: Qui circa an. 730. Abbatiam fundavit in Arnolfesaug.

c) Münster Cosmograph. L. III. C. 369. p. 884.

Denys, ein Elſäſſiſcher Edelmann, vom Pabſt eine Bull erhalten, etliche Klöſter in ſeiner Herrſchaft zu bauen, worauf er zwey derſelben im Elſaß ſtiftete: eines in Audaldewiller, wohin er den Leib des heiligen Hypoliti gegeben, weswegen es auch nachgehends S. Hypolite oder Sanct Pölten genennet worden; das andere an der Leber, ſo anfangs von ihm Fulradsweiler, hernach aber von dem dabey flieſſenden Bach Leberau genannt wurde.

Gedachter Abt Fulradus iſt von Pipino im Jahr 751 nach Rom zum Pabſt Zacharias geſchickt worden, um als geheimer Rath und Groß-Allmoſner von Frankreich die Einwilligung deſſelben zur Krönung des Pipini zu erhalten: ja Pipinus bediente ſich ſeiner in allen wichtigen Geſchäften, wegen ſeinem ausnehmenden Verſtand und Geſchicklichkeit d).

§. XI. Im Jahr 773 hat Kayſer Karl der Groſſe die rebelliſche Herzogen Theodoricum von Sachſen, Odilonem von Bayern, und Theobaldum von Schwaben, welche ins Elſaß eingefallen, wieder zurückgetrieben, und ſelbige nach zweyen Haupt-Treffen dergeſtalten gedemüthiget, daß ſie ſich ihm gänzlich ergeben mußten. Hierauf hielte er ſich eine geraume Zeit mit einer zahlreichen Armee im Elſaß auf, um ſeine gedach-

---

d) Grandidier Hiſt. de l'Egliſe de Strasb. T. I. L. IV. in Abbat. Leberau.

te Rebellen in beständigem Zaum zu halten; während welchem Aufenthalt er zu Straßburg das Chor vom Münster bauen liesse, selbiges auch mit einem 12 Schuhe hohen, goldenen, 280 Pfund schweren Kreutz, samt einem von eigener Hand geschriebenen Psalterbuch beehrte e).

Im Jahr 776 hat der Bischoff Remigius eine Abtey für adeliche Frauen S. Benedicti Ordens zu Eschau auf einer Insul zwischen dem Rhein und der Ill zu Ehren Mariæ und des Märtyrers S. Trophimi gestiftet, und gabe seine von seinem Vater Hugo II. ererbte Güter darein: die Töchter seines Bruders Attala und Roduna setzte er zu Aebtissinnen darüber, welche ebenfalls ihr Vermögen darein brachten. Hierauf ist er nach Rom verreiset, und hat vom Pabst Adriano die Leiber der H. Sophiæ, und ihrer Töchter Fides, Spes und Charitas erhalten, welche er in gedachter Kirch zur Verehrung ausgesetzet; von welchen man noch in der Kirch hinter dem Hoch-Altar einen Sarg auf vielen kleinen Säulen stehend siehet, von dem man vorgiebt, daß es die Ruhestatt gedachter Matronen seye f).

§. XII. Im Jahr 778 zoge Carolus M. mit einer grosen Armee Franzosen, Allemannier und

---

e) Doppelmayers General-Beschreibung des Elsasses. p. 14.

f) Grandidier Hist. de l'Eglise de Strasb. T. I. L. III. in Remigio Ep.

Schweitzer wider die Saraceuen, ware aber so unglücklich, daß er 40000 der Seinigen einbüßte; hingegen, als er seine Armee in Lothringen und Elsaß wieder verstärkt hatte, marschierte er über den Rhein gegen die Sachsen, wider welche er glücklicher gewesen: zumalen er selbe zweymal in den Jahren 779 und 786 in Haupt=Schlachten überwunden. Desgleichen hat er im Jahr 787 mit seinen deutschen Truppen die rebellische Bayern zu paaren getrieben g). Zu Zeiten des Kayser Carls des Grosen hat sein Schwager Graf Gerold von Schwaben das Schloß Gerolseck im Brüschthal erbauet, wovon nur noch ein Thurn, samt etlichen alten Gemäuren vorhanden. P. La Guille Hist. d'Alsace. L. IX. p. 107.

Im Jahr 802 ist im Elsaß ein solches Erd=beben entstanden, daß sehr viele Häuser, Kirchen und Thürme davon zusammengefallen. Drey Jahr hernach A. 805 hat der Kayser Carolus M. seinen Sohn Pipinum mit einer Armee Schweizer, Elsäßer und andern Allemannischen Truppen in die Insul Corsica geschikt die Mohren daraus zu treiben: welche Expedition ihnen auch glücklich von statten gegangen. Endlich ist dieser glorreiche Monarch im Jahr 814 zu Aachen am Seitenstechen gestorben h).

Im Jahr 810, als sich die Mönchen in der Abtey Honau ziemlich vermehrten, hat der Abt

---

g) Haffner Cosmograph. ad ann. 778.
h) Idem ad ann. 802.

Beatus verschiedene andere Probsteyen gestiftet, und seine Mönchen darein vertheilet; dergleichen Lautenbach hinter Gebweiler, Rheinau, Münster im Ergau; welche aber nach der Zeit in weltliche Collegiat=Stifter verwandelt worden.

Im Jahr 820 ware im Elsaß eine so schädlich lang anhaltende nasse Witterung, daß durch die Erden=Dämpfe gleichsam eine Pest und Haupt=Sterben entstanden. Drey Jahr hernach A. 823 hat Kayser Ludovicus pius die Stadt Mühlhausen der Abtey Masmünster geschenket i).

Drittes Capitel.
Zustand des Elsasses, während dem es zu dem Königreich Lothringen gehörte.

§. I. Endlich kommen wir an jene Begebenheit, welche sich im Elsaß zugetragen: wegen welcher, da der Ort, wo sie geschehen, nicht recht bekannt, zu bewundern, warum die Gegend sich nicht selbsten schäme, und, da sie das Rothfeld genannt wurde, nicht noch bis auf heutigen Tag erröthe: indem weder vor dem Absolon, noch nach dem Lothario I, die Erde jemals eine solche von Kindern verübte Verrätherey der Eltern gesehn, noch gehöret hat.

---

i) Schœpflin Alſ. illuſtr. T. I. L. III. Sect. I. C. X. §. 233. p. 728.

Nachdem Ludovicus Pius des Caroli M. Sohn sein Reich eine geraume Zeit mit Ruhe und Frieden in Gerechtigkeit und mit Weisheit, wie es einem frommen Regenten zustunde, regiert hatte, hat seine allzugrose Gelindigkeit und zu geringe Ernsthaftigkeit gegen seine Söhne, denen drey aus der Irmingardis einer Sächsinn, und erster Ehe gezeugten Lothario, Pipino und Ludovico schon im Jahr 829 Anlaß gegeben, sich wider ihren Vater zu bewafnen und aufrührisch zu werden. Der gute Vater, welcher Zeitlebens die Gelindigkeit der Strenge vorgezogen, hat auch vor dießmal dieselbe mit nachgeben besänftiget; und im Jahr 830 das Reich unter sie vertheilet: womit ihre Aufruhr wieder gestillet worden. Hierauf verlegte er seine Hof=Stadt nach Ingelheim; kame aber jährlich eine geraume Zeit ins Elsaß, sich im vogesischen Gebürg mit Jagden und Fischfang zu ergötzen. Als ihm seine zweyte Gemahlinn Juditha Gwelsinn täglich in den Ohren lage: er mögte doch seinem jüngern Sohn Carl, der aus ihr gebohren ware, auch ein Theil am Reich geben; hat er eine neue Theilung gemacht; und den übrigen Söhnen ersterer Ehe ihre Antheile verschmählet, um diesem auch eine Portion zu geben. Da fienge das Feuer von neuem Lichterloh zu brennen an; und jene haben alsobald wider den Vater sich von neuem verschworen, grosen Anhang gesucht, Truppen auf die Beine gebracht, und wie andere Absolon den guten David ihren Vater zu stürzen getrachtet. Lotharius als der älteſte, damit er dieſen Streich deſto feiner ſpielte, begabe ſich, mittlerweil die andere beede Truppen ſammelten, nach Rom zu dem Pabſt Gregorius IV, und ſtellte demſelben das Betragen ſeines Vaters als eine unrechtmäſſige Theilung vor: zumalen ſoldergeſtalten der Jüngſte ein gröſſeren Theil bekäme, dann die Aeltern. Er bathe ihn beynebens, ſelbſt zu ihnen zu kommen die Sach in der Güte beyzulegen: ſonſt müßten ſie ihr Recht mit dem Degen in der Fauſt behaupten; welchen Frevel an ſeinem Vater auszuüben er verabſcheue. Dahero kein beſſeres Mittel wäre, als wann Se. Heiligkeit ſelbſt eine unpartheyiſche Theilung unter ihnen ſtiftete k). Der Pabſt, um ein gröſſeres Uebel zu verhüten, lieſe ſich hierzu bereden; und kame mit ihm ins Elſaß zu ſeiner Armee. Der Vater, welcher anfänglich ganz gelind zu Werk gienge, berufte die Söhne auf den Reichs-Tag nach Worms. Weil ſie aber nicht erſchienen, ſondern ihm den Krieg angekündet, hat er Gewalt mit Gewalt zu vertreiben auch Truppen auf die Beine gebracht, und kame mit ſeiner Armee ins Elſaß ihnen entgegen. Sie kamen auf einem groſſen Feld zwiſchen Staßburg und Baſel, damals das Rothfeld genannt, zuſammen. Schilderus l) in einem Brief an den Mabillon ſagt:

---

k) Theganus de geſtis Lud. Pii apud Bouquet. T. VI. p. 81.

l) Schilterus epiſt. ad Mabillon. Annal. Benedict.

es seye im Rothläubel eine halbe Stund von Colmar, und zwo Stund von Breisach. La Guille m) sagt, es seye das Ruffacher-Feld. Schöpflin n) sagt, es seye das Ochsenfeld. Nithardus o), welcher bey Ludovico Pio als ein Vetter gewesen, sagt, er seye mit seiner Armee am Fuß des Sigwaldibergs gestanden. Weil dieser Berg in jetzigen Zeiten unbekannt, ist die Meinung des Nithardi nicht zu verstehen; man müste dann Sigoltzheim dafür nehmen. Nach dem Nithard wäre Theganus der glaubwürdigste Autor, welcher uns aber eben sowohl im Zweifel läßt, indem er nur sagt: daß dies Lugenfeld zwischen Straßburg und Basel sey. Schöpflin gibt unter andern Ursachen, warum es das Ochsenfeld ist, auch den Rotbach dar, welcher doch nur die Meinung des P. La Guille stärket, indem dieser nicht durch das Ochsenfeld, sondern durch das Ruffacherfeld sich erstrecket p).

§. II. Weil der Pabst es nun mit den Söhnen hielte, und alle diejenigen in den Bann thun wollte, so dem Vater anhiengen, redete ihm Lu-

---

T. II. in append. N. 56. p. 739. Idem in Thesauro antiquit. Teutonicar. T. III. p. 290.

m) Hist. d'Alsace. L. X. p. 112.

n) Alsat. illustr. T. I. L. III. Sect. I. C. IV. §. 66. p. 654.

o) Nithard apud Bouquet. T. VI. p. 69.

p) Grandidier Hist. de l'Eglise de Strasb. T. II. L. V. in Bernaldo Ep.

dovicus pius in einem Schreiben ziemlich hart
zu. Worauf ihm der Pabst noch schärfer ant=
wortete. An S. Johannis des Täufers Tag den
24. Junii 833 wollte Ludovicus seinen Söhnen
ein Treffen liefern; und als man sich schon bee=
derseits hierzu gerüstet hatte, schickten die Söhne
den Pabst in des Vaters Lager, vorgebend, sie
wollten sich mit ihm in Güte versöhnen. Der
Pabst, welcher anfänglich ganz kaltsinnig von Ludovico empfangen worden, gabe vor, daß er
käme den Vergleich richtig zu machen, worauf
ihn der Kayser gütig angehöret. Während deme
aber der Pabst in dem Lager des Kaysers und
Bernardus Erzbischof von Vienne in dem Lager
der Prinzen einen Vergleich zu machen sich bewar=
ben, haben diese die Generäle und fürnehmste
des Kriegsheers ihres Vaters dergestalten abwen=
dig gemacht, daß, da der Pabst den 26 Brach=
monat ohnverrichteter Dinge den Abschied genom=
men, die mehresten Generäle samt ihren unterha=
benden Truppen den guten Alten verlassen, und
zu der Armee der Söhnen übergangen. Die we=
nige, so ihm noch treu verblieben, musten sich
hierauf samt ihm ergeben. Dies war das schöne
Vorhaben der Söhne, wie sie vorgegeben, sich
mit ihrem Vater auszusöhnen. Darum jenes
Feld auch nachmals den Namen **Lugenfeld** be=
kommen q). Hierauf versammelten sich alsobald

---

q) P. Barre Hist. generale d'Allemagne. T. II. p. 607.

die Haupt-Rebellen, und haben Lotharium zum Kayser erwählet, welcher aber sich so zu verstellen gewußt, als wollte er den Vater dieser Würde nicht berauben. Allein die Folge hat es bewiesen, wie er gesinnt seye, zumalen er den Vater alsobald gefänglich nahme. Der Pabst, als er sahe, wie schändlich er betrogen, und wie übel die Sach abgelaufen, wollte noch eine Vermittlung machen; als er aber sahe, daß er nichts ausrichten konnte, ist er voll Verdruß, daß er sich so schändlich hat betrügen, und statt der Vermittlung zur Verrätherey gebrauchen lassen, mit Scham nach Rom zurück gekehret. Hierauf führte Lotharius den Vater nach Marlheim. Weil er aber wohl wußte, daß die Elsäßer seinem Vater noch zu sehr anhiengen, getraute er sich nicht ihn daselbst zu lassen, sondern führte ihn nach Maurs-Münster, und von da über das Vogesische Gebürg, durch Metz und Verdun nach Soissons, wo er ihn in das S. Medardi Kloster, seinen Bruder Carl aber in der Abtey Prum bey Trier einsperren ließe, die Kayserin Judith aber schickte er gefänglich in Italien nach Tortona. Noch das nemliche Jahr hielte er zu Compiegne einen Land-Tag, wo Ebbo, Erzbischof von Rheims, den Ludovicus pius aus dem Nichts zur Insul erhoben, diesen seinen Guttthäter als ein der Kron unwürdigen Mann verurtheilte. Um diesem Handel einen Deckmantel der Gerechtigkeit zu überziehen, dichtete man dem guten Vater allerhand

Verbrechen an, und legte ihm auch die unschuldigste Sachen für Uebelthaten aus. Er mußte sich sich selbst für einen ungerechten Vater erkennen, weil er von den seinen Söhnen der ersten Ehe zugeschriebenen Portionen seines Reichs etwas nehmen, und seinem jüngsten Sohn auch ein Antheil ein Antheil geben wollte; für einen Sakrilegischen Mann, weil er währender Fasten seine Truppen marschieren ließ; für einen Mörder, weil er wider seine Söhne die Waffen ergriffen. Worauf Ludovicus eingesperret, Lotharius aber gekrönet wurde r).

§. III. Als die übrige Brüder die Tyranney und Hochmuth das Lotharii ersehen, waren sie übel mit ihm zufrieden, und alles Volk murrete wieder ihn, begierig den Vater wieder zu erlösen. Pipinus und Ludovicus machten sich gleich einen starken Anhang im Königreich Austrasien, und haben im Jahr 834 im Monat Februario mit Hülf des Adels und ihrer Truppen den Lotharium zurück getrieben, den Vater wieder erlöset und von neuem auf den Thron gesetzt. Die Annales Bertiniani s) sagen: daß es nicht zu beschreiben, was die Elsäßer, welche es jederzeit mit dem Vater hielten, hiebey für einen Muth bewiesen. Ludovicus liese gleich hierauf den 1. Merz

---

r) Grandidier Hift. de l'Eglife de Strasb. T. II. L. V. in Bernaldo Ep.

s) Bertiniani apud Bouguet. T. VI. p. 196.

zu S. Denys die Bischöfe zusammen kommen, der Meynung die Sach wieder gütiglich mit Lothario zu vergleichen; solches wurde aber durch die Rebellen des Lotharii Anhänger vor dießmal vereitelt. Dahero Ludovicus pius im Hornung des Jahrs 835 zu Thionville eine Conferenz hielte, worzu er den Lotharium auch eingeladen, der auch ganz demüthig erschienen, den Vater um Verzeihung bittend. Hieselbst wurde die Aussöhnung, so die Bischöfe zu S. Denys geschlossen, bekräftiget; Ebbo, Erzbischof von Rheims wurde seiner Würde entsetzet, dem Lothario wurde verziehen, und vom Vater sogar erlaubt seinen Antheil das Italien schon damal zu beziehen, Graf Hugo von Elsaß, des Lotharii Schwieger-Vater und Haupt-Rebell, wurde auch wieder in seine Güter eingesetzt. Kurz Ludovicus hielte heilig das Griechische Gesatz der Vergessenheit t). Hingegen hat sich sowohl Gott, als die Natur an den Haupt-Rebellen gerochen, zumalen sie alle das folgende Jahr an einer ansteckenden Krankheit gestorben, worunter auch gedachter Hugo u), dessen Gemahlin Bava ihm fünf Kinder hinterlassen, und der das bekannte Kreuz in der Kirch des Collegii zu Molßheim nach Nieder-Münster ge-

---

t) Cornelius Nepos Sinceri L. VIII. in Thrasybulo Imp. Cap. III. p. 156.

u) Theganus de gestis Lud. Pii apud Bouguet. T. VI. p. 84.

geschickt. Seine Tochter Ermengardis ware dem Lothario vermählet, von seinen drey Söhnen und der andern Tochter Adelheid, ist oben in der Luitfridischen Linie gemeldet worden x).

§. IV. Im Jahr 837 machte Kayser Ludovicus Pius seinen jüngern Prinzen Carl auf Bitten seiner Mutter Judith zum König von Neustrien. Den 13 Christmonat 838 starb Pipinus König von Aquitanien, dahero jene Vorstellung Caroli um so leichter von statten gienge; weil durch den Todesfall Pipini zwischen dem Lothario und Carolo eine neue Theilung vorfiele y).

Den 30 May 839 kame Lotharius aus Italien nach Worms, wo der Kayser sein Reich unter Lothario und Carolo in gleiche Theile vertheilte; das Königreich Germanien oder Bayern dem Ludovico überliese. Lotharius erwählte den östlichen Theil: dahero die deutsche Lande am Rhein, folglich auch Elsaß in sein Erb fielen. Der westliche Theil aber bliebe Carolo dem jüngsten Sohn Ludovici. Hierauf schwuren sie sämmtlich mit dieser Theilung zufrieden zu seyn: welches aber von Seiten Lotharii nur bis auf den Tod seines Vaters duurete, so den 20 Brachmonat 840 erfolget, im 64 Jahr seines Alters, und

---

x) Siehe oben in der zweyten Eintheilung, zweyten Capitel. §. V. N. III. p. 105.

y) Grandidier Hist. de l'Eglise de Strasb. T. II. L. V. in Bernaldo Ep.

27. der Regierung. Noch auf seinem Tods-Bett sagte er diese Worte: „Ludwig! ich verzeihe dir, aber du hast mich ums Leben gebracht." Woraus abzunehmen, daß Ludovicus Pius seine Unglücksfälle und Tod seiner allzugrosen Milde und Güte gegen seinen Kindern zu verdanken hatte.

§. V. Nach dem Tod Ludovici Pii ließ Kayser Lotharius alsobald den Ebbo abgesetzten Erzbischof von Rheims wieder durch die Bischöfe einsetzen. Worauf ein dreyjähriger Krieg entstanden. Dann Lotharius, welcher nach der ganzen Monarchie seines Vaters trachtete, suchte den französischen Adel auf seine Seiten zu bringen. Dahero er im Jahr 840 gleich aus Italien ins Elsaß kame, und sich zu Straßburg huldigen liese; zumalen Elsaß zum Lotharischen oder Lothringischen z) Reich gehörte. Alsdann rüstete er sich zum Krieg, und bekam unter andern Otgarium Erzbischof von Maynz und Adalbertum Grafen von Metz zu Anhängern. Weil er aber wohl wußte, daß die Elsäßer ihm, wegen der Vergreifung an seinem Vater daran sie Augen-Zeugen gewesen, nicht sonders geneigt waren, bliebe er nur bis zu Anfang des 841 Jahr daselbst. Als Ludovicus und Carolus seine

---

z) Das Lothringische Reich hat von Lothario I. seinen Namen und Anfang genommen, und begriffe in sich die Länder zwischen dem Rhein, Maaß, Saone und Aar.

Absichten merkten, machten sie einen Bund mit einander, und vereinigten ihre Truppen. Um diese Vereinigung aber zu verhindern, schickte Lotharius seinen Land = Vogt vom Esaß Albrecht von Rohrbach wider Ludovicum König von Germanien, welcher aber in der Gegend, wo jetzt die Abtey Salmannsweiler ligt, gewaltig von diesem geklopfet worden. Worauf Ludovicus ohngehindert in Frankreich gedrungen, und sich mit Carolo vereinigt hat. Den 25 Brachmonat 841 geriethen beyde Partheyen in der Ebene von Fontenay im Auxerrischen an einander, wo ein für beede Theile so blutiges Treffen vorfiele, daß über 80,000 Mann nebst dem grösten Theil des französischen Adels auf dem Platz geblieben a). Ludwig und Carl haben gesieget, und Lotharius nahme die Flucht nach Aachen. Hierauf brachte der Erzbischof Otgarius frische Truppen auf die Beine; mit denen Lotharius den Rhein passirte, Willens den Ludovicum in seinen Staaten zu überfallen. Weil er diesen aber in guter Stellung angetroffen, trauete er sich nicht ihn anzugreifen: darum er nach Worms zurück gekehret. Ludovicus folgte ihm auf dem Fuß nach, und nahme eine Provinz diesseits des Rheins nach der andern ein. Die Elsäßer erwarteten ihn mit Schmerzen; dann

---

a) Annales Bertiniani apud Du Chesne. T. III p 198.

weil er ein milder Regent war, wären all' ihre Herzen sein eigen. Als Carl vernommen, daß Lotharius sich von dem Ludovico gegen ihn lehre, und der Erzbischoff mit einer Armee wider den Ludovicum anzoge, marschierte er mit seiner Armee mit verdoppelten Schritten in gröster Kälte über das vogesische Gebirg nach Zabern; wo er seine Armee ein wenig ausruhen liese. Als Otgarius dessen Ankunft vernommen, hat er sich zurück gezogen, wohl merkend, daß er ihre Vereinigung nicht mehr hindern könne. Den 14. Hornung 842 kamen beede Brüder zu Straßburg zusammen b); wo sie mit unglaublichen Freuden einander empfiengen. So grosse Feinde sie bey Lebzeiten ihres Vaters gewesen, so grosse Freunde wurden sie nach seinem Tod; und nachdem sie ihre Armeen gemustert hatten, legten sie zwischen beyden ihre Eyde ab, einander nicht zu verlassen, Ludwig auf Patois und Carl auf Dentsch, damit es die gegenseitige Truppen verstunden. Hierauf thaten beede Kriegsheere ein gleiches, die Generäle aber schwuren nicht allein ihren Königen wider der Lotharium treu zu seyn; sondern auch denjenigen zu verlassen, welcher seinem Eyd nicht nachkommen würde. Hierauf stellten sie zu Straßburg Freuden-Feste, in der Armee aber Kriegs-Uebungen nach Art der nachmaligen Turnieren an. Mittlerweil Lotharius mit seinen Truppen auch ins Elsaß kommen, und die Alliierte Armee den

---

b) Nithard Hist. L. III. apud Bouguet. T. VII. p. 26.

16 Merz bey Straßburg angegriffen, woselbst er aber von den seinigen schändlich verlassen, kaum mit der Flucht sein Leben retten konnte c). Worauf er den Frieden begehrte, so ihm seine Brüder schon längst angetragen hatten. Weswegen sie den 5. Brachmonat 842 zu Macon eine Conferenz hielten, von wannen sie nach Verdun giengen; wo sie im Jahr 843 das väterliche Reich unter sich theilten. Ludovicus mußte das Elsaß dem Lothario wieder zurück geben; zu seinem Reich aber bekame er noch diesseits des Rheins Maynz, Worms und Speyer samt ihren Gegenden. Carolus bekam Aquitanien und Neustrien, oder sogenannte Frankreich, vom Canal bis an die Saone und Maaß, Lotharius bliebe Kayser, und behielte Rom, Italien, und alle Länder, so zwischen dem Rhein, Aar, Rhone und Maaß liegen d). Im Jahr 849 hat Luitfrid III. Graf von Elsaß das Kloster *Grandval* im Münsterthal hinter Brunndrutt für die Lehrjünger des H. Columbani erbauen; so nachmals als ein Collegiat-Stift nach Dellsperg verlegt worden.

§. VI. Im Jahr 855 hat Kayser Lotharius, nachdem er 15 Jahr tyrannisch regierte und die Unterthanen hart mitgenommen, das Reich unter seine drey Söhne vertheilet. Ludwig bekame die

---

c) Annales Bertiniani apud du Chesne T. III. p. 209.

d) Grandidier Hist. de l'Eglise de Strasb. T. II. L. V. in Rataldo. Ep.

Kayser-Kron und Italien, Lotharius das Lothringen und Elsaß, und Carolus die übrige Länder des Lotharischen Reichs: nemlich Burgund, Provence &c. Hierauf ist Lotharius I. in die Abtey Prüm gegangen, woselbst er nur 8 Tag gelebt, und den 28. Herbstmonat im Jahr 855 einfältig gestorben e).

Hierauf im Jahr 860 machten der König Carl von Frankreich, Ludwig König von Germanien, und Lotharius II. König von Lothringen zu Coblenz den 7. Junii ein Bündniß, kraft dessen sie ihre Theilungen bekräftigten, und ihre Länder gemeinschaftlich zu beschützen sich verbunden, auch ihre Nachfolger bestimmten: in welche Bündniß sie die beede Brüder Lotharii, nemlich den Kayser Ludovicum, und Carolum König von Burgund mit eingeschlossen haben.

§. VII. Als König Lotharius II. seine Gemahlin Theutbergam, damit er mit der Waldrada seiner Concubine desto freyer zu leben eine Ursach hätte, verstossen und für eine Ehebrecherin erklärte; hat jene ihre Unschuld nicht allein mit der Prob der ins siedende Wasser gestreckten Hand bekräftiget, sondern auch die Sache beym Päbstlichen Stuhl dahin gebracht, daß sowohl Lotharius, als Waldrada excommuniciret wurden: so lang sie ihre Gemeinschaft fortpflogen, und er

---

e) Grandidier Hist. de l'Eglise de Strasb. T. II. L. V. in Bernaldo Ep. p. 167.

seine rechtmäsige Gemahlin nicht wieder annehmen werde. Lotharius, welcher wohl merkte, daß er bey jedermann verhaßt seyn würde; solang er im Bann wäre: versprache sowohl die Waldrada von sich zu stossen, als die Theutberga wieder anzunehmen, worauf er wieder vom Bann befreyet worden. Allein er hielte sein Versprechen nicht lang, sondern fieng von neuem an mit Waldrada zu leben f). Er gab auch seinem natürlichen Sohn aus derselbigen Hugo genannt das Lothringen: weswegen Pabst Nicolaus von neuem wider ihn donnerte. Als dieser aber im Jahr 867 den 19 November gestorben, verfügte er sich nach Rom, um vom Pabst Adriano II. die Loßsprechung zu erhalten: welche er nur mit der Bedingniß empfienge; daß er schwören mußte, daß er während seiner Versöhnung mit Theutberga keinen Umgang mehr mit Waldrada gepflogen habe. Nicht nur er, sondern auch seine Hofherren haben dieses endlich bekräftiget: wornach Lotharius II. auf seiner Rückreiß zu Piacenza den 8. August 868 gestorben g). Theutberga hierüber bekümmert begabe sich nach Metz in das Kloster S. Glosindis, Waldrada aber in die Abtey Remiremont, und genosse dabey die Einkünften von der Abtey Lure, so ihr Lotharius noch bey Lebzeiten vermacht, und ihr Vetter Eberhard von Elsaß eingeraumet, nach ihrem Tod

---

f) Hincmarus de divort. Lothar. Regis. T. I. p. 568.
g) Baronius Annal. Eccles. T. X. ad An. 868. p. 411

aber sich selbst zugeeignet und übel angewendet hatte.

§. VIII Kaum ware Lotharius gestorben, bemächtigte sich Carolus Calvus König von Frankreich des Lothringens, und ließ sich zu Metz krönen: dann des Lotharii Bruder Kayser Ludovicus konnte dies nicht hindern; weil er in Italien selbst mit den Saracenen in Krieg verwickelt ware; Ludovicus Germanicus aber ware kränklich. Hierauf kame Carolus gleich ins Elsaß, und nahm es mit Hülf der Grafen Hugo und Bernard von Elsaß in Besitz; denen er das Commando darüber gegeben h). Während dem König Carl alle Stände von Lothringen und Elsaß auf seine Seite zu bringen trachtete, schickte ihm Ludovicus Germanicus, wecher indessen gesund worden, Gesandte, ihm anzusagen, daß er entweder auf Lothringen und Elsaß verziehen, oder einen Krieg erwarten solle. Weil Carolus etwas furchtsam ware, und damal ohnehin mit den Normandier und Bretagnier zu thun hatt; wollte er es auf keinen Krieg ankommen lassen: besonders da Ludovicus mit einer grossen Armee schon ins Elsaß kommen, und selbes ihm gänzlich beygefallen. Dahero kamen sie den 18. Heumonat 870 zwischen Mersen und Heristal im Lothringen auf einer kleinen Insul der Maaß zusammen, in welche Conferenz sie den 8. August

---

h) La Guille Hist. d'Alsace L. XI. p. 123. in Folio, & T. II. p. 127. in 8vo.

ein Vergleich getroffen, daß Ludovicus des Elſaß, Cölln, Trier, Metz, Baſel und Utrecht, Carolus aber das übrige von dem Lothariſchen Reich bekommen ſollte; wornach Ludovicus das Elſaß ins Nord= und Südgau eingetheilet i).

Im Jahr 869 wurde das Elſaß und angränzende Länder mit einer ſolchen Erd=Erſchütterung überfallen; daß ſehr viele Häuſer, Kirchen und Thürne zuſammen gefallen, ja mehr als die Helfte der Stadt Maynz in einen Steinhaufen verwandelt, und zu Brixen im Tyrol drey Tag rothfärbig dem Blut ähnliches Waſſer geregnet k).

§. IX. Im Jahr 873 hat Ludovicus Germanicus zu Metz einen Lands=Tag gehalten: von wannen er nach Straßburg kommen; und, nachdem er daſelbſt mit allen erdenklichen Ehren empfangen worden, iſt er nach Maynz und Frankfurt gereiſet; wo er den 28. Auguſt 876 geſtorben, von ſeiner Gemahlin Henna drey Söhne hinterlaſſend, Carolomannum, Ludovicum und Carolum; welche ganz friedfertig das väterliche Reich getheilet haben. Der erſtere bekame Bayern, Kärnthen, Ungarn, und Sclavonien; der andere bekame Franken, Thüringen, Sachſen, und Frießland; Carl der Dicke genannt, bekame aber das Allemannien, Elſaß und einige Orte von Lothringen. Da aber beede erſtere Carolomannus

---

i) Annales Fuldenſ. apud Bouquet. T. VII. p. 174.
k) Haffner Coſmograph. ad An. 869.

den 22 Merz 880 und Ludovicus den 20 Jenner 882 ohne Erben gestorben; ist Carolus Crassus der Herr von seinem ganzen väterlichen Reich worden.

Im Jahr 880 hat die Königin Richardis Caroli Crassi Gemahlin das hochadeliche freyweltliche Stift Andlau für adeliche Jungfrauen aus ihrem väterlichen Erb gestiftet: welches nach und nach zu solcher Aufnahme kommen; daß die Aebtissin desselben eine Reichs-Fürstin wurde, und Siß und Stimm auf dem Reichs-Tag genose l).

§. X. Im Jahr 881 liese sich Carolus mit seiner Gemahlin zu Rom zum Kayser krönen; und nahm das folgende Jahr auch Besiß von dem Reich seines Bruders Ludovici Königs von Germanien. Weil aber Hugo der Sohn Lotharii II. und Waldradæ mit seiner ihm übergebenen Landschaft nicht zufrieden ware, machte er sich in Lothringen einen grosen Anhang, und gienge schon im Jahr 879 mit den Normandier ein Bündniß ein. Zu mehrerer Bekräftigung derselben, gab er seine Schwester Giselam ihrem König Godfrid zur Ehe; mit welchem er an den Rhein kame, und Gallien samt Deutschland gröstentheils verwüstete. Damit der Kayser den Hugo befriedigte; übergab er ihm das Herzogthum Meß: worauf dieser noch übermüthiger worden. Darum der Kayser im Hornung des Jahrs 884 zu

---
l) Annales Vedastini T. VIII. p. 82.

Colmar eine Verſammlung hielte, und eine groſſe Armee wider gedachte Feinde geſchicket; mittlerweil er zu Colmar und Schlettſtadt die Ruhe genoſſe m). Das folgende Jahr ließ er Godfridum König von Normandie zu ſich berufen, eine Conferenz zu halten: da er ihn verrätheriſcher Weiſe hat umbringen laſſen. Hugo wurde mittlerweil auch ins Garn gelockt, gefangen, und ſowohl der Augen, als des Lands beraubt; worauf er ins Kloſter S. Gallen geſtoſſen worden. Nachdem Zwentiboldus Herzog von Lothringen aber entſetzt wurde; iſt jener zwar wieder darein berufen, aber nicht lang bey der Regierung gelaſſen worden: zumalen er von neuem ins Kloſter Prüm geſtoſſen worden; woſelbſt er als Mönch ſein Leben geendet.

§. XI. Ohnerachtet Carolus Craſſus durch den Tod Caroli Königs von Frankreich, ſo den 6. December im Jahr 884 geſtorben, halb Europa beyſammen hatte; ware er doch im Krieg ſo ohnmächtig, daß, da die Normandier ganz Frankreich überſchwemmten, und die Stadt Paris belagerten, auch durch das Elſaß bis in die Schweiz ſtreifeten; er doch den Frieden von ſelben erkaufte. Dahero er bey ſeinen Unterthanen in den gröſten Haß verfallen: welcher ſich noch vermehrte, da er ſeine Tugendhafte Gemahlin Richardis aus böſem Argwohn, und durch Verläumdung ſeiner Hofherrn eines Ehebruchs bezüchtigte. Dieſe wa-

---
m) Eccardus T. II. Rer. Francic. p. 890.

-re eine Tochter des Erchangarii Grafens von Nordgau, welche er im Jahr 862 noch bey Lebzeiten seines Vaters heyrathete. Weil nun Carolus nicht im stand ware sein grosses Reich selbst zu regieren; hat ihm Luitward Bischof von Verceil hierinn treue Dienste geleistet, wodurch dieser beym Kayser in grosse Gnade kommen n). Weil nun die Kayserin sich auch um die Regierung angenommen, und ihrem Gemahl die Reichs-Bürde zu erleichtern, oft mit gedachtem Minister conferierte, haben die neidische Hofherrn Gelegenheit gesucht selben mit samt der Kayserin zu stürzen. Zu diesem End erweckten sie beym Kayser einen Argwohn, als pfloge sie eine verbotene Gemeinschaft mit gedachtem Bischoff, sie bliesen auch das Feuer dermassen an, daß der Minister verstossen, die Kayserin aber als eine Ehebrecherin erkläret wurde o). Diese sich auf ihre Unschuld verlassend, erbote sich, mit glühendem Eisen, oder siedendem Wasser (wie damal die strenge Prüfung gebräuchig war) selbe zu bekräftigen. Allein es wollte alles nichts verfangen. Carl ihr Gemahl wollte zwar keine so scharfe Prob, hingegen ließ er seinen Argwohn auch nicht sinken: dahero sie sich in ihre Abtey Andlau begeben, wo sie gottselig gelebt, und den 18 Herbstmonat 893 heilig gestorben.

---

n) Du Chesne T. II. p. 499.
o) Cuspinianus de Carolo Crasso. p. 326.

Durch diese und dergleichen Ungerechtigkeiten mehr wurde Carolus bey den zuvor schon schwürigen Deutschen dergestalten verhasset, daß sie ihn des Throns entsetzten, und Arnolphum Herzog von Kärnthen im Jahr 887 statt seiner zum Kayser erwöhlten. Er wollte sich zwar Anfangs widersetzen, weil ihn aber jederman im Stich gelassen, wurde er von lauter Verdruß krank; und nachdem er sein Leben noch ein paar Monat kümmerlich zugebracht, ist er den 12 Jenner 888 armselig gestorben p). Hierauf wurde sein ganzes Reich zerrissen, und jederman bediente sich der Gelegenheit, sich der durch den lezten Sproß des Carolingischen Stammens ledig gewordenen Reichen zu bemächtigen. Berengarius der Tyrann nahme Italien in Besitz, Eudes oder Otto bestieg den französischen Thron, Rudolphus hat zu dem Königreich Burgund von neuem den Anfang gemacht, und noch darzu die Schweitz und Sundgau hinweggenommen; auch im Elsaß trachteten sich alle Fürsten und Grafen, Edle und Städte bey dieser Gelegenheit, unabhängig und frey zu machen. Hierauf machte sich der Herzog Theodoricus, des Gerhardi de Rossillon Sohn, welcher über Schwaben gesetzt ware, durch die Hülf seines Tochtermanns Rudolphi, so sich zum König von Burgund aufgeworfen, auch unabhängig q).

---

p) Annalium Fuldensium Continuat. p. 51.
q) Haffner. Cosmograph. ad An. 888.

§. XII. Im Jahr 888 nachdem Rudolphus König von Burgund sich der Schweitz und des Sundgaus bemächtiget hatte, gienge er auch in Italien, vertriebe Berengarium, und brachte selbes auch unter seine Gewalt. Gleich darauf erbte er auch durch seine Gemahlin Bertha das Schwaben und Elsaß, weil diese des Herzogs gedachter Länder einige Erbin ware. Als Rudolphus solcher stalten ein mächtiger Monarch worden, kame Kayser Arnolphus mit einer zahlreichen Armee wider ihn angezogen, und hat ihn wieder aus dem Elsaß Lothringen und der Schweitz vertrieben: bey welcher Gelegenheit die Kayserlichen diese Länder so ausgeplündert, daß ein grosser Mangel darauf erfolget r).

Nach dieser Expedition hat sich Arnolphus mit dem König von Frankreich vereiniget, und ihm geholfen die Normandier, welche im Jahr 887 bis ins Elsaß und Schweitz vorgedrungen waren, zu bekriegen. Diese waren damal auch so mächtig, daß sie beede genug mit ihnen zu schaffen bekamen s). Dann nachdem sie im Jahr 891. das Elsaß und Lothringen zum andernmal verwüstet hatten, marschierten sie den Rhein hinab, und haben den Kayser bey Worms geschlagen. Nachdem dieser sich aber in den Niederlanden verstärket hatte, hat er sie bey Löwen so übel em-

---

r) Haffner Cosmograph. ad An. 888.
s) Wursteisen Baßler-Chronik. L. II. C. IX.

pfangen, daß er sie aufs Haupt geschlagen, und 90,000 beederseits auf dem Platz geblieben; wornach sie sich zur Ruhe begeben.

§. XIII Im Jahr 897 macht Kayser Arnolphus seinen natürlichen Sohn Zwentiboldum Herzog von Lothringen und Elsaß. Weil dieser aber dem Geiz und Ausgelassenheit ergeben sehr übel regierte, den Herrn vollkommenen Zügel über ihre Unterthanen ließe, auch diese mit unerhörten Schatzungen belegte; habe sie sich empöret, und den Hugo den natürlichen Sohn Lotharii und Waldradæ aus dem Kloster S. Gallen berufen, und den Zwentiboldum vertrieben. Als aber bald hernach im Jahr 899 den 29 Novembris Arnolphus gestorben, und ihm sein einiger ehelicher Sohn Ludovicus im Kayserthum nachfolgte: haben haben die Elsasser und Lothringer diesen auch als ihren Herrn angenommen; worauf Hugo in der fürstlichen Abtey Prüm ein Mönch worden t). Zwentiboldus, welcher sich indessen Truppen zusammengebracht, und wegen der grossen Freyheit, so er dem Adel gelassen, noch grossen Anhang hatte, wollte sich zwar dem Kayser Ludovico widersetzen, und das Lotharische Reich wider ihn behaupten, wurde aber im Jahr 900 den 13 August von Ludovico an der Maaß geschlagen und getödtet. Wornach Ludovicus im Jahr 902 nach Straß-

---

t) Annal. Fuldens. Continuator apud Bouguet. T. VIII. p. 56.

burg kommen, und von seinen eroberten Landen Besitz genommen.

Im Jahr 903 gieng er nach Metz, und hielte daselbst einen Land-Tag. Nachdem dieser vollendet, kehrte er im Jahr 904 wieder nach Straßburg zurück; wo er den Streit beygelegt, welcher seit 902 zwischen dem Bischoff Baldram und der Stadt entstanden ware. Nachdem er hierauf noch eine Zeitlang dem Reich weislich fürgestanden, ist er im Jahr 912 frühzeitig im 21 Jahr seines Alters gestorben. Hierauf ist das Elsaß samt dem Lothringen dem Carolo Simplici König von Frankreich zugefallen, welcher diese Länder durch den Herzog Reinhard regieren ließ u). Gleich nach dem Tod Ludovici ist zwischen dem Bischoff Otberto und der Stadt Straßburg ein neuer Streit entstanden. Jener flohe zwar in sein Schloß Gatburg Sicherheit zu suchen, wurde aber von einigen Meuchelmördern, so sich darein zu schleichen gewußt, den 30 August 913 erstochen: welches Schloß im Jahr 1368 dermassen verstöhrt worden, daß heut zu Tag kein Zeichen mehr davon zu finden.

§. XIV. Im Jahr 917 hat Kayser Conradus I. den Burcardum zum neuen Herzog von Allemannien ernennet, bey welchem Stamm dies

---

u) Grandidier Hist. de l'Eglise de Strasb. T. II. L. V. in Baldramo & L. VI. in Otberto Ep.

Herzogthum geblieben; bis felber im Jahr 1269. durch die Enthauptung des Prinzen Conradini zu Neapel erloſchen iſt. x).

In gedachtem Jahr ſind die Ungarn durchs Deutſchland über den Rhein ins Elſaß kommen, und haben erſtlich die Stadt Baſel verbrennet; hernach haben ſie im Durchſtreifen das ganze Elſaß verwüſtet: wurden aber das folgende Jahr, da Heinrich der Vogler Kayſer worden, wieder von dieſem zurück getrieben y).

Im Jahr 921 iſt zwiſchen dem Kayſer Heinrich und König Carl von Frankreich ein Vergleich getroffen worden: kraft welchem der Rhein die Scheid-Wande beeder Reichen ſeyn follte. Weil dieſer aber gedachtem Vertrag nicht nachkame, ſondern ſein Reich noch jenſeits des Rheins ausbreiten wollte; hat jener ihn mit einem groſſen Kriegs-Heer überzogen, überwunden und genöthiget ihm das Elſaß ſamt Lothringen abzutretten z).

Weil hierauf die Franzoſen mit ihrem König übel zufrieden waren, und einen Aufruhr erregten; hat Herzog Reinhard, ſo im Namen des Königs Carl das Elſaß und Lothringen zuvor regierte,

---

x) Schœpflin Alſat. Illuſtr. T. I. L. III. C. III. §. 20. p. 631.
y) Wurſteiſen Baßler-Chronik. L. II. C. X.
z) Grandidier Hiſt. de l'Egliſe de Strasb. T. II. L. VI. in Richwiro. p. 292.

sich zum König aufgeworfen, und zu Rheims krö̈nen lassen; ist aber bey Soissons im Jahr 923 den 24 Junii von den Königlichen geschlagen worden, und selbst im Treffen umkommen. Worauf sein Sohn an der Spitze der Rebellen den Tod des Vaters kräftig gerochen, zumalen er die königliche Armee aufs Haupt geschlagen, und seinen Schwager Rudolphum König von Burgund zum König von Frankreich krönen lassen. König Carl der Einfältige genannt, so im Treffen gefangen, wurde hierauf in das Kloster S. Quintin gestossen; worinn er im Jahr 929 gestorben.

XV. Im Jahr 923, während demé König Rudolph sich zu Muzon krönen liesse, kame Kayser Heinrich ins Elsaß selbiges in Besitz zu nehmen; eroberte Zabern, und gienge alsdann wieder über den Rhein. Allein das folgende Jahr 924 kame König Rudolf und bemeisterte sich nach langem Widerstand der Vestung Zabern, und folgends des ganzen Elsasses wieder. Als im Jahr 925 Kayser Heinrich wieder ins Elsaß kame, und dieses ihn nicht für seinen rechtmässigen Herrn erkennen wollte, hat er es mit Feuer und Schwerd grausamlich verwüstet, bis sich solches samt dem Lothringen gänzlich unterworfen; zumahlen König Rudolf wegen dem Ueberfall der Normandier ihnen keine Hülfe leisten konnte a).

Noch in diesem Jahr kamen die Ungarn bey

---

a) Chronicum Saxicum. p. 312.

Hüningen über den Rhein ins Elſaß, und nahmen
diß Land ſehr hart mit; dahero Graf Luitfrid V.
von Elſaß in aller Eil ſo viel Volk zuſammenrafte,
als er konnte, um ſich ihnen zu widerſetzen; grieſ-
fe ſie auch bey Pennweyher mit ſolcher Furie
an, daß, ohnerachtet ſie ſechsmal ſtärker waren
als er, dannoch etliche Tauſend derſelben ins Gras
gebiſſen. Endlich, von der Menge der Feinde
umrungen, mußte er ſamt den Seinigen das Leben
einbüſſen, nachdem ſie ſolches zuvor ziemlich gerochen hatten b). Hierauf haben ſie noch mehr zu
wüthen angefangen, und alles mit Fener und
Schwerd verwüſtet; bis Kayſer Heinrich, die
allzutyranniſche Gäſte zu vertreiben, ins Elſaß
gekommen.

§. XVI. Als König Rudolphus in Italien
unglücklich geweſen, kame er im Jahr 926 ins
Elſaß, ſolches wieder unter ſeine Bottmäſſigkeit
zu bringen; und weil die Elſäſſer, aus Erkenntlichkeit daß ſie Kayſer Heinrich das vorige Jahr
von der Ungarn Grauſamkeit befreyet, ihme
treu verblieben, hat ſie König Rudolf ſehr ſcharf
hergenommen. Als der Kayſer Heinrich aber mit
einer groſſen Armee ihnen zu Hülf gekommen, hat
er den König Rudolf zurück ins Burgund getrieben, und zum Frieden genöthiget: Er verlangte
auch zu ſeiner Genugthuung nichts anders von ihm,

---

b) Grandidier T. II. L. VI. in Richwiro. NB. Wurſt-
iſen ſetzt es ins Jahr 938.

als den Speer Conſtantini M, welchen Rudolphus mit ſich aus dem heiligen Land gebracht hatte c). Zur Erkenntniß deſſen die Elſäſſer ein zahlreiches Corps dem Kayſer zugeſchickt, als er die Ungarn aus Deutſchland vertrieben, und bey Merſeburg einen ſo herrlichen Sieg über ſie erfochten, daß 50000 derſelben auf der Wahlſtatt geblieben d).

Im Jahr 937 ſtiftete Giſelbertus, Herzog von Lothringen eine groſſe Zwiſtigkeit zwiſchen Kayſer Otto dem Groſſen, und Ludwig IV, (Tranſmarinus genannt,) König von Frankreich, und machte viele Reichsfürſten vom Kayſer abwendig: Otto, der dieſes merkte, kam alſobald mit einer Armee über den Rhein ins Elſaß und Lothringen, und nachdem er letzteres verwüſtet hatte, zohe er ſich wieder über den Rhein zurück. Hierauf kame König Ludwig auch ins Elſaß, und nahme die Veſtung Breiſach ohne Widerſtand ein, zumahlen Herzog Eberhard von Franken, ohnerachtet er eine ſtarke Garniſon hatte, ihm ſolche freywillig übergeben. Bald darauf kame Kayſer Otto wieder, dieſe Veſtung (welche damal auf einer Rhein-Inſul gelegen, zumahlen der Rhein ſie beyderſeits einſchloß) zu belagern; weil aber während der Belagerung die zween Brüder Giſel-

---

c) Sebaſtianus Münſter Coſmograph. L. III. C. XIX. num. 11. p. 410.

d) Haffner Coſmograph. Solodurenſ. ad ann. 925.

bertus und Eberhard, Herzoge von Lothringen, jenseits des Rheins streiften, und die Länder verwüsteten, hat er sie zuerst angegriffen, geschlagen und beede im Treffen getödtet. Hierauf hat er die Vestung mit Accord erobert, und folgends ganz Elsaß und Lothringen eingenommen, auch Metz belagert. Weil nun der Erzbischoff Friederich von Maynz, und Bischoff Ruthard von Strasburg, welche vom Kayser abgefallen waren, sich nicht sicher genug in dieser Stadt hielten, sind sie nach Maynz geflohen. Nachdem man ihnen aber die Thore vor der Nase zugeschlossen, sind sie den Parthey-Gängern des Kaysers in die Hände gefallen: worauf sie der Kayser in Klöster gestossen, den Erzbischoff nach Fuld, und den Bischoff nach Corvey e); wurden aber bald wieder in Freyheit gesetzet. Endlich ist der Friede dahin vermittelt worden, daß das Elsaß fürohin dem Kayser bleiben solle.

§. XVII. Im Jahr 938 kamen die Ungarn abermahl an den Rhein, streiften hinauf bis nach Sekingen, wo ein berühmter Held Namens H i r m i n g e r die nächst-beste Truppen samt vielem Land-Volk versammelte; und, als viele Hunnen über den Rhein gesetzt hatten, ließ er allenthalben auf den Bergen Feuer anzünden, womit er ihnen eine Furcht einjagte, als wann grosse Armeen vorhanden wären. Hierauf hat er sie in ihrer um-

---

e) Sigeberti Chronicon apud Bouquet. T. VIII. p. 313.

ordentlichen Flucht angegriffen, und im Angesicht ihrer Armee viele Tausend derselben erlegt; während welchem ihre jenseits des Rheins liegende Truppen jammerten, ohne daß sie im Stand waren, diesen zu Hülf zu kommen. Von dorten kamen sie ins Elsaß, plünderten das Land haarklein aus, bis ihnen Kayser Otto hinausgezunden f).

In gedachtem Jahr 938 ist zu Magdeburg das erste Turnier gehalten worden, wobey sich der Elsäßische Adel auch hervorgethan. Unter andern waren Herzog Eberhard IV. von Elsaß, Wolfgang Graf von Dachspurg, Ludwig Graf von Pfird, Albrecht Landgraf von Elsaß, Conrad Graf von Lützelstein, Heinrich Graf von Salm, Weybrecht Graf von Leiningen, und Gundram Graf von Altenburg samt vielen Edlen dabey. Sichard von Rathsamhausen ware einer der vier Garde-Hauptleuthen, so das Turnier-Feld bewachten, und Christoph von Hattstadt visitierte die Waffen g). Bald darauf beym zweyten Turnier, so im Jahr 942 zu Rotenburg gehalten worden, waren zugegen Theobald Graf zu Kyburg, Weybrecht Graf zu Leiningen, Ortolph Baron von Rapoltstein, Heinrich von Flekenstein, der daselbst Ueberwinder und König der Schwanen-Bruderschaft gewesen. Die Walburga von Hattstadt,

---

f) Haffner Chronic. Solodurens. ad ann. 938.

g) Rutner Thurnierbuch Fol. 8. 19. 31 & 38. Modius Pantect. Triumphal. p. 5. 20. 24.

des Wilhelms von Rathsamhausen Gemahlin legte den Ueberwindern das Compliment ab. Und im Jahr 948 im dritten Turnier, welches Herzog Rudolf von Schwaben zu Constanz gehalten, waren Eberhard und Hugo, Grafen von Eggisheim, Theobaldus Graf von Pfird, wie auch Luitfrid VI. Graf von Elsaß, und Weybrecht Graf zu Leiningen zugegen; Cicilia von Landsperg aber probierte die Waffen.

§. XVIII. Im Jahr 945 hat Kayser Otto der Grosse den König Conrad von Burgund, als er ins Elsaß fiele, wieder daraus vertrieben, ihn seines Reichs entsetzet, und, nachdem er selbigen auf Abbitt wieder in sein Reich eingesetzet, ihn zum Vasall des Römischen Reichs gemacht h). Eben dieser Otto hat auch im Jahr 950 die Franzosen, als sie abermahl ins Lothringen und Elsaß fielen, mit blutigen Köpfen wieder zurückgewiesen. Hierauf ihm aus diesen Ländern eine merkliche Hülfe zugeschickt worden, als er die zum öftern ins Deutschland einfallende Ungarn vertriebe, und im Jahr 955 bey Augspurg aufs Haupt geschlagen.

§. XIX. Im Jahr 953 kame Kayser Otto der Grosse mit seiner zweyten Gemahlin Adelhaydis, und Bertha der Königin von Burgund, seiner Schwieger-Mutter, von Frankfurt nach Straßburg; welcher letztern er daselbst die Abtey

---

h) Sebast. Münster Cosmogr. L. II. C. 63. p. 156.

Ehrenstein verehrte i). Er hielte hierauf zu Straßburg einen Land-Tag; auf welchem sämmtliche Stände und Ritterschaft erschienen: während diesem Land-Tag aber zettelte sein Sohn Lutolphus in Deutschland eine Zusammenschwörung wider ihn an, weil er vermeinte, daß diese zweyte Ehe seines Vaters mit der Adelhaid, ihm zum Nachtheil ausschlagen möchte; dahero Otto in aller Eil Truppen versammelte, und die Stadt Maynz belagerte, weil es der Erzbischoff mit seinem Sohn hielte. Kaum hatte dieser seine Flucht nach Breisach genommen, mußte sich Maynz ergeben, von wannen der Kayser mit seiner Armee in Bayern vorgerückt ist, seinen Sohn zu verfolgen, welcher diese Landschaft verwüstete; nachdem dieser aber von des Vaters Ankunft Nachricht erhalten, flohe er nach Italien, wo er im Jahr 957 den 7 Herbstmonat aus Verdruß gestorben k). Sobald Kayser Otto seinen Sohn aus Bayern vertrieben hatte, machte er sich auch an dessen Anhänger Herzog Conrad von Lothringen, entsetzte ihn seines Lands, und übergab es seinem Bruder Bruno, Erzbischoff von Cölln.

Hierauf hat er seinen Sohn, Otto II, so er mit der Adelhaid gezeuget, im Jahr 961 zum Römischen König erklärt, da er erst 6 Jahr alt

---

i) Broverus Annal. Trevirens. T. I. L. IX. Num. 109.

k) Grandidier Hist. de l'Eglise de Strasbourg. T. II. L. VI. in Uthone Ep.

ware, und gab ihn hierauf deſſen Bruder dem Erzbiſchoff von Maynz, und ſeinem Vaters Bruder dem Erzbiſchoff von Cölln zu erziehen. Hierauf gieng er mit ſeiner Gemahlin Adelhald und dem Biſchoff Utho von Straßburg, welcher ein ſehr gelehrter Mann ware, nach Italien, und ließ ſich zu Mayland krönen. Als ſie aber wieder aus Italien zurückgekommen, hat gedachte Kayſerin um das Jahr 980 zu Selz am Rhein eine Abtey Benedictiner-Ordens geſtiftet, welche nachhero in ein weltliches Stift verändert, längſtens aber ſchon zernichtet worden l).

§. XX. Als im Jahr 969 zu Merſpurg das vierte Turnier gehalten wurde, haben ſich unter andern Elſäſſiſchen Edelleuten Gotheſcalcus von Liechtenberg, und Wolfgang von Fleckenſtein dabey eingefunden. In dem fünften Turnier aber, welches im Jahr 996 zu Braunſchweig vorfiele, iſt Erich von Landſperg ein Ueberwinder geweſen, Jobſt von Leiningen ware ein junger Zuſchauer, und Helena von Andlau hat die Waffen unterſucht m).

In den drey Jahren 983, 987 und 988 war eine ſolche Trökne und Dörrung im Elſaß, daß

---

l) Sebaſt. Münſter. Coſmograph. L. III. Cap. 172. p. 660.

m) Ruxners Thurnierbuch F. 43 & 48. Modius Pandect. triumph. T. II. p. 27. 30.

nicht nur eine grosse Hungersnoth, sondern auch eine verderbliche Seuche daraus entstanden. Als vier Jahr hernach Anno 992 die Bauren sich mit gewaffneter Hand wider den Adel empörten, wurden viele tausend derselben von den Truppen des Herzogs von Lothringen, des Pfalz-Grafens, und des Bischoffs von Straßburg bey Zabern und Scherwiller niedergemacht; und wieder zu paren getrieben n).

Um das Jahr 995 ist das Elsaß von dem Kayser Otto unter dem Herzog Otto von Lothringen abgesondert, und zu einer besondern Land-Grafschaft gemacht worden. Dahero er seinen darüber gesetzten Grafen, den Titul der Land-Grafen ertheilte o).

Dritte Eintheilung.
Wie das Elsaß von den Land-Grafen regiert worden.

Erstes Capitel.
Von dem Namen und Genealogie der Land-Grafen.

§. I. Vor allem andern ist zu bemerken, wer die Landgrafen gewesen, und woher dieser Titul

---

n) Haffner Cosmogr. ad annos supradictos.

o) Sebast. Münster Cosmogr. L. II. C. 68. p. 167.

seinen Ursprung genommen. Der lateinische Name Comes, Graf, hieße bey den Römern soviel als ein Gefährt, das ist derjenige, welcher einen Potentat oder Herzog sowohl im Krieg als in der Regierung, wie auch auf Reisen begleitete. Dergleichen Gefährten oder Grafen gab es zur Zeit der fränkischen und deutschen Regierungen verschiedene. Einige waren Land = Grafen, welche den Monarchen ein ganzes Land regieren halfen; andere waren Marggrafen, die eine Mark zu commandieren hatten; wieder andere Burggrafen, so einer Burg samt ihrem Bezirk vorgesetzt waren a). Einige wurden nur platterdings Grafen genannt, weil sie keine von obbenannten Stellen begleiteten, sondern als Söhne der Herzogen, Land= und Marggrafen, oder als Hofherrn grosser Häupter solchen Titul führten; welche Titul und Aemter alle erst nach Kayser Carl dem Grossen erblich wurden. Nach der Zeit ist der Titul der Pfalz=Grafen, welche Richter über den Kayserlichen Hof=Staat waren, und der Wild= und Rhein=Grafen aufgekommen, so über die Kayserliche Waldungen und Zölle am Rhein gesetzt waren.

§. II. Aus dem Haus Attici, Herzogs von Elsaß, sind viele dergleichen Grafen entsprossen, so im eilften Jahrhundert den Titul der Landgrafen bekommen. In der Genealogie des gedachten Herzogs hab ich von seinem Sohn Eticho

---

a) D. Joan. Hübneri Staats=undZeitungs=Lexicon.

die Eberhardtnische Linie bis auf Eberhard III. gezogen, als welcher der Stamm-Vater der Land-Grafen von Elsaß, und dreyer fürnehmer Häuser gewesen.

Dieser Eberhard III. hat mit seiner Gemahlin Adelindis einen Sohn, Graf Hugo von Nordgau erzeuget, welcher im Jahr 940 gestorben, und nebst seiner Gemahlin Hildegardis drey Söhne hinterlassen, nemlich: Eberhard IV, Hugo II. und Gundram; deren ersterer Stammvater des Hauses Lothringen, der andere des Hauses Eggisheim-Dachspurg, und der dritte des Hauses Habspurg gewesen.

§. III.
Lothringische Linie.

1. Eberhard IV, welcher die Abtey Altorf gestiftet, zeugte zween Söhne, nemlich Adalbert, Marggrafen von Lothringen, und Gerhard I. samt einer Tochter Adelhaidis.

2. Adalbert, welcher im Jahr 979 an die Regierung kam, und im Jahr 1037 starb, hinterließ nebst seiner Gemahlin Judith von Lützelburg ebenfalls zween Söhne, nemlich Adalbert II, Herzog von Lothringen, so im Jahr 1040 zur Regierung gelangte, und im Jahr 1048 verschied, ohne daß er mit seiner Gemahlin Jutta, oder Judith, Leibes-Erben hinterließ; und Graf Gerhard II.

3. Seines Vaters Bruder, Gerhard I, so im Jahr 1017 in einer Schlacht umgekommen, hat nebst seiner Gemahlin Eva, des Grafen Sigfrieds von Lützelburg Tochter, und der heiligen Cunigundis Schwester, zwo Töchter und einen Sohn hinterlassen, nemlich Gisela, so an Gerhard II, ihres Vaters Bruders Sohn vermählet war, und Jutta, so ins Kloster gegangen. Ihr Bruder Sigfried starb im Jahr 1015 unverehligt.

4. Adelhaid, Tochter Eberhards IV, Adelberts I. und Gerhards I. Schwester, ware erstlich dem Hezelinus, Herzog von Franken, mit welchem sie Kayser Conrad II. gezeuget, hernach einem Grafen von Franken, von dem die Hohenlohische Familie abstammet, verehligt.

II. Gerhard II. zeugte mit seiner Gemahlin Gisella zween Söhne, den Grafen Theodoricus, so als ein Kind gestorben, und den Herzog Gerhard III. von Lothringen, so im Jahr 1070 gestorben; nebst seiner Gemahlin Hadwid, Alberts Grafen von Namur Tochter, hinterließ er zween Söhne.

2. Der erste derselben ware Herzog Theodoricus, so im Jahr 1070 die Regierung angetretten, und im Jahr 1115 gestorben; nebst seiner Gemahlin Gertrud, Grafen Roberti von Flandern Tochter, hinterließ er zween Söhne, nemlich: Herzog Simon, von dem die Herzoge von Lothringen abstammen, und Theodoricus, Land-

Graf von Elſaß und Graf von Flandern, von welchem die Gräfen von Flandern fortgepflanzt worden.

3. Der andere Sohn Gerhards III. ware Gerhard IV. Graf von Vaudemont, ſo im Jahr 1108 geſtorben.

4. Dieſer zeugte mit ſeiner Gemahlin Hadwid, Gräfin von Eggisheim, folgende Kinder: Graf Hugo von Vaudemont, ſo von ſeiner Gemahlin, Anna von Lothringen, keine Kinder hinterließ; Ulrich, Graf von Eggisheim, ſo im Jahr 1138 die Abtey *Pairis* geſtiftet, und im Jahr 1146 geſtorben; eine Tochter Stephania, Graf Friedrichs von Pfird, und Giſella, Graf Reinolds von Barr, Gemahlin.

5. Die Lothringiſche Linie ſchneide ich mit dem Herzog Simon ab, weil ſie in dieſe Elſäſſer-Hiſtorie keinen Einfluß mehr hat. Von ſeinem Bruder Land-Graf Theodoricus aber, welcher ſeiner Mutter wegen, ſo eine Tochter Graf Roberts von Flandern war, Graf von Flandern wurde, und deſſen Kindern, auch Nachfolgern, werde ich beſſer unten was mehrerers anführen.

§. IV.
Eggisheim-Dachspurger Linie.

1. Hugo II, Graf von Eggisheim, zeugte Graf Hugo III. von Nordgau, ſo im Jahr 986 geſtorben.

2. Hugo III. hinterließ drey Söhne, Eberhard V, Hugo IV. und Madfrid; deren letzterer keine Succeſſion hinterlaſſen.

3. Eberhard V, Graf von Nordgau, so im Jahr 999 gestorben, hat mit seiner Gemahlin Bertha vier Söhne nemlich Eberhard VI, Hugo V, Gerhard II. und Madfrid II. gezeuget, so alle im eilften Jahrhundert ohne Erben abgegangen.

4. Hugo IV, Graf von Nordgau, hat im Jahr 1035 die Abtey Heilig Creuz gestiftet, und ist ums Jahr 1047 gestorben. Dieser hat nebst seiner Gemahlin Helwig, des Grafen von Dachspurg Tochter, folgende Kinder hinterlassen: Graf Gerhard I, Graf Bruno, Bischoff von Toul und nachmahligen Pabst unter dem Namen Leo IX, Hugo, Graf von Eggisheim und Dachspurg, samt einer Tochter, so dem Graf von Calbe verheyrathet gewesen.

5. Gerhard I. hatte einen Sohn Gerhard III. Graf von Nordgau, und zwo Töchter. Hadwid ware dem Graf Gerhard IV. von Vaudemont, und Spanehildis dem Folmar, Graf von Metz verehligt. Von ersterem ist schon oben gemeldet, und letzterem wird besser unten Anzeige geschehen.

II. Hugo V, Bruder Gerhards I. und Bruno, ware Graf von Eggisheim und Dachspurg, und ist im Jahr 1049 gestorben. Er hinterließ zween Söhne, Heinrich I. und Albert I.

2. Heinrich I. Graf von Eggisheim, so im Jahr 1050 verblichen, hinterließ zween Söhne,

Hugo VI. und Bruno, beede waren Grafen von Nordgau, von denen man keine Nachfolge weiß.

3. Albert I, Heinrichs I. Bruder, hinterließ von seiner Gemahlin Ermensindis, einer Tochter des Grafen von Luxenburg, Heinrich II, Land-Grafen von Elsaß und Grafen von Dachspurg.

III. Weil durch Heinrich II. die männliche Linie der Land-Grafen aus dem Haus Dachspurg ausgestorben, wurde die weibliche durch das Haus Folmar fortgesetzet. Spanehildis nemlich, Gerhards I, Grafens von Eggisheim-Dachspurg Tochter, welche an Folmar, Grafen von Metz verehligt war, zeugte mit solchem Folmar II, Grafen von Dachspurg und Metz, und Godfrid I. Grafen von Nordgau; von dessen Nachkömmlingen siehe besser unten Nro. IV.

2. Folmar II, so im Jahr 1106 gestorben, hinterließ zween Söhne, Folmar III, Grafen von Metz, und Hugo VII, Grafen von Dachspurg, so im Jahr 1123 ohne Erben gestorben.

3. Folmar III. aber zeugte mit seiner Gemahlin Mathildis zween Söhne, Folmar IV, Grafen von Metz, und Hugo IX, Grafen von Dachspurg, samt drey Töchtern, Clementia, Agnes und Adelhaid, deren die erstere an Folmar de Caltris verheyrathet ware.

4. Graf Hugo VIII. von Dachspurg hatte zu Söhnen die Grafen Heinrich III, Hugo IX. und Adalbert

Adalbert II. Grafen von Dachspurg und Metz. Erstere beede starben ohne Leibs-Erben.

5. Graf Adalbert II. so ums Jahr 1211. gestorben, zeugte mit seiner Gemahlin Gertrud, des Hermanns Marggrafen von Baden Tochter, Wilhelm und Heinrich IV, welche beede unverehligt gestorben; samt einer Tochter Gertrud, so als die einige Erbin des Hauses Dachspurg, erstlich an Theobald, Herzog von Lothringen, hernach an Theobald, Grafen von Champagne, und letztlich an Simon, Grafen von Leiningen, vermählet war, und im Jahr 1225 ohne Leibesfrucht gestorben.

IV. Um auch auf Godfrids I, Grafen von Nordgau, Nachkommenschaft zu gelangen, welcher um das Jahr 1097 an die Regierung kam, und im Jahr 1120 starb, so hat dieser einen Sohn Landgraf Theodoricus hinterlassen, welcher um das Jahr 1129 regierte.

2. Dieser hinterließ einen Sohn Godfridus II, so im Jahr 1159 Landgraf war, und um das Jahr 1180 starb; nebst einer Tochter, so an Landgraf Sigisbert von Werth im Jahr 1196 verheyrathet wurde, zumahlen die Landgrafschaft schon um das Jahr 1168 durch Henricum von Hennegau, einen Sohn der Margaritæ von Flandern und Enkel des Landgrafen Theodorici von Elsaß und Grafen von Flandern an das Hauß Werth gekommen. Selbige verschied im Jahr 1227.

3. Sie hinterließ einen Sohn Henricum I, Landgrafen vom Unter-Elſaß und Grafen von Dachſpurg und Werth, er fieng im Jahr 1226 an zu regieren, und ſtarb im Jahr 1234 ohne Leibes-Erben.

§. V.

Habſpurgiſch-Zähringiſche Linie.

I. Gundram der reiche, und dritte Sohn Hugo I, ware Graf von Brißgau, Altenburg und Windiſch, und regierte um das Jahr 950. Dieſer hatte einen Sohn Lanzelinus, Graf von Altenburg, welcher mit ſeiner Gemahlin Luitgardis folgende Kinder gezeugt:

2. Werner I. ware Biſchoff von Straßburg, und ſtarb im Türken-Krieg zu Konſtantinopel im Jahr 1028.

3. Radbot Graf von Clegau, welcher die Abtey Muri geſtiftet, und im Jahr 1027 geſtorben.

4. Rudolf, der zu dem Stift Ottmarsheim den Grund gelegt.

5. Berthold, Graf von Brißgau, von dem die Herzoge von Zähringen und Marggrafen von Baden abſtammen.

6. Gebhard, ſo im Jahr 1010 geſtorben.

II. Von Radbot wurde die Habſpurger Linie fortgeſetzet, dieſer hatte drey Söhne: Graf Otto I, ſo um das Jahr 1046 verſchieden; Adalbert I, und Werner II. der Fromme, und erſte

Graf von Haßpurg, so im Jahr 1096 das Zeitliche gesegnet; samt einer Tochter Richenza, Gräfinn von Lenzburg.

2. Gedachter Werner II. hatte wieder zween Söhne, Otto II. und Adalbert II, Grafen vom Ober-Elsaß, und eine Tochter, Ita, so an Grafen von Thierstein vermählet war, von welcher Werner und Rudolf, Grafen von Thierstein gebohren wurden.

3. Otto II. hatte einen Sohn, Graf Werner III. von Habspurg genannt, so um das Jahr 1163 gestorben, nebst einer Tochter Adelhaid, so an den Grafen von Henneberg verehligt war.

4. Werner III. zeugte Adelbert III, den reichen Landgrafen von Elsaß, welcher um das Jahr 1186 zu regieren anfieng, und im Jahr 1199 starb, samt zwo Töchtern: Gertrud, die ältere, war an den Theodoricus, Grafen von Mömpelgard, und Richenza an den Grafen Ludwig von Pfird verehligt.

5. Landgraf Adalbert III. hinterließ nebst seiner Gemahlin Ita, Gräsinn von Pfullendorf, so Heinrichs des schwarzen, Herzogs von Bayern Enkelin ware, einen Sohn Rudolph I, den friedfertigen Landgraf von Elsaß, und eine Tochter, so an den Graf von Leiningen vermählet ware.

6. Rudolf I. aber, so im Jahr 1232 gestorben, zeugte mit seiner Gemahlin Agnes, des Grafen Gotfrids von Staufen Tochter, folgende

Kinder: Albert IV. den weisen, Rudolf II. den verschwiegenen, Grafen von Habspurg-Laufenburg, und Fortpflanzer des gräflichen Hauses von Kyburg; Grafen Werner, so frühzeitig gestorben; und zwo Töchter, Helwig und Gertrud, welche beyde an zween Brüder, Herman und Ludwig von Froberg verheyrathet waren.

7. Albert IV. der weise, hat im Jahr 1139 sein väterliches Erb mit seinem Bruder Rudolf II. getheilet, und ist im Jahr darauf 1140 gestorben. Mit seiner Gemahlin Helwig von Kyburg, zeugete er Rudolf III, welcher im Jahr 1273 Kayser wurde; Albert V, Thumherrn von Basel und Straßburg; Hartmann, so jung gestorben; eine Tochter, so dem Burggrafen Friedrich von Nürnberg verehliget, und Cunegundis, so des Grafen von Kussenburg Gemahlin ware.

8. Gedachter Kayser Rudolf I. hatte zwo Gemahlinnen, die erste ware Anna, des Grafen Bernards von Hohenburg Tochter, die andere Agnes, des Roberts Herzogs von Burgund Tochter, mit denen er ein Stammvater des heutigen Hauses Oestreich geworden.

III. Zähringische Linie.

1. Berthold, Graf von Brißgau, des Lanzelinus Sohn, hatte einen Sohn ebenfalls Berthold vom rothen Löwen genannt, so der erste, welcher den Namen als Herzog von Kärnthen angenommen, und um das Jahr 1060 regierte, im Jahr 1078 aber gestorben.

2. Dieser Berthold I. zeugte mit seinen Gemahlinnen Richwara und Beatrix, Berthold II, Herzogen von Kärnthen, von welchem die Zähringer abstammeten, und Hermann, Marggrafen von Baden, der mit seiner Gemahlin Judith ein Stammvater des Hauses Baden wurde. Der dritte Sohn Gebhard wurde Bischoff zu Constanz.

3. Berthold II. wurde im Jahr 1077 vom König Rudolf, seinem Schwäher, zum Herzog von Schwaben ernennet; aber im Jahr 1080 von Kayser Heinrich IV. wieder abgesetzt. Er starb im Jahr 1111, nachdem er mit seiner Gemahlin Agnes, Gräfin von Rheinfelden, folgende Söhne gezeuget: Berthold III, und Conrad.

4. Als Berthold III. ohne Leibs-Erben verschied, folgte ihm sein Bruder Conrad in der Regierung nach, welcher mit seiner Gemahlin Clementia von Frankreich fünf Kinder erzeugte, nemlich Berthold IV, Conrad, so jung gestorben, Rudolf, Bischoff von Lüttich, Albert und Hugo, so ebenfalls in der Jugend starben.

5. Nach dem Tod Conrads, so sich im Jahr 1152 zugetragen, kame sein Sohn Berthold IV. an die Regierung, so einen Sohn Berthold V. und zwo Tochter hinterlassen. Die ältere, Agnes, war an den Graf Egon von Fürstenberg, die jüngere aber, Anna, an den Graf von Kyburg verheyrathet; durch deren Tochter Graf Rudolf von Habspurg den Kyburgischen Stamm zu Frey-

burg in Uchtland fortgepflanzet hat b). Herzog Berthold V. hatte nur zween Söhne, welche ganz jung mit Gift aus dem Weg geraumt worden.

Zweytes Capitel.
Von demjenigen, was sich unter den Land-Grafen des untern Elsasses zugetragen.

§. I.
Von den Land-Grafen aus der Eberhardinischen oder Lothringischen Linie.

Oben in der Lothringischen Linie haben wir vernommen, daß Landgraf Theodoricus III. durch seine Mutter Gertrud, so eine Gräfin von Flandern war, eine Ansprach und Erbfolge an gedachte Grafschaft bekommen. Als im Jahr 1127 Wilhelm, Graf von der Normandie und Flandern, von seines Vaters Bruder Heinrich, König von Engelland aus der Normandie vertrieben wurde, und sich in das ihm noch übriggebliebene Flandern flüchtete, belegte er dies Land mit unerhörten Satzungen, um seine entrissene Normandie wieder

---

b) Da ich die Genealogien der Landgrafen, so ich im Schöpflin, Vignier, Königshofen, Schilter, Sebastian Münster, Wursteisen, Doppelmayer, la Guille, und andern gefunden, gegeneinander gehalten, finde ich, daß diese obgenannte Successionen auf das richtigste herauskommen können.

zu erobern; da aber die Flanderer dieser ausserordentlichen Abgaben überdrüssig wurden, nahmen sie statt seiner Theodoricus, Landgrafen von Elsaß, als einen Enkel Roberts, Grafens von Flandern, für ihren Herrn an, welcher dann alsobald nach Rüssel (l'Isle) kam, um von dieser Provintz Besitz zu nehmen. Graf Wilhelm, durch diese gähe Veränderung bestürzt, raffte in aller Eil so viel Volk zusammen, als er konnte, um gedachten Landgrafen Theodoricus in Rüssel zu belagern. Weil er aber nichts vor dieser Stadt ausrichten konnte, zohe er mit seiner Armee nach Alst, um den Landgrafen auf das freye Feld zu locken, welcher sich auch nicht säumte, den belagerten Bürgern in Alst zu Hülfe zu kommen. Als ihn Graf Wilhelm, da er in die Stadt reiten wollte, erblickte, ritte solcher spornstreichs auf ihn loß; da er ihn aber beynah an der Pforte erreicht hatte, wurde er mit einem Pfeil vom Pferd gestürzt. Solchergestalt blieb Landgraf Theodoricus nebst seinem Antheil von Elsaß, auch ruhiger Besitzer von Flandern. Hierauf vermählte er sich mit der hinterlassenen Wittwe des Grafen Carls von Flandern, so des Grafen Wilhelms Vorfahrer ware; nachdem diese aber mit Tod abgegangen, heyrathete er Sibilla, Tochter Fulco von Angiers, Königs zu Jerusalem c).

---

c) Sebast. Münster Cosmogr. L. II. Cap. 77. Num. 16. & 17. p. 180.

§. II. Dieser Landgraf Theodericus hat im Jahr 1138 seiner Gemahlin Sibilla seine Länder anempfohlen, und ist mit einem Heer Elsässer und Flanderer seinem Schwäher, dem König von Jerusalem, wider die Saracenen zu Hülf gekommen, von wannen' er, nach vollendeter Kreuzfahrt, glücklich wieder nach Haus zurückgekehret ist. Als im Jahr 1148 Kayser Conrad wider gedachte Feinde des christlichen Glaubens zu Feld zoge, hat Theodoricus abermahl seine Tapferkeit bewiesen, und mit seinen Truppen das christliche Heer ins gelobte Land begleitet. Da er aber im Jahr 1150 wieder zurückkam, und indessen zwischen ihm und dem Balduinus, Grafen von Hennegau, sich verschiedene Zwistigkeiten ereignet, gab er diesem seine Tochter Margarita zur Ehe, womit die Uneinigkeiten zwischen Flandern und Hennegau wieder gedämmt wurden. Er hinterließ nebst gedachter Gemahlin Sibilla drey Söhne und zwo Töchter, nemlich Mattheus, welcher zwo Töchter Ida und Mathildis genannt, gezeuget, Petrus, so vor dem Vater gestorben, und Philipp, der nach dem Vater die Regierung angetretten. Die Töchter waren, Gertrud, so frühzeitig gestorben, und obgedachte Margarita, so Gräfin in Hennegau wurde.

§. III. Nachdem Philipp, Landgraf von Elsaß und Graf von Flandern ohne Leibes-Erben verschieden, wurden seine Länder unter seiner Schwester Kinder vertheilt. Besagte Margarita hatte fünf Kinder, Philipp der älteste bekam das väterliche Erb, die Graffschaften Namur und Hennegau; die Isabella wurde dem König von Frankreich, und die Sibilla dem Grafen von Lützelburg vermählet; Heinrich bekam des Vaters Antheil im Elsaß, und nennte sich Graf von Werth, von welchem noch wirklich ein Schloß und Dorf gleichen Namens nächst Mazenheim im Unter-Elsaß vorhanden, woraus abzunehmen, wie der Land-Gräfliche Titul an das Haus Werth gekommen; und Balduinus, welcher um das Jahr 1204 Kayser zu Constantinopel geworden, bekame Flandern.

Gedachter Heinrich I, Graf von Werth, hatte zween Söhne, Heinrich II. und Sigisbert, deren letzterer eine Tochter des Landgrafen Theodoricus von Nordgau heyrathete, und mit ihr Heinrich III. als den letzten Sproß des Hauses Eggisheim-Dachspurg aus der Godfried-Folmarischen Linie zeugte; Heinrich aber führte die Linie der Landgrafen aus dem Haus Werth fort, davon Johann, Sigisbert, Heinrich und Ulrich in den Jahren 1280 und 1282 vorhanden waren, deren Mutter Bertha eine Gräfin von Rapoltstein gewesen d). In den Jahren 1301 und 1308 waren Ulrich und Philipp Landgrafen im Elsaß und Grafen von Werth, deren letzterer im Jahr 1343 als Domherr von Straßburg gestorben; und im Jahr 1370 ist das

---

d) Gabriel Doppelmayers General-Beschreibung des Elsasses, p. 30.

N 5

Geſchlecht der Landgrafen von Elſaß aus dem Haus Werth mit dem Landgraf Johann, gedachten Sohn Ulrichs, erloſchen.

§. IV. Um aber auch zu ſehen, wie die Land-Grafſchaft von dieſem Haus an das Bisthum Straßburg gelanget, iſt zu wiſſen, daß gedachter Landgraf Johann im Jahr 1340 einen Tractat mit ſeinen Schwägern Ludwig und Friedrich, Grafen von Oettingen gemacht, kraft welchem er den erſtern zu ſeinem Nachfolger ernennet, und ihm die Land-Grafſchaft erblich zugeſchrieben, weil aber der Biſchoff von Straßburg zuvor ſchon durch die Donation der Gertrud, letzten Gräfin von Eggisheim-Dachſpurg, aus der Gerhardiſchen oder Folmariſchen Linie, und Landgrafen Heinrichs des letzten Sproſſen der Grafen von Eggisheim-Dachſpurg aus der Hugoniſchen Linie, den Landgräflichen Titul führen konnte, ohne daß er ſich deſſen bediente, hat er dem Graf Ludwig von Oettingen ſein Recht an gedachten Titul im Jahr 1352 um 33000 Gulden abgekauft, damit er allein Landgraf im untern Elſaß wäre; von welcher Zeit er auch anfieng, gedachten Ehren-Titul anzunehmen.

§. V.

Von den Landgrafen aus der Eggisheim-Dachſpurger Linie.

Als im Jahr 986 Hugo III, Hugo II, Stamm-Vaters der Eggisheim-Dachſpurger Linie Sohn

gestorben, bekame sein zweyter Sohn, Hugo IV.
die Güter im Nordgau, nebst welchen er auch mit
seiner Gemahlin Heilwig die Graffschaft Dachspurg
ererbte. Mit dieser zeugte er drey Söhne, de=
ren der mittlere Namens Bruno, im Jahr 1002
zu Dachspurg gebohren, welcher durch seinen ho=
hen Verstand, Frömmigkeit und andern Gaben,
von Kayser Heinrich III. so hoch geachtet wurde,
daß dieser selbigem nicht nur zur bischöflichen Wür=
de von Toul verholfen, sondern ihn auch im Jahr
1049 zu Freysingen, in Beiseyn vieler Bischöffen
und Reichsfürsten auf den Päbstlichen Stuhl er=
hoben: als er hierauf im folgenden Jahr den 12.
Hornung zu Rom gekrönt wurde, ist ihm der Name Leo IX. beygelegt worden. Während den fünf
Jahren seiner Regierung hat er nicht allein im
Jahr 1051 sein Vaterland, das Elsaß, mit einem
Besuch und langen Aufenthalt beehrt, sondern
auch viele Kirchen und Klöster freygebigst be=
schenkt. Als er im Jahr 1054 den 19 April
verschied, ist er in der S. Peterskirche bey dem
Altar der HH. Andreä und Gregorii beygesetzt
worden.

§. VI. Als im Jahr 1225 die Gerhardisch=
oder Folmarische Linie des Landgräflichen Hauses
Eggisheim=Dachspurg (dann die Hugonische daur=
te mit dem Landgraf Heinrich noch bis in das Jahr
1238, da er ohne Leibes=Erben gestorben.)
durch den Tod der Gertrud, letzter Gräfin obiger
Linie abgegangen, machten verschiedene Herrn

auf ihre Hinterlassenschaft Anspruch. Der Bischoff
von Metz, Johann von Aspremont nahme alsobald
die Grafschaft Metz sammt den Schlössern Herrn-
stein und Türkstein, auch andere bischöfliche Lehen
hinweg. Der Bischoff von Lüttich nahm das
Schloß Musac samt dessen Dependenzien hinweg.
Der Graf von Leiningen, Bruder ihres dritten
Gemahls, der gleich nach ihrem Hintritt auch
verschied, wollte die Güter in Besitz nehmen, so
sie seinem Bruder hinterlassen hatte. Der Herzog
von Brabant wollte auch behaupten, er wäre der
Gertrud rechtmässiger Erb. Rudolph von Habspurg, welcher auch ein Recht darzu hatte, blieb
noch der ruhigste. Die Marggrafen machten anfänglich auch ihre Prätentionen, cedierten aber
gleich das folgende Jahr 1226 ihr Recht e) dem
Bischoff Berthold von Straßburg. Bey so vielen Prätentionen kam diese Sache für den Kayser
auf den Reichstag nach Worms. Weil nun die
Marggrafen von Baden, als der Gertrud Mut-
ter-Brüder, die nächste Anverwandten waren,
wurde ihnen die Erbschaft zuerkannt, aber auch
zugleich ihre dem Bischoff gemachte Cession für
gültig erkläret, womit dieser den ersten Fuß zur
Landgrafschaft bekommen. Als hierauf Landgraf
Heinrich von Werth, Sohn Sigisberts, ein Jahr
vor seinem Abscheiden, so im Jahr 1238 erfolget,
dem Bischoff eine gleiche Donation vermacht, be-

---

e) Gabriel Doppelmayers General-Beschreibung
des Elsasses. p. 27.

kame dieser vollkommene Macht sich Landgraf von Elsaß zu nennen, ohnerachtet er sich dieses Tituls nicht bedient, bis auch die übrige Landgrafen von Werth durch den obbemeldten Landgraf Johann ausgestorben, und er das Recht der Grafen von Oettingen, wie gemeldet, an sich erkauft hatte.

Drittes Capitel.
Von demjenigen, was sich unter den Landgrafen des oberen Elsaßes zugetragen.

§. I.
Von den Landgrafen aus dem Haus Zähringen.

Die Genealogie der Landgrafen hat oben schon bewiesen, daß beede Häuser Zähringen und Habspurg von dem Eggisheimischen Grafen Gundram von Altenburg abstammen. Ohnerachtet verschiedene Grafen schon zuvor den Landgräflichen Titul im Elsaß angenommen, ware er doch bis auf das Jahr 1077 nur ein usurpierter Titul, als in welchem Jahr von Kayser Heinrich IV. Berthold II. von Zähringen zum Landgraf von Elsaß, und im folgenden 1078 von König Rudolf, als seinem Schwäher, zum Herzog von Schwaben ernennet worden. Als Rudolf aber im Jahr 1080 in einem Haupt-Treffen von Kayser Heinrich IV. wider welchen er zum Römischen König erwählt worden, überwunden, seinen rechten Arm verlohren, und daran gestorben, hat dieser Kayser den Berthold sowohl aus Schwaben als Elsaß vertrieben, und gedachte Länder seinem Tochtermann Friedrich von Staufen übergeben. f). Die Grafen von Habspurg und Eggisheim wollten zwar ihrem Vetter, dem Herzog Berthold, wieder seine Länder einzuräumen helfen, weil sie aber wider die Macht des Kaysers zu schwach waren, büßten sie selbst von ihren eigenen Gütern ein, und dieses kostete Graf Hugo von Eggisheim, welcher zu Straßburg im Jahr 1091 verrätherischer Weise umgekommen, sein Leben. Als sich aber Berthold vor dem Kayser wieder demüthigte, und entschuldigte, daß er seinem Schwäher, dem König Rudolf, wieder ihn geholfen hätte, übergab ihm der Kayser, um ihn einigermaßen schadlos zu halten, die Reichs-Vogtey Zürich, und erlaubte ihm noch neben dieser, den Titul als Landgraf von Elsaß beyzubehalten, mittlerweil die Herrn von Staufen sich Herzoge von Schwaben und Elsaß nannten.

§. II. Im Jahr 1118 hat Herzog Berthold III. von Zähringen das Dorf Freyburg in eine Stadt verwandelt, selbige mit Mauren umfangen, und viele Freyheiten verliehen. Als er im Jahr 1121 ins Elsaß kam, und dem Graf Hugo von

---

f) Münsterus Cosmogr. L. III. C. 314. p. 825. Schilterus in observ. in Kœnigshofen.

Dachspurg wider die Stadt Molßheim Hülfe leisten wollte, wurde er samt jenem im Jahr 1122 von den Bürgern daselbsten frevelhafter Weise ermordet, sein Leib aber wurde hernach nach Freyburg überbracht, wo er zu seinen Vor-Eltern in der S. Peters-Kirch begraben wurde g).

Weil nach dem Tod Bertholds III. sein Bruder Conrad sich zum Krieg rüstete, um die ihrem Haus durch die Staufische Familie entnommene Landschaften wieder in Besitz zu nehmen, rüstete sich Friedrich der einäugige, Sohn Friedrichs von Hohenstaufen ebenfalls, und baute im Elsaß verschiedene wohlversehene Schlösser, um sich dieses Landes desto besser zu versichern. Auf dieses schickte er seinen Sohn, Friedrich den rothbärtigen, wider ihn, welcher sowohl die Stadt Zürich eingenommen, als auch das Schloß Zähringen erobert, und Conrad gezwungen, bey seinem Vater Herzog Friedrich von Schwaben um Frieden zu bitten, und diesem die Herrschaft Hochberg zu überlassen. Hierauf genosen die Hohenstaufer das Schwaben und Elsaß ohngestöhrt, bis ihr Geschlecht im Jahr 1269 erloschen. Herzog Friedrich der einäugige wohnte mehrentheils zu Hagenau, woselbst er ein prächtiges Schloß hatte, und wo sein Sohn Kayser Friederich auch oft zu residieren pflegte.

§. III. Weil Herzog Berthold V. gar zu tyrannisch regierte, fiele er sowohl bey dem Adel

---

g) Münsterus ibid. L. III. C. 267. p. 772.

als gemeinen Volk in grossen Haß, weswegen man seinen zween Söhnen mit Gift vergeben, er selbst auch würde seines Lebens nicht sicher gewesen seyn, wann er sich nicht in seinem Schloß zu Breisach verschanzt hätte. Weil er dahero im Jahr 1218 ohne Leibes-Erben starb, wurde sein Herzogthum unter seine Schwäger zertheilt: Graf Egon von Fürstenberg erhielte das Breißgau, Schwarzwald und die Orte, so er noch in Schwaben hatte; Graf Werner von Kyburg aber erhielte das Uchtland und die Orte, so er noch im Ober-Elsaß und Sundgau besaße, nebst dem landgräflichen Titul; die Stadt Bern aber schenkte Herzog Berthold noch bey Lebzeiten dem Kayser. Solchergestalt kam der Titul der obern Land-Grafschaft von dem Haus Zähringen, auf das Haus Kyburg, woselbst er aber nicht lang verbliebe.

§. IV. Dann als Graf Hartmann der jüngere von Kyburg, gedachten Graf Werners Sohn, im Jahr 1263 ohne männliche Leibes-Erben mit Tod abgegangen, und seine Gemahlin, welche eine Gräfin von Savoyen ware, samt einer Tochter hinterliese, brachte Graf Rudolph von Habspurg sie mit Gewalt um ihr Land und Rechten, zumahlen er als Graf Hartmanns Vaters Schwester-Sohn einige Anspruch darauf machte, ohnerachtet sein Vater, Graf Albrecht von Habspurg, schon im Jahr 1241, als sein Bruders-Sohn Graf Gottfried die Berner geschlagen, und zur Abtrettung einiger Güter genöthiget hatte, sich

Landgraf

Landgraf von Elſaß nannte, weil er auſſer dem Willerthal noch verſchiedene andere Herrſchaften im Ober-Elſaß und Sundgau beſeſſen. Es hatte zwar gedachter Graf Hartmann von Kyburg die Graffſchaften Kyburg, Baden, Winterthur, Ergau, Thurgau, ſamt der oberen Land-Grafſchaft Elſaß, ſchon vor ſeinem Tod dem Biſchoff von Straßburg übergeben, und ſolche wieder als ein Lehen von ihm empfangen, auch in ſeinem Teſtament verordnet, daß ſelbige nach ſeinem Tod auf ſeine Wittwe und Tochter fallen ſollten. Graf Rudolph von Habſpurg aber hat nach ſeinem Tod nicht nur allein dieſe Schenkung für ungültig erkläret, ſondern auch mit Hülf ſeines Vetters, Grafen Eberhards von Habſpurg, (ſo zu Freyburg in Uchtland regierte,) ſich ſeiner angemaßten Anſprüche dergeſtalt zu bedienen gewußt, daß er, aller rechtmäſſigen Beſitzung gedachter Wittwe ungeachtet, ſie ſamt ihrer Tochter aus gedachten Ländern vertrieben, und mit ſeinem Vetter ſolche Theilung darüber getroffen, daß die Land-Grafſchaft Ober-Elſaß ſamt jenen Grafſchaften, ſo am Rhein gelegen, bis an die Rüß, dem Graf Rudolf, was aber zur Linken der Rüß liege, dem Graf Eberhard von Habſpurg zugehören ſoll; welcher ſich auch von jener Zeit an Graf von Kyburg nannte. Es wollte zwar der Graf von Savoyen, gedachter Wittwe Bruder, die Grafen von Habſpurg aus dieſem gewaltſamen Beſitz wieder vertreiben; weil aber dieſe mit vieler Mannſchaft ver-

O

sehen, und dabey einen grossen Anhang hatten, hielte er es für rathsamer ruhig zu bleiben.

§. V.
Von den Landgrafen aus dem Haus Habspurg.

Als das Münster zu Straßburg im Jahr 1007 bis auf den Grund abgebrannt war, hat Bischoff Werner, ein gebohrner Graf von Habspurg, um das Jahr 1015 zur Aufbauung dieses herrlichen Tempels den Anfang gemacht, wobey alle Elsässer, Lothringer und Brißgäuer, bis auf zwölf Meilen weit frohnen mußten; es war dieser Fröhner eine solche Menge, daß man sie tausendweiß auf dem sogenannten Fronhof speisete. Es wurde dies Gebäu so prächtig aufgeführt, daß es das Ansehn hatte, als ob Natur und Kunst hieran ihr Probstück gemacht, wie weit man an Grösse, Zierde, Eintheilung und Dauerhaftigkeit, die Baukunst treiben könne. Nachdem man 260 Jahre daran gearbeitet, ist endlich im Jahr 1275 dieses prächtige Gotteshauß vollendet worden; um aber solchem noch ein herrlicheres Ansehn zu geben, ist im Jahr 1276 von dem berühmten Baumeister Ervinus von Steinbach, der prächtige Thurn, als ein neues Weltwunder angefangen, und im Jahr 1438 von Johann Hülz vollendet worden. Nachdem gedachter Bischoff mit seinem Bruder Radbot das Schloß Habspurg, als das

Stammhauß der Landgrafen des oberen Elſaſſes erbaut hatte, iſt er in den Türkenkrieg gereißt, und im Jahr 1028 zu Conſtantinopel geſtorben.

§. VI. Im Jahr 1218 den 27 April, am nemlichen Tag, da das letzte Licht des Hauſes Zähringen, Herzog Berthold V. untergegangen, iſt die Sonne des jetzigen Hauſes Oeſtreich, Rudolf, Graf von Habſpurg, aufgegangen. Als ſein Vater Graf Albrecht IV, der Weiſe genannt, im Jahr 1243 verſchied, wurde er zugleich Ritter und titulierter Landgraf von Elſaß; (dann der rechtmäſſige Landgraf war damal noch der Graf von Kyburg.) weil er aber mit den von ſeinem Vater ererbten Landen nicht zufrieden war, fienge er allenthalben Streit an, zumahlen ſeine Tapferkeit ſchon damal bewieſe, daß er zu höheren Ehren-Stuffen gebohren. Er überfiel zuerſt den Freyherrn von Tuffenſtein, und als dieſer im Treffen erſtochen worden, hat er ſein Schloß geſchleifet, und ſein Land eingenommen. Hernach machte er ſich an ſeines Vaters Bruder-Sohn, Graf Gotfried von Habſpurg, und verwüſtete ſein Land mit Sengen und Brennen. Folgends griefe er die Grafen von Rapperswyl und Homburg an, und zwunge ſie auch zur Abtrettung einiger Ortſchaften. Endlich hat er die Gräfin von Savoyen, als hinterlaſſene Wittib des Grafen Hartmann von Kyburg, (wie ſchon oben gemeldet,) um ihren Beſitz gebracht. Er bewieß noch verſchiedene ritterliche Thaten, indem er andern, als der Stadt Straßburg wider den Bischoff, und dem Bischoff wider den Römischen König zu Hülf gekommen, und jedesmal die Armeen commandiert und obgesieget hat.

§. VII. Im Jahr 1269 ereignete sich ein Krieg zwischen Graf Rudolph von Habspurg und dem Bischoff von Basel wegen der Stadt Breisach, in welchem Krieg jener sowohl dem Bischoff, als der Stadt Basel stark zusetzte. Bis im Jahr 1272 fiele, ausser einigen kleinen Scharmützeln und Plünderepen, nichts vor; während welcher Zeit der Bischoff das kleine Basel auch zu einer Stadt machte, um selbiges vor dem Grafen zu beschützen; auch das Schloß und Herrschaft Brundrut, von Graf Gottfried von Neuenburg erkaufte.

Im Jahr 1272 aber überfiele Graf Rudolf das Münsterthal hinter Solothurn und dem Wiesenstein, (dann also wird daselbst der Berg Jura genannt,) kame bis Dellsperg, plünderte und verbrannte schier das ganze Thal. Auf dieses kame er am St. Bartholomäus-Tag nach Basel, verbrannte die Vorstadt zum H. Creuz, so jetzt St. Johannes-Vorstadt genennet wird; eroberte auch das Schloß Weer, so dem Bischoff gehörte, und machte einige Gefangene, unter andern den Herrn von Röteln, darinnen.

Im folgenden Jahr 1273 zohe er nochmahl für Basel, und bloquierte es: die Bürger wagten auch einen Ausfall, weil ihnen der Graf aber den

Rückweg abgeſchnitten, wurden viele derſelben ſamt ihrem Burgermeiſter Hugo Marſchalk in die Pfanne gehauen. Hierauf plünderte er auch das Dorf Klingen. Um dieſe Zwiſtigkeiten aber durch Mittelmänner beyzulegen, wurde ein Stillſtand von St. Mauritius bis St. Gallen-Tag bewilliget, während welcher Zeit ein Geſandter von den Churfürſten in Graf Rudolfs Lager kame, welcher die Nachricht brachte, daß er von ſämmtlichen Churfürſten einhellig zum Römiſchen Kayſer erwählet, und den 18 Weinmonat als ſolcher ausgerufen worden. Wornach alſobald der Friede gemacht, der neue Kayſer vom Biſchoff und Magiſtrat zu Baſel glorreich eingeführt, und ihm alle Kriegs-Unkoſten vergütet worden.

§. VIII. Kaum hatte der neuerwählte Kayſer von ſeiner Wahl Nachricht erhalten, durchwanderte er ganz Elſaß und Brißgau, und ließ ſich überall huldigen. Die Stadt Colmar, weil ſie ihn nicht für ihren Herrn erkennen wollte, mußte zur Straf 4000 Mark Silber geben. Nachdem er ſich hierauf eine groſſe Armee von Elſäſſern, Brißgauer und Schweitzer auf die Beine gebracht, begabe er ſich nach Oeſtreich, um die vom Ottocarus, König aus Böhmen, abgenommene Länder des Reichs in Beſitz zu nehmen; dem er auch ſamt dem Reich das Leben abgejagt. Solchergeſtalten kame die Landgraffſchaft Elſaß an das Haus Oeſtreich, welches Herzogthum der Kayſer Rudolph im Jahr 1275 ſamt dem Elſaß seinem Sohn Albrecht geschenket hat. Weil aber während der Abwesenheit des Kaysers viele Unordnungen im Elsaß vorfielen, kame er wiederum dahin zurück, und hat die Schlösser Schöneck im untern, und Reichenstein im obern Elsaß schleifen lassen, weil sich viel Raub-Gesindel darinnen aufgehalten. Hierauf hat er im Jahr 1284 die Stadt Colmar, welche sich einige allzuharte Anlagen dem Kayser zu bezahlen weigerte, belagert, eingenommen, und von neuem um 2200 Mark Silber gestraft. Zwey Jahr hernach hat er die Städte Schlettstadt und Lauterburg auf gleiche Weise wieder unter den Gehorsam gebracht, weil sie die ihnen auferlegte Anlagen nicht entrichten wollten. Der Graf von Rapoltstein aber wollte sich dem Kahser gar nicht ergeben, seine Schlösser wurden auch zweymal lang vergeblich belagert; ja er verwüstete dem Bischoff von Basel, welcher es mit dem Kayser hielte, über 26 Dörfer; bis endlich der Kayser im Jahr 1288 abermahl ins Elsaß gekommen, und diesen rebellischen Grafen zu paren getrieben.

Nachdem endlich dieser glorreiche Held Rudolf viele Jahre dem Reich weislich fürgestanden, wider seine Feinde viele Siege erhalten, und alle gute Ordnungen nach dem so verderblichen Faust-Recht wieder eingeführt hatte, ist er im Jahr 1291 den 30 Herbstmonat zu Germersheim verschieden. Er hinterließ einen unsterblichen Ruhm, nnd wurde nach dem Reichs=Tag zu Frankfurt in Speyer begraben h).

Viertes Capitel.
Von dem, was sich während der Regierung der Landgrafen, ausser ihren Thaten, im Elsaß zugetragen, bis auf die Regierung des Kayser Albrechts.

§. I. Im Jahr 1001 hat Kayser Heinrich II. der heilige, die von den Wenden verheerte Bisthümer Straßburg und Basel wieder aufgerichtet, und sie mit besseren Einkünften versehen; auch hat er die zu Basel durch Erdbeben zerfallene Domkirch im Jahr 1012 wieder desto herrlicher hergestellt, welche Hugo, Bischoff von Lausanne, und Rudolfs von Burgund Sohn, im Jahr 1017 consecrirt hat. Gedachter Kayser hatte eine so grosse Hochachtung für das Dom=Capitel zu Straßburg, daß er sich selbsten unter die Zahl eines so hochadelichen und höchstzuverehrenden Capituls einschreiben ließ, und in seinem Na=

---

h) Sowohl die Genealogie, als Geschichten der Landgrafen, sind aus Struvens Reichshistorie, Merians Topographie, Münsters Cosmographie, Haffner, Doppelmayer, Schöpflin, Königshofen, Schilter, Wursteisen, Freyburger und andern Chroniken zusammengetragen.

men eine Präbend stiftete, deren Inhaber der Chor-König genennet wurde.

Im J. 1019 wurde das sechste Turnier zu Trier gehalten, wo Graf Philipp von Elsaß, Tschoffart, Graf von Leiningen, Erhard, Graf von Lützelstein, Wilbold, Freyherr von Rapoltstein, Wolff Beyer von Bopparten, Johann von Hirßhorn, Eberhard von Rechberg und Wilhelm von Reizenstein aus dem Elsaß zugegen waren. In dem siebenten Turnier aber, so im J. 1042 zu Hall in Sachsen gehalten worden, waren nur Graf Friedrich von Ortenburg, Heinrich von Eptingen, samt einem Grafen von Habspurg aus dem Elsaß zugegen.

Als im Jahr 1027 Herzog Ernst von Schwaben sich wider Kayser Conrad II. seinen Stief-Vater empörte, fiele er auch in das Elsaß und Burgund, und verwüstete ihm seine in gedachten Provinzen noch übriggebliebene Länder.

In eben diesem Jahr graßierte eine so grosse Pest und Sterben im Elsaß und den angränzenden Ländern, daß mehrere davon auf die Haut gelegt wurden, als noch übrig geblieben.

Im Jahr 1031 hat Bischoff Wilhelm zu Straßburg nicht nur das abgebrannte Schotten-Kloster, zu St. Thomas genannt, wieder hergestellet, sondern auch das Collegiat-Stift zum jungen St. Peter errichtet a).

---

a) Königshofen Elsässer-Chronik. Cap. V.

§. II. Im Jahr 1034 haben die Freyherrn von Rapoltstein noch zwey Schlösser neben ihr Stamm-Schloß Rapoltstein gebaut, und dem zur Rechten den Namen Girsperg, dem zur Linken aber den Namen Grose Burg auch Niederburg beygelegt, welches letztere aber nachmahl wegen der darinn liegenden Kapell St. Ulrich genennt worden. Von dem oberen Schloß Rapoltstein, (Ripeaupierre), hat auch die Stadt Rapoltsweiler ihren Namen bekommen. Dieses Haus aber ist durch Graf Johann Jacob von Rapoltstein, dessen Tochter den Pfalzgraf geheyrathet, im Jahr 1673 ausgestorben. Sebastian Münster bringt diese Familie erst im Jahr 1034 von Spoleto ins Elsaß b), und doch setzt er sie schon im Jahr 942 in das zweyte Turnier, so zu Rotenburg gehalten worden.

Im Jahr 1044 war ein so ausserordentlich kalter Winter, daß sowohl die Reben als Früchten erfrohren; worzu noch ein allgemeiner Vieh-Fehler kam, also zwar, daß eine Hungers-Noth und darauf erfolgende Haupt-Seuche unvermeidlich waren. Desgleichen ist im Jahr 1055 auf die grose Theurung auch ein solches Sterben erfolget, daß kaum die Helfte der Menschen davon kam. Ein gleiches hat sich im Jahr 1085 mit Menschen und Viehe zugetragen c).

---

b) Münster Cosmograph. L. III. C. 152. p. 638.
c) Haffners Solothurner-Chronik, ad annos supradictos.

Im J. 1080 wurde das achte Turnier zu Augsburg gehalten, wo Graf Heinrich von Lützelstein, Friedrich Graf von Pfird, Wilhelm Freyherr von Rapoltstein, Sigmund Freyherr von Dachspurg, Ambrosius Herr von Hohenak, samt den Herrn von Hallwenl, Reischach und Gailing aus dem Elsaß zugegen waren.

§. III. Um das Jahr 1084 hat Graf Otto von Staufen, Bischoff von Straßburg, mit seiner Mutter Hildegardis, Herzogin von Schwaben, zu Schlettstadt einen Tempel zu Ehren der heiligen Fides erbaut, und Mönchen darüber gesetzt, deren Probst nach und nach so mächtig geworden, daß er sowohl über gedachtes Dorf als umliegende Gegend Herrschaft wurde. Als aber Kayser Friedrich II. dies Dorf in eine Stadt verwandelt, hat er den Bürgern verschiedene Freyheiten verliehen, und des Probsts Gewalt in etwas beschnitten; bis endlich Kayser Rudolf die Stadt im Jahr 1281 unter seine Gewalt genommen, und sie zur vollkommenen Reichsstadt gemacht d).

Im Jahr 1090 haben der Herr Mangold, Probst von Lautenbach, und Herr Burgard von Gebersweiler, die Abtey Marbach, woselbst regulierte Chorherrn, Ord. S. Augustini, sich befinden, gestiftet e).

---

d) Sebast. Münster, Cosmograph. L. III. Cap. 154. & 159. Anonym. ad opid. Selest.

e) Königshofen Elsässer-Chronik. Cap. V.

Im Jahr 1106 ware zu Colmar ein so groſ=
ſer Brand, daß ſchier das ganze Dorf davon in
Aſche gelegt worden.

§. IV. Als Kayſer Heinrich V. im Jahr 1106
ins Elſaß kame, und aller Orten aufs beſte em=
pfangen wurde, hielte er ſich mit ſeinem Hof=
Staat auch eine Zeitlang zu Ruffach auf. Weil
ſeine Hofleute ſich aber zu ausgelaſſen aufführten,
haben ſich die Bürger deswegen beym Kayſer be=
ſchwert: da aber nicht allein keine Genugthuung
hierauf erfolget, ſondern gedachten Herrn alles
ungeſtraft dahin gienge, wurden ſie noch verwe=
gener, und fügten den Einwohnern der Stadt noch
mehr Leids zu. Dahero ſowohl die Weiber als
Bürger die Waffen ergriffen, und den Kayſer
ſammt ſeinem Gefolg aus der Stadt und Schloß
vertrieben haben. Weil nun der Kayſer ſeine
Kleinodien, als Kron, Scepter, Reichs=Apfel
und andere Zierathen im Stich gelaſſen, hat er
ſich mit den Ruffachern verglichen, daß er ihnen
die ihm zugefügte Unbilligkeit verzeihen wolle, wann
ſie ihm ſeine Kleinodien wieder zurückgeben wür=
den. Ohnerachtet ſie ſeinem Begehren alſobald
willfahrt, hielte er ſein gegebenes Wort dannoch
nicht, ſondern überfiel die Stadt unverſehens,
und hat zwey Theil der Vorſtadt in Aſchen gelegt,
auch einen groſſen Theil der Burgerſchaft zuſam=
mengehauen f).

---

f) Schœpflin Alſ. illuſtr. T. II. in Opido Rubeacenſi.

§. V. Im Jahr 1109 hat Graf Friedrich von Pfird im Sundgau eine Kirch samt einem Kloster erbaut, so nachmahls seines Alters wegen Altkirch genennet worden. Er setzte anfänglich Canonicos darein, weil aber diese nicht regelmäßig lebten, hat er von dem Abt Hugo von Cluniac Mönchen begehrt, der ihm unter andern auch den H. Morandum zugeschickt. Weil dieser Sundgauer-Apostel durch sein erbauliches Leben viele Leute zugezogen, haben diese ein Dorf darzu gebaut, und selbiges Altkirch genennt, dem Kloster aber nach dem Tod des Heiligen den Namen S. Morand beygelegt. Als das Dorf durch einen Brand stark beschädiget worden, hat man es auf den Berg gebaut, und nachmahls mit Mauren eingefangen, so ums Jahr 1324 zur Stadt gemacht worden.

Im Jahr 1125 ist das Kloster Lützel Cisterzienser-Ordens von dem Grafen Berthold von Neuenburg, Bischoff von Basel, mit Beyhülf der Herrn Hugo von Calmell, Amadens Grafen von Neuenburg und Richard, Grafen von Montfaucon gestiftet, und im Jahr 1136 zu einer Abtey gemacht worden, deren erster Abt Christianus gewesen g).

Im Jahr 1128 ist die Bernardiner-Abtey Neuenburg, so eine Filial von Lützel ist, von Graf Reinold von Lützelburg gestiftet, und im Jahr

---

g) Wursteisens Basler-Chronik. L. I. in Abbatia Lützel.

1131 zu Biblisheim eine Frauen-Abtey Benedictiner-Ordens von Graf Theodoricus I. von Mömpelgard gestiftet, und seine Schwester Clodildis als erste Aebtissin darüber gesetzt worden.

Im Jahr 1129 kamen Bischoff Bruno von Straßburg, Bertolfus Abt zu Murbach, Herzog Conrad von Zähringen, Sigisbert Graf von Elsaß, und Ulrich Graf von Pfird, nebst vielen andern Edelleuten vom Elsaß nach Basel, der Versammlung des Kaysers Lotharii beyzuwohnen; wo Friedrich und Conrad, Herzoge von Schwaben, wieder mit ihm ausgesöhnet wurden h).

§. VI. Als sich im Jahr 1130 zwischen Gebhard Bischoff von Straßburg, und Friedrich Herzog von Schwaben, einige Mißhelligkeiten ereigneten, hat dieser jenen in seinem eigenen Land überfallen, also zwar, daß es zu einem öffentlichen Krieg ausgebrochen. Noch dieses Jahr kame es zwischen beyden Partheyen bey Gugenheim auf dem Kochersberg zu einem hitzigen Treffen, worinn der Herzog zurückgetrieben wurde. Nachdem dieser Krieg sechs ganzer Jahr mit Scharmützeln und Verwüstung der Länder gedauert hatte, hat der Bischoff doch endlich den Herzog so in die Enge getrieben, daß er mit billigen Bedingnissen den Frieden eingehen mußte i).

---

h) Wursteisens Basler Chronik. L. II. Cap. V.
i) Königshofens Elsässer-Chronik. Cap. V.

Im Jahr 1135 ist das wohl-begüterte Frauen-Kloster Schönen-Steinbach im Sundgau vom Herrn Notker von Wittenheim gestiftet, und nachmahlen durch die Freygebigkeit der Herzogen von Oestreich noch mehr bereichert worden. Sie waren anfänglich Cisterzienser-Ordens; im Jahr 1159 nahmen sie die Regel des H. Augustini an; und im Jahr 1397 richteten sie ihre Kleidung und Lebensart nach dem Orden des H. Dominici ein; wobey sie bis jetzo verblieben.

Im Jahr 1144 haben Graf Hugo von Eggisheim-Dachspurg, und Graf Ulrich von Pfird, die Cisterzienser Abtey Pairis, ohnweit dem sogenannten Schwarz-See im Orbes-Thal gestiftet. Und das folgende Jahr 1145 stiftete Graf Friedrich von Pfird, ein Sohn des Grafen Johann von Pfird und der Richenza von Habspurg, mit seiner Gemahlin Stephania von Eggisheim, das Frauen-Kloster Feldbach, woselbst sie eine Kruft für ihre Familie anlegen liessen, darinnen 13 Grafen und Gräfinnen begraben liegen, so aber in Kriegs-Läuften zerstört worden k).

§. VII. Als im Jahr 1162 Graf Hugo von Dachspurg mit denen Grafen von Horburg im Krieg verwickelt ware, hat jener mit Hülf der Straßburger die alte Römische Vestung Horburg belagert und eingenommen, auch selbige

---

k) Sebast. Münster Cosmogr. L. III. Cap. 130. p. 611. & C. 150. p. 637.

von Grund aus verwüstet. Sie wurde zwar zum öftern wieder hergestellet, aber auch allemahl wieder zerstöhret; bis sie endlich. Graf Georg von Würtenberg erneuert, und sein Sohn Graf Friedrich mit einem Wall und Gräben umgeben; davon aber auch jetzt nichts mehr zu sehen ist.

Im Jahr 1164 hat Kayser Friedrich der rothbärtige das Dorf Hagenau mit Mauren umgeben, und zu einer Stadt gemacht, sich auch in dem Schloß daselbst, welches sein Vater Friedrich der einäugige, Herzog von Schwaben und Elsaß erbaut, oft und lang aufgehalten, und sich in dasigem Forst mit Jagen belustiget. Im Jahr 1189 hat er ein Prämonstratenser-Kloster daselbst gestiftet 1). Auch hat gedachter Friedrich der rothbärtige um das Jahr 1166 die Frauen-Abtey Königsbrück in dem Hagenauer-Forst erbaut, so die Regel des H. Bernardi angenommen.

Im Jahr 1165 waren sehr viele Elsässische Edelleute bey dem Turnier zu Zürich zugegen; als: Graf Albrecht von Habspurg, Graf Ratbot von Ortenburg, Graf Friedrich von Pfird, Graf Emerich von Leiningen, Johann Graf von Salm, Rudolph Freyherr von Rapoltstein, Ludwig Freyherr von Ochsenstein, H. Rudolf von Bußnang, Philipp von Halweyl, Eberlin von Landenberg, Deterlin von Schlierbach, Kunz Schna-

---

1) Sebast. Münster Cosmogr. L. III. Cap. 164. p. 648. La Guille Hist. d'Alsace. L. XVII. p. 200.

belin von Landek, Grun von Degerfeld, Grurus von Schönau, Friedrich von Wangen, Albrecht von Bernstein, Sigmund von Rothau, Dieterich von Andlau, Wolfram von Rothau, Elisabeth von Hallweyl, geb. von Ellerbach, Margaretha von Künßek, geb. von Hattstadt, Helena von Leiningen und Agnes von Landsperg.

Im Jahr 1170 ist das veste Berg-Schloß Hohen-Barr bey Zabern angelegt, aber nach dem Westphälischen Frieden wieder zerstöhret worden; davon noch die Ueberbleibsel zu sehen.

§. VIII. Im Jahr 1178 ist zwischen Graf Cuno von Horburg, und Egeloff Ursini, ersten Grafen von Rapoltstein, bey Lagelnheim nächst der Ill ein Treffen vorgefallen.

Im Jahr 1182 ist das Stift Truttenhausen am Fuß des Odilienbergs, von der Freyin Herradis von Landsperg, Aebtißin des Klosters Hohenburg, so ihre Gelehrsamkeit in dem von ihr in Versen verfaßten Buch Hortus Voluptatis hat sehen lassen, für regulierte Chorherrn gestiftet, aber im 17 Jahrhundert durch die Schweden wieder verwüstet worden m).

Als im Jahr 1190 Conrad Freyherr von Huneburg, Bischoff von Straßburg, mit dem Kayser Friedrich im Krieg verwickelt war, hat

er

---

m) Grandidier Hist. de l'Eglise de Strasb. T. I. L. I. in S. Amando Ep.

er selbigem nicht nur die zwey Schlösser Jllwikersheim und Kronenburg hinweggenommen und geschleifet, sondern auch Molberg, Haußheim, Ortenburg, Offenburg, Gengenbach, Oberehnheim, Andlau und andere mehrere Orte eingenommen. Hingegen hat im Jahr 1198 der Römische König Philippus, des Kaysers Friedericus Sohn, dem Bischoff das Schloß Haltenburg samt Molßheim und Epfig hinweggenommen, und sein Bisthum grossen Theils verwüstet n).

Ohnerachtet gedachter Philippus im Jahr 1199 zu Hagenau im Elsaß als Römischer Kayser erklärt wurde, ware er dannoch über die Elsässer, da der Pabst seine Wahl mißbilligte, und diese gleich andern Reichs-Ständen von ihm abfielen, so erbittert, daß er dies Land mehrentheils verwüstete; bis er endlich den Pabst besänftiget, und die mehrere Länder mit Gewalt zur Huldigung gezwungen. Besonders aber hat er im Jahr 1200 die Länder des Bischoffs von Straßburg mit Sengen und Brennen verheeret, weil dieser samt andern Ständen, während der Zeit, da er von dem Pabst in den Bann gethan war, den Herzog Otto von Braunschweig zum Kayser erwählte. Unter andern hat er die Vorstädte von Ruffach, weil er die Stadt nicht erobern konnte, was die Wuth Heinrichs V. noch übriggelassen, vollends verbrennet, auch die Stadt und Schloß stark be-

---

n) Königshoffens Elsässer-Chronik. Cap. II. & V.

schädiget: von Straßburg aber mußte er unverrichter Dingen abziehen, nachdem er auch einen Theil der Vorstädte in Asche gelegt hatte o).

§. IX. Als im Jahr 1200 Balduinus, Graf von Flandern, des Heinrichs, Grafens von Werth und Landgrafens von Elsaß Bruder, auf eine Kreuzfarth ins heilige Land auszohe, und darauf Kayser zu Konstantinopel worden, hat sich sein schon oben gedachter Bruder mit seinen Elsässischen Truppen auch aufgemacht, und ist ihm wieder die Saracenen zu Hülf gekommen, ohnerachtet sein Land mittlerweil vom Kayser Philippus auch hart mitgenommen worden.

Gedachter Kayser Philipp hat im Jahr 1209 das 13te Turnier zu Worms gehalten, woselbst viele Elsässische Edelleuthe zugegen waren, als: Graf Wolff von Ortenburg, Emich Graf von Leiningen, Ludwig von Pfird, Arbogast von Lützelstein, die Freyherrn Braunhauß von Gerolsek, Friedrich von Liechtenberg, Wilhelm von Falkenberg, Ernbrecht von Rapoltstein, Georg von Ochsenstein, Sigmund von Frankenstein, Schmasmon von Hohenak, die Ritter Georg von Falkenstein, Erph von Andlau, Hans Beyger von Bopparten, Alb von Frankenstein, die Edle Asmus von Andlau, Niklaus von Frankenstein, Wolff von Hattstadt, Wolff von Flekenstein, Conrad

---

o) Königshoffens Elsässer-Chronik. C. V. Münster Cosmogr. L. III. C. XIX. n. 24. p. 417.

von Trachenfelß, Ernſt von Landſperg, Dieterich von Rheinau, Sigmund von Bärenfelß, Friedrich von Thann, Philipp von Mühlnheim, Fritz Zorn von Bulach, Wilhelm Hafner, Heinz von Lützelburg, Benedict von Büdikheim, Philipp von Hagenbach, Johann von Landſperg, Heinrich von Hattſtadt, Ernfrid von Andlau, Wilhelm von Trachenfelß und Wolff von Hirßhorn.

Im Jahr 1209 iſt Kayſer Otto von Braunſchweig nach Rom gereiſet, um daſelbſt die Kayſer-Kron zu empfangen, welcher Krönung beyzuwohnen die Biſchöffe von Straßburg und Baſel ſammt dem Herzog von Zähringen als Landgraf von Elſaß ihn dahin begleitet haben; weil er aber nicht nach Gebühr daſelbſt empfangen worden, hat er dem Pabſt ſein Land verwüſtet; dahero er in Bann gethan, und ſtatt ſeiner Friedrich, König von beyden Sicilien, zum Kayſer erwählt worden. Dieſer Zwieſpalt machte auch groſſe Unordnung im Elſaß, weil zweyerley Factionen hierdurch entſtanden. Die mehreſte zwar, nemlich der Herzog von Zähringen als Landgraf von Elſaß, der Biſchoff von Straßburg Heinrich Graf von Veringen, die Grafen von Habſpurg und Pfird ſammt einigen Grafen von Uchtland hielten es anfänglich mit dem Kayſer Otto, und wollten ihm helfen, dem König Friedrich den Paß zu verſperren. Der Kayſer kam auch zu dieſem End nach Breiſach, ſich mit ſeinen Anhängern zu vereinigen. Als ſeine Leute ſich aber zu ungebührlich zu

Breisach aufgeführet, und er ihnen allen Muthwillen verstattete, haben sich die Bürger zu Breisach empöret, und ihn samt den Seinigen zur Stadt hinausgetrieben. Als dies seine Alliirte vernommen, haben sie auch ein Mißfallen daran geschöpfet, und seine Parthey fahren lassen. Kaum ist der König Friedrich in Begleitung des Herzogs von Sachsen, Abts von St. Gallen und Grafen von Kyburg nach Basel gekommen, so haben sich die übrige auch zu ihm geschlagen, und der Bischoff von Straßburg hat ihn mit 500 Pferden von Basel nach Straßburg und vollends bis nach Maynz begleitet. Kayser Otto aber mußte sich nach Sachsen zurückziehen, woselbst er aus Verdruß gestorben p).

Kayser Friedrich II. hatte Herzog Friedrich I. von Lothringen wegen der geleisteten Hülfe die Stadt Roßheim geschenket. Weil jener aber nach dem Tod des Herzog Friedrichs die Stadt im Jahr 1213 wieder an sich ziehen wollte, hat der Herzog Theobaldus, des Friedrichs Sohn, gedachte Stadt eingenommen. Da aber die Soldaten sich berauschten, sind sie von den Bürgern überfallen, und meistens getödtet worden.

§. X. Als Kayser Friedrich II. um das Jahr 1214 wieder ins Elsaß kame, erzeigte er sich gegen den Elsäffern überaus gnädig, indem er sich

---

p) Münster Cosmogr. L. III. C. 19. n. 26. p. 418. Wursteisens Basler-Chronik, L. II. C. 16.

nicht nur sehr oft und viel darinn aufgehalten, und gleich Friedrich I. ein grosses Vergnügen darinn geschöpfet, sondern auch viele Orte mit Privilegien und Freyheiten begabet, ja viele derselben, als Altkirch, Maßmünster, Anweiler, Delsperg, Colmar, Schlettstadt, Kaysersperg, Mülhausen, Weisenburg, Münster, Ruffach, Pfird, Rheinau und Lauterburg zu Städten gemacht. Diesen hat er seinen Landvogt Wolfelin, einen listigen Mann, vorgesetzt, so zu Kaysersperg residierte; ja er ware den Elsässern so geneigt, daß, da dieser ihm so sehr beliebte Minister seines allzugrossen Geizes und eigenmächtigen Anlagen wegen von den Unterthanen verklagt wurde, er ihn im Jahr 1225 alsobald mit ewigem Arrest in seiner eigenen Behausung belegte, und strenge Rechenschaft von ihm forderte q).

Im Jahr 1220 hat ein Landgraf von Elsaß Namens Stephan, Graf von Werth, ohnweit Brumpt ein Kloster für regulierte Chorherren errichtet, und selbiges nach seinem Namen Stephans-Felden genannt; auch daselbst einen Spithal zum H. Geist für die Arme und Findlings-Kinder gestiftet, die Chorherren sind aber vor einigen Jahren aufgehoben worden r).

---

q) Elsässer-Historie in quod. Anon. ad urbes imperial.

r) Münster Cosmogr. L. III. Cap. 162. p. 648.

§. XI. Als im Jahr 1223 Berthold, Herzog von der Tek und Bischoff von Straßburg, von den ihm donationsweise zugefallenen Gütern der untern Landgrafschaft Besitz nehmen wollte, widersetzte sich ihm der Graf von Leiningen aufs heftigste, und bemächtigte sich des Schlosses Dachspurg; da indessen der Bischoff die Schlösser Bernstein bey Dambach, und Girbaden hinter Roßheim hinwegnahme. Weil aber zur nemlichen Zeit auch die Grafen von Pfird Anspruch an die Grafschaft Egglsheim machten, mußte der Bischoff dem Graf von Leiningen seine eroberte Güter lassen, und wider die Grafen von Pfird und Freyburg zu Feld ziehen, welche ihm drey Jahr lang mit Sengen und Brennen in seinem Bisthum grossen Schaden zugefügt haben: weil aber gedachte Grafen auch der Güter des Grafens von Habspurg nicht geschonet, kame letzterer dem Bischoff zu Hülf. Der neuerwählte Römische König Heinrich, des Friedrichs II. Sohn, weil der Bischoff ihn nicht für einen König erkennen wollte, schickte aber seine Völker den Grafen von Pfird und Freyburg zu Hülf, zu welchen sich noch 14 Städte verbunden hatten. Beyde Armeen kamen zwischen Blodelzheim und Hirzfelden am Rhein zusammen, wo die Bischöfliche unter Anführung des Grafen Alberts von Habspurg die Königliche und Pfirdische in die Flucht geschlagen. König Heinrich hierdurch noch mehr erzörnet, sammelte noch im nemlichen Jahr 1228 in Schwaben, Brißgau und Sundgau eine grosse Armee, mit welcher er den Bischoff in Straßburg eingeschlossen hielte. Weil er aber zuvor, während dem sein Vater Kayser Friedrich II. eine Kreuzfarth nach Jerusalem angestellet, durch eine Zusammenverschwörung ihn vom Thron zu stürzen getrachtet, mußte er bey seiner Zurückkunft die Belagerung vor Straßburg aufheben, und mit dem Bischoff Friede machen; welcher sich auch sowohl mit ihm verstanden, daß er selbst mit ihm im Jahr 1229 ins Bayerland gienge, und sowohl die Stadt Straßburg, als das ganze Elsaß auf seine Seite brachte, um den Sohn auf des Vaters Thron zu setzen. Als aber König Heinrich von den Truppen seines Vaters unter Anführung des Marggrafen von Baden geschlagen worden, hat er sich in das Schloß Tryfels auf dem Wasgau in Sicherheit begeben; und weil er sich nicht gutwillig ergeben, wurde er von seinem Vater in ein ewiges Gefängniß geworfen, worinn er seinen Geist aufgegeben. Worauf Kayser Friedrich II. sich mit seiner dritten Gemahlin Mathildis, des Königs in Engelland Schwester zu Hagenau vermählet s).

Im Jahr 1228 ist das Schloß Befort erbaut, und mit einem vesten Thurn versehen worden t).

---

s) Wursteisens Basler-Chronik. L. II. C. XVII. Doppelmayers Elsässer Historie. p. 34.

t) Schœpflin Alsat. illustr. T. II. L. T. in oppide Beloforti.

Als im Jahr 1235 zu Würzburg das vierzehnte Turnier gehalten worden, haben sich folgende Elsässische Edelleute dabey eingefunden: Werner Graf von Habspurg, Emich II. Graf von Leiningen, Heinrich Graf von Ortenburg, Friedrich II. Graf von Pfird samt seinem Sohn, die Ritter Ernfrid von Andlau als Turnier-Vogt, Göz von Andlau, Conrad von Andlau, Ernfrid von Landsperg, Ortholph von Thann, Truchlieb Truchseß von Baldersheim, Bernard Waldner, Jacob Zolner von Halweyl, Friedrich Gayling, Hartmann von Hattstadt, Georg von Landenberg, Hrn. Gözen von Andlau Gemahlin, geborne von Hauß.

§. XII. Im Jahr 1236 liese Kayser Friedrich II, nachdem er sich den ganzen Winter hindurch zu Hagenau aufgehalten hatte, seinen Prinzen Conrad zum Römischen König erwählen, und hat alsdann der Stadt Straßburg die vollkommene Freyheit und Unabhängigkeit verliehen. Noch dies Jahr versammelte er eine grosse Armee von Elsässern, Breißgauern, Schweizern und Schwaben, überstiege darmit die Alpen, triebe die rebellische Longobarden zu paren, und zerstörte viele Städte derselben. Auf gleiche Weise ist er im Jahr 1238 mit dem Pabst, und den mit ihm verbundenen Städten verfahren, weil er ihn in den Bann gethan, und ihm das Land Apulien weggenommen hat.

Als Kayser Friderich II. im Jahr 1240 nochmahlen von dem Pabst auf Ersuchen der Könige von Frankreich und Engelland in den Bann gethan wurde, wollte er den Pabst abermal mit Krieg überziehen, weswegen er mit einer Armee Schweitzer und Elsässer unter Anführung des Grafen Alberts von Habspurg in die Lombardey kame, wo er aber eine Schlacht verlohre, und zurückgetrieben wurde. Graf Albert, weil er sich zu tief in die Feinde gewagt, wurde gefangen, und nach Maynland geführt, wo er im Kerker gestorben.

Im Jahr 1241 hat sich zu Straßburg die Sekt der Geißler bis auf 1500 vermehret; und im Jahr 1291 kamen auch viele dergleichen Leute dahin. Als endlich im Jahr 1349 zweyhundert Geißler dahingekommen, und tausend in der Stadt in ihre Bruderschaft angeworben, ist auf Befehl des Pabsts und Bischoffs, und Anordnung eines Hochweisen Magistrats diese müssige Sekt ausgerottet worden u).

§. XIII. Als Kayser Friedrich II. im Jahr 1245 samt seinem Sohn dem Römischen König Conrad, vom Pabst von neuem in den Bann gethan, und statt seiner der Landgraf Heinrich von Thüringen zum Kayser erwählt worden, zohe König Conrad mit seinen Schwaben, Schweitzern,

---

u) Königshoffens Elsässer-Chronik. Cap. V.

Elsaßern und Brisgauern wider gedachten Landgrafen, und hat ihm bey Frankfurt ein Treffen geliefert, wo er den kürzeren gezogen: zumahlen der Bischoff von Straßburg sammt andern Fürsten des Reichs mit allen möglichen Kräften dem neuerwählten Kayser beygestanden. Nach dieser Schlacht hat der Bischoff von Straßburg, Heinrich Graf von Stahleck, sich im Namen des Kayser Heinrichs überall huldigen lassen; hat auch alsobald Colmar, Kayserspurg und Mühlhausen eingenommen; von Schlettstadt aber mußte er ohnverrichter Dingen abziehen. Damahl wurde Graf Rudolf von Habspurg, so dem König Conrad anhienge, vom Pabst in den Bann gethan, weil er das Kloster Steinen in klein Basel verbrennt hat x).

Als aber Kayser Heinrich im ersten Jahr seiner Regierung Anno 1246, da er die Stadt Ulm belagerte, mit einem Pfeil getroffen, seinen Geist aufgegeben, wurde Wilhelm Graf von Holland zum Römischen Kayser erwählet, für welchen sich alsobald Colln, Maynz und Straßburg erklärten. Viele andere Städte aber am Rhein, in Schwaben und Bayern, hiengen dem abgesetzten Kayser Friedrich II. und seinem Sohn dem König Conrad noch treulich an; weswegen im Elsaß alles darunter und darüber gienge. Dann der Bischoff und Stadt Straßburg stunden dem neuerwählten Kayser Wilhelm bey; die übrige Städte

---

x) Wursteisens Basler-Chronik. L. II. C. XVIII.

und Stände aber dem Kayser Friedrich. Man sahe im Elſaß Städte wider Städte, Nachbarn wider Nachbarn ſtreiten, und alles Preiß machen: wie dann die Ruffacher denen Colmarern groſſen Schaden zugefügt, und viele derſelben erlegt haben; hingegen auch im Jahr 1256 bey Tiefenbach wafer von jenen geklopft wurden y).

Der König Conrad kame zwar den Seinigen zu Hülf, mußte ſich aber auf Annäherung der Feinde, welche ungleich ſtärker waren, zurückziehen, und endlich nach dem Tod ſeines Vaters ſich gar in Italien nach Neapel begeben, wo er geſtorben, einen einzigen Sohn Conradinum, von der Eliſabetha von Bayern hinterlaſſend, welcher im Jahr 1269 vom Herzog Carl von Anjou gefangen, und mit dem Beil öffentlich enthauptet worden z).

§. XIV. Im Jahr 1253 wurde Jringus Graf von Ramſtein, ein Elſäſſer, zum Biſchoff von Würzburg erwählt; weil aber der Pabſt dieſe Wahl nicht gut geheiſſen, ſondern Grafen Wilhelm von Leiningen, ſo ebenfalls ein Elſäſſer und Biſchoff zu Speyer war, ſtatt ſeiner ernennte, mußte jener abtretten, dieſer aber jenem 3000 Mark Silber geben, und zugleich verſtatten, daß jener nebſt ihm den biſchöflichen Titul führe. Sind

---

y) Königshoffens Elſäſſer-Chronik. C. V. ad ann. 1256.
z) Struvens Reichs-Hiſtorie. p. 355.

also zu gleicher Zeit zween Elsäßer mit der Bischöflich-Würzburgischen Inful geziert gewesen a).

Als im Jahr 1255 nach dem unglücklichen Tod Kayser Wilhelms, welcher in Frießland von einigen im Gebüsch verborgenen Flüchtlingen erstochen worden, Richardus Graf von Cornwall, des Königs von Engelland Bruder, als Kayser zu Hagenau erwählt worden, wurde er im Elsaß von allen Ständen und Städten aufs prächtigste empfangen. Weil er aber bald hierauf König in Engelland worden, hat er sich dahin begeben, und das Reich durch drey Vicarios, nemlich den Werner von Falkenstein, Erzbischoffen von Maynz, Philipp von Falkenstein und Philipp von Hohenfels regieren lassen. Mittlerweil das Interregnum und daraus entstandene schädliche F a u s t r e c h t seinen Anfang genommen, während welchem die Mächtige die Geringern unterdrückt, und ein jeder nahm, was er erhaschen konnte, so, daß rauben und plündern etwas gemeines ware. Im Elsaß nahm der Bischoff Graf Walther von Gerolsek Hagenau, Oberehnheim, Colmar, Offenburg, Gengenbach und andere mehrere Orte hinweg. Die Marggrafen von Baden, der Pfalzgraf, der Graf von Würtenberg und andere mehrere, nahmen auch was ihnen gefiel; bis Rudolf von Habspurg es wieder zu des Reichs Handen genom-

---
a) Sebast. Münster Cosmogr. L. III. C. 389. a. 41. p. 912.

men. Als in diesen verwirrten Zetten die Räuberey zu stark getrieben wurde, daß wegen den sehr vielen Raubnestern, deren es im Elsaß gegeben, niemand sicher die Straßen brauchen durfte, haben sich 60 Städte am Rhein und in Schwaben im Jahr 1256 miteinander verbunden, fürohin die allgemeine Ruhe in Deutschland zu erhalten, zu welchen sich der Herzog von Bayern, der viele Raubnester zerstörte, die Churfürsten am Rhein, die Bischöffe Heinrich von Straßburg, und Berthold von Basel, Graf Ursild von Leiningen, und Graf Ulrich von Pfird auch begeben haben b).

Im Jahr 1260 ist das Schloß Hohen-Landsperg erbaut worden, welches in den nachfolgengen Kriegen viele Anstöße erlitten.

§. XV. Im Jahr 1261 waren zwo einander ganz zuwidrige Partheyen in Basel, und der Adel sowohl der Stadt als selbiger Gegend, ware ganz wider einander entrüstet. Die eine Parthey nennte man zum Papagey, welcher die Herrn von Mönch, Marschalk, Rotberg, Bärenfelß, Kammerer, Schaler, Zerkinden, Vorgassen, die Stadt Basel, die Marggrafen von Baden, die Grafen von Neuenburg *c*. anhiengen. Die andere nennte sich zum Sternen, und waren ihr anhängig die Herren von Eptingen, Vizthum, Uffheim, Kraft, Richen, Pfaffen, Ramstein, die

---

b) Königshoffens Elsässer-Chronik. in Supplemento. Wursteisens Basler-Chronik. L. II. Cap. 18.

am Kornmarkt, zu Rhein, Neuenstein, Frik ꝛc. samt den Grafen von Pfird und Habspurg. Weil nun letztere Parthey aus der Stadt weichen mußte, nahme sich Graf Rudolf von Habspurg derselben so eiferig an, daß sie nicht allein wieder in die Stadt gelassen wurde, sondern ihr auch aller erlittene Schaden von der Stadt Basel wieder ersetzt werden mußte c).

§. XVI. Als im Jahr 1260 der Bischoff von Straßburg, Graf Walther von Gerolsek, wider die Privilegien der Stadt neue Zölle aufrichten wollte, hat sich der Magistrat aufs eifrigste widersetzet, also zwar, daß es das folgende Jahr 1261 zu einem öffentlichen Krieg ausgebrochen. Der Bischoff suchte bey dem Erzbischoff von Trier, Aebten von St. Gallen und Murbach, und andern mehrerern um Hülf an, deren ersterer ihm auch 1700 Mann zugeschickt. Der Stadt aber kamen zu Hülf Graf Rudolf von Habspurg, dem sie das ganze Commando übergeben, Graf Hartmann von Kyburg, Graf Conrad von Freyburg und Heinrich Graf von Neuenburg, wie auch Graf Gotfried von Habspurg, samt den Städten Schlettstadt, Basel, Molßheim, Muzig und andern Städten. Diese ruinirten nicht nur des Bischoffs, sondern auch seiner Anhänger der Herren von Liechtenberg, Gerolsek, Werth und Rathsamhausen ihre Länder, nahmen die Städte Mühlhausen und

---

c) Wurstisens Basler-Chronic. L. II. Cap. 19.

Colmar hinweg, Ruffach aber konnten sie nicht
zur Uebergab zwingen. Indessen hat der Bischoff
auch dem Graf Rudolf das Willerthal verwüstet,
ohnerachtet er die zwey Jahre 61 und 62 mehrentheils den kürzern gezogen, und die mehreste seiner
Städte und Schlösser verlohren. Endlich kame
es im Jahr 1263 bey Dorlisheim zu einem
Treffen, wo Graf Herman von Gerolsek samt 60
Rittern der Bischöflichen erstochen, 40 Ritter, 76
Edelknechte samt vielen andern gefangen, und des
Bischoffs Armee in die Flucht geschlagen worden:
wornach die Sach zum Vortheil der Stadt verglichen worden d).

Zu dieser Zeit haben auch die Ritter des heiligen Grabs zu Jerusalem, oder sogenannte Tempelherren verschiedene Commenthuren im Elsaß aufgerichtet, und sind im Jahr 1262 viele Edelleute
aus dem Elsaß mit ihnen in das heilige Land zur
Kreuzfarth gereiset.

Um das Jahr 1264 entstund ein Krieg zwischen den Städten Straßburg und Selz, wobey
letztere eingenommen, und ihre Vestungs-Werke
geschleift wurden e).

§. XVII. Im Jahr 1269 wurden die Schlösser Reichenstein nächst Reichenweyer und

---

d) Königshoffens Elsässer-Chronik. Cap. IV. Doppelmayers Elsäß. Hist. p. 39. La Guille Hist.
d'Alsace in Fol. p. 227. & 239.

e) Doppelmayers Elsässer-Bschreibung. p. 40.

Schonek im untern Elſaß zuerſt von den Straß=
burgern, hernach vom Graf Rudolf von Habſpurg
eingenommen, und verwüſtet: die Räuber, ſo ſich
darinnen aufgehalten, wurden aber theils gehan=
gen, theils enthauptet, und iſt nur noch ein Thurn
ſamt wenigen Trümmern davon übriggeblieben.

Im Jahr 1271 hat Graf Ulrich von Pfird die
zwey Schlöſſer Weinek und Hohenak, ſo er vom
Bisthum Straßburg zu Lehen hatte, ſamt ſeiner
Grafſchaft dem Biſchoff von Baſel um 1000 Mark
Silber gegeben, und ſelbige wieder von ihm als
Lehen empfangen f). Wurſteiſen ſagt hier in ſei=
ner Basler=Chronik, daß es Graf Theobald des
Ulrichs Sohn geweſen, worinn er ſich ſelbſten wi=
derſpricht, da er in der Genealogie der Grafen
von Pfird die Regierung des Ulrichs bis auf das
Jahr 1288 erſtrecket.

Im Jahr 1274 ſetzt Kayſer Rudolf ſeiner
Schweſter Sohn, Graf Otto von Ochſenſtein,
welcher kurz hernach das Schloß Hohen=Land=
sperg belagert, zum Landvogt von Elſaß, den
Walter Röſſelmann, des zuvor vom Biſchoff ver=
triebenen, und ihm ſehr getreuen Schultheiſen
Hauß Röſſelmanns Sohn zum Schultheiß von
Colmar ein g).

Im Jahr 1275 den 29 Heumonat, ware
ein ſolcher Wolkenbruch im Elſaß, daß ſich der
Rhein

---

f) Wurſteiſens Basler=Chronik. L. III. Cap. I.
g) Idem ibidem L. II. C. 21.

Rhein ſogar zu groſſem Schaden ergoſſen. Zwey Jahr hernach verſpuͤhrte man ſehr groſſe Erdbeben, und im Jahr 1281 fiele ein ſo tiefer Schnee, dergleichen zuvor noch niemal geſehen worden h).

Im Jahr 1276 hat man das Staͤdtlein St. Amarin im Thal hinter Thann bey dem daſelbſt gelegenen Collegiat-Stift angelegt.

Im Jahr 1278 hat Kayſer Rudolf das Staͤdtlein Gemar eingenommen, und ſechs Jahr hernach das darangebauete Schloß Molkenburg erobert, und den Grafen von Rapoltſtein darinn gefangen bekommen.

Im Jahr 1282 entſtunden in der Stadt Muͤhlhauſen groſe Unruhen, indem ſich die Burger wider den Magiſtrat auflehnten, ſo aber bald wieder geſtillet worden.

Im Jahr 1283 haben der Kayſer Rudolf und die Biſchoͤffe von Straßburg und Baſel Brundrut belagert und erobert, auch den Grafen von Moͤmpelgard vertrieben, wornach ſolches dem Biſchoff von Baſel verblieben.

§. XVIII. Im Jahr 1288 entſtunde ein Krieg zwiſchen dem Graf Burghard von Horburg, und dem Graf Anſelm von Rapoltſtein, welcher aus ſeinem Schloß Molkenburg, gleichſam aus einem Blokhaus und Raubneſt die ganze Nachbar-

---

h) Haffner Coſmograph. ad annos ſupradictes.

schaft unsicher machte. Der Graf von Rapoltstein spielte anfänglich den Meister, und machte viele Gefangene von seinem Gegner, welche er sämmtlich in sein Schloß nach Zellenberg lieferte. Als der Graf von Horburg dahinkame, solche zu befreyen, wurde er mit Verlust davon geschlagen: dahero Kayser Rudolf seine Parthey angenommen, und Rapolsweiler belagert, auch 50 Reuter nach Zellenberg verlegt hat, um dem Schloß die Zufuhr abzuschneiden: dahero sich der Graf von Rapoltstein ergeben, und dem von Horburg Genugthuung leisten mußte i).

Im Jahr 1288 sind zu Straßburg 355 Häuser verbrannt, wobey das Münster auch grossen Schaden erlitten, zumahlen man dazumahl mit dem Bau des Münster-Thurns begriffen ware k).

§. XIX. Im Jahr 1288 ereignete sich auch ein Zwiespalt zwischen dem Bischoff von Basel und Graf Reginald von Mömpelgard. Graf Egon von Freyburg kame dem Bischoff zu Hülf; bevor es aber noch zum Treffen kame, hat er ihn im Stich gelassen, darum der Bischoff den kürzeren gezogen. Dahero dieser den Kayser und den Bischoff von Straßburg um Hülf angerufen, worauf ihm der Kayser gleich 6000 Mann, der Bi-

---

i) Elsässer-Historie in Anonymo quodam. item Schœpflin Alsat. illustr. T. II. in Opidis Gemariensi & Zellenbergensi.

k) Königshoffens Elsässer-Chronik. Cap. V.

schoff von Straßburg aber 300 Reuter samt einem grossen Nachtrap zugeschickt: diese nahmen alsobald sowohl das Schloß als die Stadt Mömpelgard ein. Indessen came der Herzog von Burgund dem Grafen zu Hülf, und eroberte Brundrut, ruinirte es, und verbrennte verschiedene Dörfer in dasiger Gegend; wornach er sich mit dem Graf von Pfird vereiniget, und des Kaysers Truppen die Zufuhr abgeschnitten. Endlich kamen sie an der Dub zusammen, wo sich die Kayserliche auf einen Berg lagerten, Willens, die Feinde den folgenden Tag anzugreiffen: weil aber aus Mangel der Zufuhr eine grosse Noth im Lager war, konnten die Schweitzer, so das Hungerleiden nicht gewohnt, den Tag nicht erwarten, sondern fielen noch in der Nacht in das Lager des Grafen von Pfird, und nachdem sie viele der Seinigen erschlagen, brachten sie grosse Beute mit sich. Hierdurch wurden die Burgunder so geängstiget, daß sie den folgenden Tag den Frieden begehrten, der Herzog sich dem Kayser zu huldigen erbothe, und der Graf von Mömpelgard 8000 Mark Silber vor die Kriegs-Unkösten zahlen mußte 1).

Im Jahr 1289 hat der Herr von Girsperg den Herrn Sigfrid von Gundolzheim durch einen Namens Susing erstechen lassen. Als die Klag hievon für den Kayser Rudolf kame, ließ er durch

---

1) Wursteisen L. III. C. II. La Guille Hist. d'Alf. p. 250.

seinen Landvogt den Graf von Ochsenstein und die Stadt Colmar, den 6 Hornung 1290 das Schloß Girsperg durch minieren einnehmen, und zerschleifen; den Herrn von Girsperg aber liese er für ein Jahr ins Gefängniß werfen m).

§. XX. Im Jahr 1289 kame Herzog Albrecht von Oestreich, des Kaysers Sohn, mit einer kleinen Armee Oestreicher und Schwaben ins Elsaß; und nachdem er selbige mit Elsässern, Brißgauern und Schweizern verstärkt hatte, belagerte er die rebellische Stadt Bern, und fügte ihr grossen Schaden zu. Weil er sie aber wegen Verstärkung, so sie von den Burgundern erhalten, nicht erobern konnte, begabe er sich, nach frischen aus dem Elsaß und der Schweitz an sich gezogenen Truppen, nach Besançon, wo er einen herrlichen Sieg über die Burgunder erfochten, und den Herzog zur Ersetzung aller Kriegs-Unkösten genöthiget.

In diesem Jahr 1289 ware zu Straßburg eine so starke Erd-Erschütterung, daß sogar die Säulen im Münster wanketen, und man in Sorgen stunde, daß dies so herrliche Wunder der Welt zusammenfallen, und viele Häuser vergraben möchte n). Hierauf erfolgte ein so warmer Winter, daß an Weyhnachten in den Gärten und auf den Wiesen frische Blumen zu finden waren, die Bäume aber von neuem geblühet o).

---

m) Wursteisens Basler-Chronik. L. III. C. II.
n) Königshofens Elsässer-Chronik. Cap. V.
o) Hafners Cosmographie. ad ann. 1289.

Im Jahr 1290 ist Rudolf, des Kaysers Sohn, und Landgraf von Elsaß zu Prag verschieden; worauf die Landgrafschaft Elsaß auf den Herzog Albrecht von Oestreich gekommen.

Im Jahr 1290 ist die Abtey Honau nach Rheinau übersetzt worden: im Jahr 1398 aber hat Wilhelm Graf von Dietsch, Bischoff von Straßburg, die Chorherrn gedachten Klosters, wegen ihrer gefährlichen Lage am Rhein, von Rheinau nach Straßburg berufen, und ihnen die Kirch, zum alten St. Peter genannt, eingeraumt p). Desgleichen haben die Klosterfrauen von St. Clara zu Kinzheim, ihren Sitz um diese Zeit nach Alspach verleget, welches die Benedictiner von Hirsau verlassen haben.

Im Jahr 1291 hat Graf Burghard von Horburg den Flecken Reichemweyer mit Mauren umgeben, und ihn zu einer Stadt gemacht.

---

p) Grandidier Hist. de l'Eglise de Strasb. T. I. L. I. in S. Amando II. Ep. p. 141.

Vierte Eintheilung.

Was sich im Elsaß zugetragen, während dem es unter dem Haus Oestreich gestanden, bis zu dem dreyssig-jährigen Krieg.

Erstes Capitel.

Zustand des Elsasses unter dem Haus Oestreich bis zur Entsetzung des Kaysers Wenzel, oder bis in das Jahr 1400.

§. I. Nach dem Tod des grossen Kayser Rudolfs I. ist das Elsaß wieder in grosse Gefahr und Unruhe gekommen. Dann, da sich Herzog Albrecht von Oestreich, des Kayser Rudolfs Sohn, der Wahl des Adolfs, Grafens von Nassau, widersetzte, hiengen die Elsässer mehrentheils jenem, als ihrem Landsherrn an: weil es aber die mehreste und mächtigste Fürsten des Reichs mit dem Kayser Adolf hielten, konnte Albrecht seine Länder nicht genug vor diesem schützen: dahero der Kayser ins Elsaß gekommen, selbiges mit Gewalt unter seinen Gehorsam zu bringen. Mit seiner grossen Macht zwunge er einen Grafen und Edlen nach dem andern, ihm zu huldigen. Im Jahr 1293 machte er sich auch an die Städte, und gienge zuerst auf die Stadt Colmar loß, von welcher gleich nach dem Tod des Kayser Rudolfs der Bischoff wieder Besitz genommen. Diese hat er nicht lang belagert, sondern innerhalb etlichen

Tagen, nachdem ihm nächtlicher Weil die Porten verrätherischer Weise aufgemacht worden, selbige überfallen und eingenommen. Bey so gähem nächtlichen Ueberfall ware die Stadt so voller Bestürzung, daß es nicht zu beschreiben, zumahlen ein grosser Adel sich darein geflüchtet hatte. Der Herr von Liechtenberg hat samt einigen andern Edelleuten noch kaum mit der Flucht sein Leben gerettet, und der Graf Anselm von Rapoltstein wurde gefangen, es hätte auch wenig gefehlet, daß ihm nicht der Kopf wäre abgeschlagen worden. Darum hat ihm der Kayser seine Herrschaften hinweggenommen, und dessen Bruder, welcher ihm treuer ware, gegeben. Der Schultheiß Röffelmann wurde samt seinem Sohn dem Bischoff von Basel zugeschickt, weil dieser noch vor ihr Leben gebetten, doch mußte der Vater gefangen bleiben: die ganze Stadt aber wurde in überaus grosse Contributionen versetzt a). Von dannen begabe er sich nach Weyer, zerstörte Schloß und Stadt; hernach belagert er Rapoltsweiler, so dem ältern Grafen von Rapoltstein getreu verblieben, verheeret daselbst viel Häuser und Weingärten. Hierauf fienge er im Niederland an zu toben, und ruinierte das Städtlein Sermersheim bey Benfelden, und das Schloß Krax bey Andlau, aus dem er den Herrn Kun von Bergheim vertrieben,

---

a) Wurfteisens Basler=Chronik. L. III. Cap. III.

und wendete die Steine von beyden zum Bau der Stadt Liechtenau an b).

Im Jahr 1294 sind zu Basel 600 Häuser verbrennt, und 40 Personen dabey zu Grund gegangen c).

§. II. Als Kayser Adolf das ganze Elsaß mit Gewalt unter seine Bottmässigkeit gebracht hatte, setzte er im Jahr 1295 den Grafen Theobald von Pfird zum Landvogt über das Elsaß, und den Graf Hermann von Gerolsek über das Brißgau, welche dergestalt tyrannisierten, und die Länder des Bischoffs und anderer Herren verwüsteten, daß sich die sämmtliche Stände wider sie verschworen, und vom Kayser abgefallen. Es vereinigten sich alsobald mit dem Bischoff die Stadt Straßburg samt vielen andern Städten, die Landgrafen von Elsaß, die Grafen von Freyburg, Zweybrücken, Hohenlohe, Würtenberg, Leiningen, Ochsenstein, der Bischoff von Costanz, die Herren von Liechtenberg, Rapoltstein und andere mehrere, griefen die Truppen der Landvögte an, und schlugen sie im Jahr 1296 zum Land hinaus d).

Im Jahr 1298 kame Kayser Adolf mit einer grossen Armee ins Elsaß, und verheerte selbiges noch viel ärger, als er die vorige Jahre gethan hatte. Die Herren des Landes, weil sie einer so

---

b) Königshofens Elsässer-Chronik. Cap. V.
c) Wursteisins Basler-Chronik. L. III. Cap. III.
d) Königshofen Elsässer-Chronik. Cap. II.

grossen Macht nicht gewachsen waren, mußten sich, bis sie weitere Hülf bekamen, in die Städt und Schlösser flüchten. Sein erster Ueberfall ware auf den Bischoff gemünzet, welchen er in der Stadt Ruffach belagerte: weil selbige aber wohl besetzt ware, hat er durch Ausfälle manche Schlappe erlitten. Dahero er, um seinen Zorn auszulassen, die Vorstadt samt dem nächst dabey gelegenen Dorf Sundheim verbrennt hat. Bey so bedrängten Umständen kame endlich der Herzog Albrecht mit seinen Oestreichischen, Böhmischen und Schwäbischen Truppen samt einem grossen Adel und vielen Rittern nach Freyburg. Kaum hatten die Elsäßer seine Ankunft vernommen, schickte ihm die Stadt Straßburg alsobald 4000, und die übrige Stände 6000 Mann, der Bischoff aber 300 Pferde nach Freyburg entgegen. Der Kayser, als er hievon Nachricht erhalten, hobe die Belagerung vor Ruffach alsobald auf, und rückte ihm mit seinem Heer entgegen, Willens, ein Treffen mit ihm zu liefern. Beyde Armeen kamen bey Kinzingen zusammen: weil aber das Heer des Herzogs stärker ware, als der Kayser vermuthete, trauete er nicht ihn anzugreifen; dahero er sich in die Stadt gezogen: Albrecht aber ist mit seinen Truppen nach Straßburg vorgerückt, wo er von den Ständen und Adel nicht nur auf das frölichste empfangen, sondern ihm auch aller Orten aus dem Land Verstärkung zugeführt worden. Hierauf ruckte er nach Maynz, woselbst Kayser Adolf als ein Zerstöhrer des Reichs entsetzet, er aber statt dessen zum Römischen König erwählt worden. Adolf, der dies vernahm, eilte ihm alsobald nach, und nachdem er sich mit Zuziehung des Pfalzgrafen, Grafen von Isenburg, Spanheim, und Hülder Städte Worms, Speyer, Frankfurt und anderer mehreren auch ziemlich verstärket hatte, kamen sie zwischen dem Dorf Gillenheim bey Worms, und dem Kloster Rosenthal zusammen, wo es zu einem der hitzigsten Treffen gekommen. Adolf drung mit solcher Furie in die feindliche Truppen, daß anfänglich eine grosse Anzahl derselben in die Pfanne gehauen, und sie beynahe zum Weichen gebracht worden. Als aber Albert die Seinige von neuem in Ordnung gebracht, trafe er in eigener Person auf den Kayser, und zielte auf dessen Helm so gewiß, daß er mit seiner Lanze durch dessen Gesichts-Oefnung ihm Aug und Hirn durchbohrte, womit der unglückliche Herr gähling todt zu Boden fiele. Hierdurch ist den Oestreichern nicht allein der Muth gewachsen, sondern auch die Feinde eine solche Furcht angekommen, daß sie sich alsobald um die Flucht umgesehn, und alles verlohren gaben. Otto, Graf von Ochsenstein, als General der Elsässischen Truppen, hat auch dabey sein Leben eingebüsset e).

§. III. Im Jahr 1299 kame der Bischoff von Straßburg, Conrad von Liechtenberg, sei-

---

e) Wursteisen L. III. C. VII. Königshofen C. II. Münster Cosmogr. L. III. C. 19. N. 33. p. 424.

nem Schwager Egon III. Grafen von Freyburg, wider die Burgerschaft zu Hülf, welcher, weil die Burger von Freyburg ihm das Schloß Burghalten auf dem Berg ober der Stadt, daraus er ihnen lang feindlich zugesetzet, zerstörten, in grosser Feindschaft mit ihnen lebte. Als der Bischoff und Graf sich zum Sturm fertig machten, und jener seine Truppen aufmunterte, fielen die Bürger unversehens aus der Stadt auf ihn los, und einer derselben, so ihn wohl erkennte, hat ihn mit der Lanze erstochen, wornach der Krieg ein Loch bekommen, und die Elsässer wieder nach Haus zurückkehrten f).

Als in eben diesem Jahr der Herzog Rudolf von Oestreich, des Kayser Alberts Sohn, sich zu Straßburg mit des Königs Philippi IV. von Frankreich Schwester vermählte, hat ihm sein Vater das Elsaß als ein Eigenthum übergeben; worauf ihm alle Stände des Landes in gröster Feyerlichkeit gehuldiget.

In eben gedachtem Jahr 1299 hat der Abt von Murbach die Stadt Luzern gegen einige im Elsaß gelegene Ortschaften an das Haus Oestreich vertauschet g).

§. IV. Kaum hatte Kayser Albert seinen Gegner, den Kayser Adolf, aus dem Weg geräumt,

---

f) Schilter in seinen Anmerkungen setzt es in das Jahr 1289, Königshofen, Münster und Wurst-eisen setzen es in das Jahr 1299; der Tod des Bischoffs wird auch überall so gesetzt.

g) Haffners Cosmographie ad ann. 1299.

kame er ins Elsaß, und gieng mit Hülfe des Bischoffs auf den Grafen Theobald von Pfird los, welcher, als des Adolfs Landvogt, grossen Schaden im Elsaß verursacht hatte. Er fiel alsobald ins Sundgau, und nahme die Grafschaft Pfirdt hart mit: ohnerachtet der Graf auch ziemlich um sich gebissen, mußte er doch der Uebermacht weichen, und beym Kayser um Frieden bitten; welcher auch durch die Heyrath des Grafens von Ochsenstein, so des Kaysers Vetter ware, mit der Catharina von Pfird, des Grafen Theobalds ältester Tochter vermittelt worden h).

Hierauf gienge Kayser Albert im Jahr 1300 auf die Holländer los. Weil ihm die Elsäßer hierzu einen grossen Succurs gegeben, und das Land von Leuthen entblösset, ereigneten sich so viel Meutereyen im Land, daß niemand mehr in seinem eigenen Haus, vielweniger auf der Strassen sicher ware: dahero im Jahr 1301 die Häuser Oestreich, Habspurg, Kyburg, und die Städte Straßburg, Basel, Bern, Solothurn, Freyburg und alle Reichs-Städte des Elsasses, sich miteinander verbunden, gemeinschaftlich einander zu beschützen: als aber der Herr von Weisenburg sich nicht an diesen Bund hielte, hat ihn anfänglich der Graf von Kyburg, hernach alle Bundsgenossene angegriffen, sein Städtlein Wimmis zerstöhret, und ihn wieder zu paren getrieben i).

---

h) Wurstisens Basler-Chronik. L. III. C. IV.
i) Idem ibidem L. III. C. V.

Das folgende Jahr 1302 nahme der Kayser alle obbenannte Bundsgenossene, und versammelte eine grosse Armee aus der Schweitz, Elsaß und Schwaben, mit welcher er die drey geistliche Churfürsten siebenzehn Wochen lang bekriegte, bis sie sich ihm ergaben, und ihn für ihren rechtmässigen Herrn und Kayser erkannten: wornach er wieder ins Elsaß zurückkehrte, und denen Allierten die Raubnester zu zerstöhren geholfen; hat auch während dem Landfrieden über 1500 Räuber gefangen und hinrichten lassen.

§. V. Im Jahr 1307 wurden die Ritter vom H. Grab, oder sogenannte Tempelherren von Philippo pulchro, König in Frankreich, mit Gutheisen des Pabsts Clemens V. in kurzer Zeit ausgerottet; welche gähe Veränderung im Elsaß, woselbst viele dergleichen Ritter waren, ein grosses Aufsehn machte. Sie wurden vieler Uebelthaten beschuldiget, gähling hinweggethan, scharf gerichtet, und ihre Güter theils confisciert, theils den Rhodiser=Rittern zugestellet. Ihre Kleidung war weiß mit einem rothen Kreuz, und ihre Verrichtung ware, die Strassen ins heilige Land sicher zu halten, die Pilgrime zu verpflegen, und die in Gefangenschaft gerathene Christen zu erlösen; sie hatten dahero in kurzer Zeit über 40000 Commenthuren beysammen k).

Im Jahr 1308 hat der Bischoff Johannes

---

k) Moreri Hist. Universel. & Hübners Staats=Lexicon.

von Straßburg bey dem Kayser Albrecht angehalten, daß er seinem Bruders-Sohn, Herzog Hanß, die ihm von seinem Vater hinterlassene Länder übergeben möchte; welches der Kayser zwar versprochen, aber schlecht gehalten hat. Dahero gedachter Herzog sich mit Walter von Eschenbach, Rudolf von Warth, und Freyherr Ulrich von Palm wider den Kayser verschworen, und ihn nächst der Stadt Bruk, nicht weit von dem Schloß Habspurg, ermordet hat. Die Thäter sind alle eines armseligen Todes gestorben l).

Im Jahr 1309 ist man mit Hinrichtung, Landesverweisung und Einziehung der Güter, sehr scharf mit den Juden verfahren; wie es zwey Jahr zuvor den Tempelherren ergienge: dahero der König Philipp bey jedermann in grosen Verdacht eines ausserordentlichen Geizes verfallen m).

§. VI. Im Jahr 1309 kame Kayser Heinrich von Lüzelburg gleich nach seiner Wahl ins Elsaß, wo er eine Armee gesammelt, um den ihm noch widerspenstigen Grafen Eberhard von Würtenberg mit Krieg zu überziehen: welchem er in kurzer Zeit 72 Städte und Schlösser verwüstet, wornach sich dieser ihm ergeben, und die Huldigung abgelegt n).

Als hierauf gedachter Kayser im Jahr 1310 wider die rebellische Lombarder in Italien ziehen

---

l) Sebast. Münster, Cosmogr. L. III. Cap. XIX. N. 34. p. 425.
m) Idem ibidem L. II. Cap. 84. p. 192.
n) Wurstelsens Basler-Chronik. L. III. C. VII.

wollte, hielte er zu Speyer einen Landtag, wornach er im Elſaß eine groſſe Armee von Elſäſſern, Breißgauern und Schweitzern geſammlet, und mit ihnen die Alpen überſtiegen, auch gedachte Rebellen bald wieder zum Gehorſam gebracht hat. In dieſer Expedition iſt ihm Prinz Leopold von Oeſtreich, des Landgrafen Rudolfs Sohn, mit ſeinen Elſäſſiſchen Truppen treulich beygeſtanden.

Im Jahr 1311 ſind auf dem Turnier zu Ravenspurg folgende Elſäſſiſche Edelleute erſchienen: Georg Graf von Ortenburg, Hanß und Heinrich, Grafen von Thierſtein, Wilhelm Graf von Lupfen, Heinrich von Ochſenſtein, Wilhelm von Rapoltſtein, die Ritter Friedrich von Andlau, Popelin von Stein, Heinrich von Waldner, Caſpar von Berenfelß, Wilhelm von Landsperg, Beat von Hattſtadt, ſamt den Edlen Heinrich von Trachenfelß, Chriſtoph von Landenberg, Georg Waldner, Burghard von Ellerbach, Marx von Eptingen, Hanß von Rathſamhauſen, Friedrich von Landsperg, Hanß von Geiſpitzheim, Erkinger und Hanß Ulrich von Rechberg, Jacob von Wyler.

Im Jahr 1314 haben die Straßburger und Hagenauer das Raubneſt Berbelſtein im Wasgau belagert, und unterwegs nahmen ſie den Thurn zur Eichen genannt ein. Nachdem ſie gedachtes Schloß fünf Wochen belagerten, haben ſie es erobert und verheeret; es wurden aber nur 25 Mann darinn gefunden. Hernach nahmen ſie nach dreywöchiger Belagerung Sulz ein, wo ſie 26

Mann gefangen; folgends haben sie den Flecken Beinheim geplündert und in Aschen gelegt o).

§. VII. Als Kayser Heinrich im Jahr 1314 gestorben, fielen vier Stimmen auf den Herzog Ludwig von Bayern, und drey auf den Herzog Friedrich von Oestreich: beede wurden gekrönet, jener zu Aachen, dieser zu Bonn. Dieses verursachte eine grosse Unruhe im Elsaß, dann die Städte hielten es grossentheils mit Ludwig, ausgenommen Straßburg, welche neutral bliebe. Hingegen der Adel, das ganze Ober=Elsaß und Sundgau, stunden dem Friedrich bey; weil sein Bruder Herzog Leopold Landgraf im Ober=Elsaß ware. Nebstdem diesen beeden Brüdern der Pabst und der König von Frankreich gewogen ware, machten sie sich noch eine grössere Allianz durch ihre Heyrathen, so sie beede während dem Krieg vollzogen; Friedrich mit des Königs von Aragonien, und Leopold mit des Grafen von Savoyen Tochter. Wegen der grausamen Regierung ihrer Landvögte waren sie aber beede unglücklich, zumahlen gleich anfangs dieses Kriegs im Jahr 1315 die drey Cantonen Uri, Schweitz und Unterwalden, von dem Haus Oestreich abfielen, und es mit dem Kayser Ludwig hielten, auch den Grundstein zu einer nunmehro mächtigen Republik legten.

Friedrich belagerte zwar zum andernmal die
Stadt

---

o) Königshofen Elsässer=Chronik. Cap. V.

Stadt Eßlingen, wo es zwischen beeden Kaysern, Friedrich und Ludwig, welcher die Stadt entsetzen wollte, zu einem Treffen kame, welches aber so wenig entscheidend ware, daß sie beederseits auseinander zohen, ohne zu wissen, wer geßieget hatte. Bis ins Jahr 1320 fiele nichts wichtiges vor, als in welchem Jahr sich der König von Böhmen mit dem Kayser Ludwig vereiniget, der sodann mit einer grossen Armee an den Rhein kame. Als er den Rhein herauf ins Elsaß ruckte, hat der Herzog Leopold in aller Eil so viel Volk zusammengeraffet, als er konnte, zohe auch den Graf Ulrich von Pfird, und den Bischoff Johann von Straßburg an sich, welche beede sich bey Schäfolzheim und Achenheim an der Brüsch gelagert. Als Ludwig ankame, wiechen sie zurück nach Holzheim, bis Herzog Leopold mit mehrerem Volk ankame. Kayser Ludwig begabe sich indessen in die Stadt Straßburg, und bestättigte ihre Freyheiten, während welchem Kayser Friedrich mit wenig Pferden nach Rheinau kame, und sich bald dergestalten verfehlt hätte, daß er beynahe in des Feindes Lager kame, zumahlen beyde Läger nur eine halbe Stunde voneinander waren p).

Weil Kayser Ludwig an Mannschaft überaus mächtig ware, zumahlen er ausser den Hülfs-Truppen von Maynz, Trier, Böhmen und andern Ständen und Städten, noch 4000 auserlesene

---

p) Wursteisens Basler-Chronik. L. III. C. VII.

R

Helme bey sich hatte, beschlosse man sich ein Treffen zu liefern. Die Oestreicher, welche sich indessen aus der Schweitz, Elsaß, Brißgau und Schwaben auch ziemlich verstärkt hatten, entschlossen sich keinen Schritt mehr zu weichen; dahero sie von den Pferden abgestiegen, und unter sich ein Verbott gemacht, bey Lebens-Straf weder aufzusitzen, noch zu weichen.

Als Kayser Ludwig diesen Entschluß vernommen, ist er durch den Hagenauer-Forst so geschwind zuruckgewichen, daß man ihn durch zweytägiges Verfolgen nicht einmal einholen konnte q). Im Jahr 1321 fielen Friedrich und Leopold ins Bayern, und verwüsteten es zehn Wochen lang. Im Jahr 1322 fiele nichts sonderliches vor: hingegen das folgende Jahr gieng es desto hitziger zu, und man bewarbe sich beederseits um starke Hülfe. Friedrich bekame Hülf von Sachsen, Salzburg, Passau, Freisingen, Gurk ꝛc.; desgleichen 4000 Ungarn, 2000 Edle aus dem Reich, und 200 Edle aus dem Elsaß und Breisgau, samt vielem Fuß-Volk. Ludwig hatte Hülf von Maynz, Trier, Böhmen, Würtenberg, Geldern, Franken ꝛc., nebst 1500 Edlen und 30000 Mann zu Fuß. Mittlerweil sich nun Herzog Leopold verweilte, des Grafen von Montfort sein Land zu verwüsten, kamen beyde Armeen bey Mühldorf in Bayern zusammen. Friedrich, so ein hitziger Kopf ware, wollte die Ankunft seines Bruders nicht erwar-

---

q) **Königshofen Elsässer-Chronik.** Cap. II.

teu, sondern grief an S. Michaels-Tag zwischen Mühldorf und Dornberg auf der Rechen-Wiesen den Feind an; wobey er sich anfänglich ganz tapfer bewiesen, und jene zum Weichen gebracht, das Treffen ware so verbittert, daß es einen ganzen Tag daurte. Da aber Kayser Ludwig während dem Treffen gegen Abend frische Hülfs-Truppen bekommen, sind diese den Oesterreichern in den Rücken gefallen, haben sie in Unordnung gebracht, und, indem sie selbige solchergestalt in die Mitte genommen, den Friedrich sammt einem grossen Adel gefangen bekommen, und in das Schloß Trausnitz, in die Ober-Pfalz geführt r).

§. VIII. Kaum ware das Treffen vorbey, kame Herzog Leopold mit seinen Elsässern und Brißgauern an, welcher auf die traurige Nachricht der verlohrnen Schlacht so unmuthig war, daß er sich vor Zorn selbst Gewalt anthun wolte. Er that hierauf alles mögliche, um dem Kayser Ludwig Abbruch zu thun: weil er aber wider die Uebermacht nichts ausrichten konnte, hat er sich an den Pabst und König von Frankreich gewendet, die Loßlassung seines Bruders zu erwerben; allein, alles war vergebens; darum er seinen Zorn an den Reichs-Städten ausgelassen, welche es mit dem Kayser Ludwig hielten: wor-

---

r) Diese Geschichte ist in Struvens Reichs-Historie, Münsters Cosmographie, in der Elsässer- und Basler-Chronik ausführlicher zu sehen.

mit es auch etwas im Elsaß zu schaffen gegeben. Dann kaum kame er dahin, so gieng er schon auf Colmar loß. Der Kayser Ludwig kam zwar alsobald mit dem König aus Böhmen, diese Stadt zu entsetzen, auf deren Ankunst Herzog Leopold seine Reuter, so er zu Ensisheim hatte, um auf des Ludwigs Anhänger zu streiffen, nebst andern Truppen, so er bey der Belagerung von Selz, St. Pölten und im ganzen Land zerstreut hatte, zusammenrufte, Willens, das äusserste zu wagen, seinen Bruder zu befreyn. Als der König aus Böhmen sahe, daß ihr Vorhaben, wegen der starken und verzweifelten Zurüstung des Herzogs mislingen konnte, hat er zwischen ihnen diesen Vergleich getroffen: daß der Kayser Friedrich wieder auf freyen Fuß gestellet werde, und ihm zwar der Kayserliche Titul bleibe, die Verwaltung des Reichs aber dem Kayser Ludwig überlassen werde: anbey sollten dem Herzog Leopold für seine Kriegs-Unkosten die Städte Breisach, Schaffhausen, Rheinfelden und Neuenburg übergeben werden: welcher Frieden im Jahr 1325 ratificiert, und alsobald vollzogen worden. Wornach sich Kayser Ludwig alsobald durch seinen Land-Vogt von Elsaß, Albert von Liechtenberg, huldigen liesse s).

§. IX. Als aber Kayser Ludwig vom Pabst Joannes XXII. nach Avignon berufen, und auf

---

s) Doppelmayers Elsässer-Beschreibung. p. 45.

dessen nicht erfolgte Erscheinung in den Bann gethan worden, warb Herzog Leopold von neuem eine Armee an, Willens, seinem Bruder zur Kron zu verhelfen. Er nahm dahero ganz Elsaß ein, und verjagte den Grafen von Werth als Landgrafen vom untern Elsaß. Weil er aber bald darauf erkrankte, und im Jahr 1327 zu Straßburg in dem gräflich Ochsensteinischen, jetzt Hessen-Darmstädtischen Hof genannt, gestorben, bliebe wieder alles ruhig; und weil er keine Leibes-Erben hinterliesse, fiele die Land-Grafschaft Ober-Elsaß, samt seinen übrigen Ländern an Friedrich, Albrecht den Lahmen, und Leopold II, Herzoge von Oestreich t).

Weil damal der Bann wider den Kayser Ludwig zu Straßburg geprediget wurde, mußte die Geistlichkeit auf vier Jahr die Stadt räumen; bis nach dem Tod des entsetzten Kayser Friedrichs, so im Jahr 1330 erfolget, wieder alles ruhig geworden.

§. X. Im Jahr 1324 starb Ulrich, der letzte Graf von Pfird, so nur zwo Töchter hinterließ, deren ältere davon, Johanna, dem Herzog Albert von Oesterreich vermählet wurde; und, nachdem dieser ihrer Schwester Ursula, welche ledig bliebe, vor ihren Antheil 8000 Mark Silber gegeben, die ganze Grafschaft Pfird, so in den

---

t) Münsters Cosmographie. L. III. C. XIX. N. 36. p. 429.

Aemtern Altkirch, Dattenried, Befort, Rosenberg, Maßmünster, Thann, Sennheim ꝛc. bestunde, an das Haus Oestreich brachte u).

Nach dem Tod des Herzogs Leopold von Oestreich, kame Herzog Albrecht der hinkende ins Elsaß, und belagerte nebst andern Orten auch die Stadt Mühlhausen, welche er unversehens überfallen, und geplündert. Weswegen die übrige Städte im Elsaß die Schweitzer um Hülf angerufen, welche auch alsobald gekommen, und des Herzogs Truppen noch das nemliche Jahr 1327, aus dem Elsaß gejagt haben.

Im Jahr 1328 machte die Stadt Straßburg samt den übrigen Städten vom Elsaß einen Bund mit den Städten in der Schweitz und am Rhein, sich wieder alle diejenige, welche sie wegen der dem Kayser Ludwig geleisteten Treu beunruhigen würden, gemeinschaftlich zu beschützen x).

Als im Jahr 1329 die Familie der Grafen von Horburg ausgestorben, hat der Herzog Rudolf von Lothringen die Grafen Ulrich von Würtenberg darmit belehnet.

§. XI. Im Jahr 1331 halfe der Bischoff Heinrich IV. Graf von Buchek, samt dem Bischoff von Basel, dem Herzog Albrecht von Oestreich die Stadt Colmar belagern. Als aber der Kayser

---

u) Münsters Cosmographie. L. III. C. 130. p. 611.

x) Wursteisens Basler-Chronik. L. III. C. VIII.

und der Graf von Würtenberg dieser Stadt zu Hülff gekommen, mußten sich jene zurückziehen; der Bischoff ritte alsobald nach Bennfelden, und von da nach Molßheim. Als ihm der Graf von Würtenberg mit 200 Reutern den Weg verlegen wollte, ware der Bischoff schon aus Bennfelden ausgeflogen, dahero jener das Städtlein geplündert. Hierauf gienge es wieder beyderseits auf Rauben und Plündern loß; der Bischoff triebe es in den Bezirken der Reichs-Städten, und diese in dem Bisthum; also zwar, daß wenig Orte unversehrt blieben. Nachdem der Bischoff im Jahr 1332 das Dorf Dambach mit Mauren umgeben, und es zu einer Stadt gemacht, hat der Graf von Ochsenstein öfters mit den Dambachern die Schlettstadter überfallen: es gelunge ihnen auch einmal eine Heerde Vieh von dorten zu erbeuten, wurden aber unter Wegs noch von den Schlettstadtern eingehohlt, und dermassen gestäubet, daß sie die Beut samt etlichen Todten im Stich lassen mußten. Endlich hat die Stadt Straßburg den Bischoff genöthiget Frieden zu machen z).

§. XII. Im Jahr 1332 entstund ein sehr hitziger Streit zwischen den Herren von Zorn und Mühlenheim zu Straßburg bey einer grossen Versammlung des Adels in einem Garten. In diesem Handel wurden zween Herren von Mühlenheim und sieben Zornische erlegt: worauf sich beyde

---

z) Königshoffens Elsässer-Chronik. Cap. V.

Partheyen mit einem grossen Anhang von Adel und vielem Landvolk vermehrten, und einander stark zusetzten; also zwar, daß ein einheimischer Krieg daraus entstanden wäre, wann nicht die Bürgerschaft zu ihrer Sicherheit und Herstellung der Ruhe die Schlüssel der Thore von dem Magistrat begehret, und selbige desto besser verwachet hätte, um die Stadt vor dem Ueberfall des Land-Adels zu sichern. Dazumal sind auch 24 Bürger in den Rath genommen worden, welche gedachten Streit beylegten a).

Im Jahr 1333 hatte der Herr Walther von Gerolsek die Orte Erstein, Schuttern und das Schloß Schwanau, samt mehrern andern in Besitz, aus welchem Schloß und Orten er immer auf die benachbarte streifte. Diesem ein Gebiß einzulegen, haben die Straßburger zuerst Erstein eingenommen, hernach sind sie vor das Schloß Schwanau, so eine Stunde davon entlegen, gezogen, und haben selbiges mit Hülf der Städte Bern, Luzern, Freyburg und Basel innerhalb sechs Wochen eingenommen und geschleifet; das darinn gefundene Raubgesindel aber haben sie hinrichten lassen. Hierauf giengen sie über den Rhein, verbrannten das Städtlein Schuttern samt dem Kloster, und verwüsteten die ganze Herrschaft des Herrn von Gerolsek, womit dieser wieder ruhig wurde b).

a) Königshofens Elsässer-Chronik. Cap. V. La Guille Hist. d'Alf. Liv. XXIV. p. 276.
b) Königshofens Elsässer-Chronik. Cap. V.

Im Jahr 1334 ist der Bischoff von Straßburg mit den Hagenauern auf das Schloß Weinstein loßgegangen, so dem Herrn von Schmalstein gehörte, welcher immer aus gedachtem Schloß die Hagenauer beraubte. Nachdem sie selbiges zehen Wochen belagert, haben sie es endlich erobert und geschleifet; ein gleiches verrichteten sie mit dem Schloß Hohenstein; und im folgenden Jahr 1335 haben die Straßburger die Schlösser Ramstein und Drachenfelß verwüstet, und die Räuber hingerichtet, wodurch den Räubereyen im Elsaß wieder gesteuert wurde e).

§. XIII. Im Jahr 1337 entstunde eine Aufruhr der Bauren im Elsaß, welche unter Anführung eines Edelmanns von Dorlisheim, Namens Armleder, und eines andern von Andlau, Namens Zimberlin, über 5000 Juden, unter dem Vorwand einer Gift-Mischerey, zu todt geschlagen haben. Als aber die Stadt Straßburg sich vorgenommen, diesen Unfug zu bestrafen, und dieser Aufruhr ein Ende zu machen, sind sie wieder auseinander gegangen, und die Rädelsführer haben sich aus dem Staub gemacht. Nichts destoweniger wurden sowohl Hohe als Niedere in diesem ihrem übelgegründeten Argwohn dermassen gestärket, daß, da im Jahr 1338 eine Hungers-Noth ware, und im folgenden Jahr ein Sterben und pestilenzische Sucht darauf erfolgte, also

---

e) Königshofens Elsässer-Chronik. Cap. V.

zwar, daß nur zu Straßburg über 16000 Seelen gestorben; man die ganze Schuld auf die Juden geworfen, als sollten sie die Brunnen vergiftet haben; weswegen sie allenthalben, und hauptsächlich zu Ruffach in den Synagogen ergriffen worden, und etliche tausend daselbst auf der sogenannten Judenmatt verbrennt worden.

Im Jahr 1342 machten die Städte Oberehnheim, Schlettstadt, Colmar, Kaysersperg, Münster, Thürkheim und Mühlhausen, zu Schlettstadt ein besonderes Bündniß, einander im Fall der Noth behende Hülf zuzusenden d).

Im Jahr 1345 ist die kleine Stadt Basel verbrannt, und sind viele Leute dabey zu Grund gegangen e)..

Im Jahr 1349 hielten die Land-Stände zu Bennfelden einen Land-Tag wegen den Juden, auf welche man abermal wegen Vergiftung der Brunnen einen Argwohn faßte. Ohnerachtet der Magistrat zu Straßburg nach fleissiger Untersuchung dieselbe für unschuldig, und den Argwohn für ungegründet fande, ware der Pöbel doch dermassen über sie aufgebracht, daß er den alten Rath entsetzet, und neue Rathsherren, unter andern auch einen Ammeister aus der Bürgerschaft erwählet, welche die Juden mit schmerzlichen Torturen und peinlichem Tod hingerichtet haben f). Zweyhun-

---

d) Schœpflin Alſ. illuſtr. T. II. ad urbes imperiales.
e) Münster Coſmograph. L. III. C. 106. p. 587.
f) Königshofens Elſäſſer-Chronik. Cap. V.

dert wurden verbrennt, und achtzehnhundert so sich
taufen liessen, wurden verschont.

In eben diesem Jahr 1349 haben die Straßburger samt den übrigen Städten das Schloß
Freundsperg zerstöhret.

§. XIV. Als im Jahr 1350 sowohl der Herzog von Oestreich, als die Herren von Waldner den
Zürchern grossen Schaden zufügten, haben diese
auch 100 Basler und 70 Strasburger gefangen,
welche nach Einsiedlen giengen. Sie verlangten
anfänglich ein theures Loßgeld; als aber der Herzog mit dem Grafen von Würtenberg, den Städten Straßburg, Basel, Freyburg und Breisach,
in allem 2000 Mann zu Pferd und 20000 zu
Fuß zusammenbrachte, ist er das folgende Jahr
1351 für Zürich gezogen, und hat die Stadt Baden mit 200 Reuter besetzet. Die Zürcher, welchen die Cantonen Uri, Schweitz, Unterwalden,
Luzern und andere Orte geholfen, setzten sich zur
tapfern Gegenwehr, schickten 200 Reuter und
5000 zu Fuß nach Baden, welche die Vorstadt
verbrannten, und wieder nach Haus zohen: im
Rückzug aber wurden sie von 500 Reutern aus
Bruk und Baden, und 800 Mann zu Fuß überfallen, und 400 derselben getödtet. Doch eroberten die Zürcher im Jahr 1352 das Städtlein Zug,
und verwüsteten des Herzogs Länder guten Theils:
worauf der Herzog die Stadt mit 2000 zu Pferd
und 10000 zu Fuß gänzlich eingeschlossen; wornach zwischen ihnen ein Vergleich getroffen wor-

den, daß die beederseitige Gefangene zurückgegeben wurden, darunter auch der Graf Hans von Habspurg ware, daß sie keinen mehr von des Herzogs Leuten in ihren Bund nehmen, und die Orte Zug, Luzern und Glaris dem Herzog wieder zurückgeben sollten g).

Im Jahr 1353 belagerte er die Stadt Zürich zum andern, und im Jahr 1354 zum drittenmal; in welchen Belagerungen ihm nicht nur die Bischöffe von Straßburg und Basel, die Grafen von Oettingen, Ortenburg, Ochsenstein, Froberg, die Städte Straßburg, Hagenau, Schlettstadt, Colmar, Ruffach und andere Stände und Orte aus dem Elsaß treulich beygestanden, sondern auch ein gewisser Herr von Waldner sich dergestalten hervorgethan, daß er die ausfallende Bürger bis unter die Thore verfolget, und viele derselben zu Gefangenen gemacht. Endlich ist dieser Krieg durch Vermittlung der Agnes, verwittibten Königin von Ungarn, zu Regenspurg auf dem Reichstag wieder beygelegt worden.

§. XV. Als Kayser Karl IV. im Jahr 1354 zum andernmal nach Straßburg kame, bestätigte er zwar den Städten ihre Freyheiten; hingegen verpfändete er die Land-Vogtey Elsaß dem Pfalzgrafen Robert, bey welcher Würde das Haus Pfalz so lang verblieben, bis sie wieder von den

---

g) Sebast. Münster Cosmogr. L. III. Cap. 75. 76. 77 p. 524.

Herzogen von Oestreich ist ausgelöset worden. Die Reichs-Städte wollten sich zwar zu dieser Verpfändung anfänglich nicht verstehen, sind aber mit Gewalt vom Pfalz-Graf darzu gebracht worden h).

Zur nemlichen Zeit ist auch gedachter Kayser im ganzen Elsaß herumgereiset, und hat sich die Särge des H. Florentii zu Haßlach, St. Odiliä auf dem Odilienberg, St. Lazarus und Richardis zu Andlau, und andere mehrere öffnen lassen, und nach genauer Untersuchung des Erzbischoffs von Maynz, des Bischoffs von Würzburg, und (weil der Bischoff Berthold zu Molßheim krank lage) des Johann von Liechtenberg, Dom-Probsts zu Straßburg, hat er allenthalben einige Reliquien dieser Leiber mit sich nach Prag genommen i).

In obgedachtem Jahr 1354, den 1 May, ist die ganze Stadt Basel beynahe eingeäschert worden, wobey über 30 Personen ihr Leben eingebüsset haben. Im nemlichen Jahr verbrannten die Basler das Schloß und Dorf Dürmenach im Sundgau, und das folgende Jahr das Dorf Illzach bey Mühlhausen k). Desgleichen ist in diesem Jahr die halbe Stadt Münster im Gregorienthal abgebrannt.

h) Doppelmayers General-Beschreibung des Elsasses. p. 49.
i) Grandidier Hist. de l'Eglise de Strasb. T. I. L. II. in Florent. Ep.
k) Wurstesens Basler-Chronik. L. III. C. XI.

Im Jahr 1356 ist nicht nur zu Straßburg und Basel, sondern auch im ganzen Elsaß eine grosse Erderschütterung verspühret worden 1); sonderheitlich aber im Jahr 1357 zu Straßburg.

§. XVI. Im Jahr 1356 bemächtigte sich eine grosse Bande Strassen-Räuber der Schlösser Selz und Hagenbach im untern Elsaß, und machte aus denselben sowohl die Strassen, als den Rhein dergestalten unsicher, daß sich niemand mehr zu reisen getraute, bis der Kayser das folgende Jahr diesem Unheil gesteuret hat. Zumahlen er den Straßburgern Befehl ertheilet, solches Raubgesindel auszurotten; welche auch alsobald mit Macht für beyde Schlösser gerucket, selbige erobert und geschleifet, die Räuber aber zur gehörigen Straf gezogen haben m).

Im Jahr 1359 ist der Bischoff mit den Straßburgern für Hagenau gerucket, und hat selbiges belagert, weil die Hagenauer zuvor immer auf des Bischoffs Unterthanen streiften. Da er aber die Stadt nicht erobern konnte, hat er ihr ganzes Gebieth verwüstet. Desgleichen ist er das nemliche Jahr mit der Stadt Schlettstadt verfahren, weil man daselbst einen seiner Schreiber gerädert hatte: welche beyde Belagerungen beynahe in einen öffentlichen Krieg zwischen ihm und

---

1) Wurstisens Basler-Chronik. L. III. C. XI. Sebast. Münster Cosmogr. L. III. Cap. 106. p. 587.

m) Haffner Cosmogr. ad ann. 1356. Kœnigsh. C. V.

den Reichsstädten ausgebrochen wären, wenn der Handel nicht durch den Burggrafen von Magdeburg, als des Kaysers Obrist-Hofmeister und Landvogt vom Elsaß, wäre vermittelt worden n).

§. XVII. Im Jahr 1363 haben sich die Bischöffe von Straßburg und Basel, der Herzog von Oestreich, der Abt von Murbach, die Grafen von Habspurg, Freyburg, Würtenberg, Fürstenberg, die Herren von Liechtenberg, und Gerolsek, die Städte Straßburg, Basel, Freyburg, die zehn Reichs-Städte vom Elsaß samt Mühlhausen, Selz und Reichenweyer miteinander verbunden, denen Engelländern, wann sie ins Elsaß fallen sollten, gemeinschaftlichen Widerstand zu thun. o).

In gedachtem Jahr ist auch der König von Cypern nach Straßburg gekommen, um diese Stadt gleich andern Ständen um Hülfe wider die Saracenen anzurufen p).

Im nemlichen Jahr 1363 haben Herr Hügelin von Bulach und Herr Widenbosch, den Grafen von Blankenburg gefangen, und auf ihr Schloß Hohenfels geführet. Als die Straßburger diesen Unfug vernommen, sind sie alsobald für gedachtes Schloß gerücket, und haben den Grafen wieder in die Freyheit gesetzet; den Widenbosch aber,

---

n) Doppelmayers General-Beschreibung des Elsasses. p. 54.
o) Wursteisens Basler-Chronik. L. IV. Cap. I.
p) Königshoffens Elsässer-Chronik. C. V.

weil er kein Burger ware, zur Erlegung 5000 Gulden genöthiget. Das Jahr darauf hat der Graf von Blankenburg denen Herren von Hohenstein zugesetzet, und 60 der Ihrigen bey Hangend-Büttenheim erschlagen; wobey die Herren von Hohenstein noch kaum mit einigen wenigen ihrer Streiffer sich in ihr Schloß salvieren konnten q).

Im Jahr 1364 kamen der König von Dänemark und die Herzoge von Braband und Lothringen nach Straßburg; welche alle mit sonderbaren Ehrenbezeugungen geziemend empfangen wurden.

§. XVIII. Im Jahr 1365 kamen die Engelländer, welche, nachdem König Eduard VI von Engelland in Frankreich eingefallen, und dem König Joannes vortheilhafte Bedingnisse abgenöthiget hatte, noch in Frankreich abgedanket wurden, das erstemal ins Elsaß, und überschwemmten das ganze Land in die 40000 stark. Sie kamen über den Zaberer Steeg, und giengen gleich auf Straßburg loß, wollten auch die Stadt bey St. Aurelien stürmen, wurden aber mit Verlust wieder abgetrieben. Hierauf wollten die Metzger einen Ausfall machen, um sich mit ihnen zu schlagen; es wurde ihnen aber solches von dem Magistrat nicht erlaubet. Als sie sahen, daß sie nichts vor dieser Stadt ausrichten konnten, haben sie die Vorstädte und das Schloß Königshofen verwüstet, und sind

---

q) Königshoffens Elsässer-Chronik. C. V.

sind das Land hinaufgezogen. Mittlerweil sie das Land durchstreiften, und alles verwüsteten, doch keinen haltbaren Ort erobern konnten, hat man den Kayser Carl um Hülf angeruffen: als dieser endlich angekommen, haben sich der Bischoff von Straßburg und andere Stände mit ihm vereiniget, und sich anfänglich zwischen dem St. Arbostasts-Kloster (jetzt der grüne Berg) und Ekolzheim gelagert, alsdann sind sie den Engelländern, welche zwischen Bennfelden, Dambach und Schlettstadt lagen, nachgeeilet. Als die Feinde ihre Ankunft vernommen, haben sie keine Schlacht erwartet, sondern sind über Halß und Kopf davon gezogen; nachdem sie zuvor vier Wochen lang alle Felder und Weingärten ziemlich verwüstet hatten, dahero auch eine Theurung darauf erfolget.

Im Jahr 1366 ereignete sich zwischen der Stadt Straßburg und dem Grafen von Zweybrüken ein Krieg, einige strittige Ortschaften betreffend; und, nachdem beederseitige Unterthanen ziemlich Noth gelitten, ist auf fünf Jahre ein Stillstand getroffen worden, während welcher Zeit die Sach wieder in Gutem beygelegt wurde s).

§. XIX. Als im Jahr 1366 Graf Egon von Freyburg von den Bürgern aus der Stadt vertrieben wurde, und damahlen auch zween reisende Straßburger Namens von Zorn und Mahler, von

---

s) Doppelmayers General-Beschreibung des Elsasses. p. 56.

den Freyburgern gefangen und im Kerker getödtet worden, haben die Herren von Zorn die Stadt Straßburg und verschiedene Herren dahin bewogen, daß sie dem Graf Egon zu Hülf kamen, um sich an den Freyburgern zu rächen. Dahero die Stadt Straßburg, der Marggraf von Baden, die Grafen von Salm, Leiningen, Hochberg, Zweybrücken, Vinstingen, Ochsenstein, Liechtenberg und Isenberg im Jahr 1367 mit 500 Mann zu Pferd, und etlichen tausend zu Fuß für die Stadt Freyburg gezogen. Als die Freyburger, welche mit ihren Helfern, den Baslern, Breysachern und Neuenburgern, Endingen belagerten, von ihrer Ankunft Nachricht erhalten, eilten sie der Stadt Freyburg zu, wurden aber noch von jenen eingeholet, 1000 erschlagen, 400 in den Rhein gesprengt, und 300 gefangen, ohne daß von jenen ein Mann geblieben. Worauf sich die Stadt von dem Grafen ausgekauft, und unter die Oestreichische Herrschaft begeben t).

Im Jahr 1368 haben die Straßburger das Schloß Rotenburg, wie auch einen neuen Thurn, so dem Herrn von Hornberg gehörte, eingenommen und geschleifet.

§. XX. Im Jahr 1370 hat der Dom-Probst Hanneman, Graf von Kyburg, den Dom-Dechant Johann Grafen von Ochsenstein, zu Nachts in seinem Pallast fangen, und in das Schloß Windek

---

t) Königshoffens Elsässer-Chronik. Cap. V.

führen laſſen. Als man nach drey Tagen erfahren, wohin er gekommen, hat der Ammeiſter von Straßburg den Dom=Probſt auch in Verhaft nehmen laſſen, und zwey Jahr lang gefangen behalten. Hierauf ſind die Straßburger mit gewafneter Hand auf das Schloß Windeck loß gegangen, und haben inner vierzehn Tagen daſſelbe erobert und verbrennt; auch das Gebieth des Herrn von Windeck ſtark beſchädiget. Weil nun dieſer gleiches mit gleichem vergolten, wurde die Sache dahin vermittelt, daß die Feindſeligkeiten beygelegt würden, der Dom=Dechant aber ſeine Freyheit mit 4000 Gulden bezahlen mußte u). In gedachtem Jahr haben auch die Straßburger die Burg Klein=Ochſenſtein eingenommen und geſchleifet.

Im Jahr 1372 wurde der Ritter Johann Erbe aus der Stadt Straßburg verwieſen; welchen Schimpf zu rächen, er allerhand Raub=Geſindel zuſammenrottete, und unter andern auch dem Herrn Ebbe von Hattſtadt, ſo im Schloß zu Herrlisheim wohnte, ſeine Burg einnahme, den Herrn Ebbe gefangen, und ſein Schloß mit den Seinigen beſetzt hat. Auf gethane Anzeige kame alſobald der Landvogt Murmelin von Waleſſe mit den Schlettſtadtern, das Schloß zu belagern, und, als die Straßburger ſich mit ihnen vereinigten, eroberten ſie ſelbiges; worinn ſie 56 Mann gefangen, davon ſie drey gerädert, 16 erhängt,

---
u) Königshoffens Elſäſſer=Chronik. Cap. V.

und die übrige enthauptet haben. Der Johann Erbe aber wurde auf zehn Jahr aus dem Land verbannet, während welcher Zeit er erschlagen worden y).

§. XXI. Im Jahr 1372 entstund ein Krieg zwischen dem Grafen Eberhard von Würtenberg, so von Kayser Carl IV. zum Reichs=Vogt über Schwaben und Elsaß gesetzt ware, und den Reichs-Städten gedachter Landen, weil er selbige gar zu hart anlegte. Anfänglich beklagten sie sich bey dem Kayser, und suchten gütige Mittel, welche ihnen der Kayser auch zusagte, und zu diesem Ende dem Grafen Befehl ertheilte, gelinder mit den Städten zu verfahren. Weil er aber dem Kayserlichen Befehl nicht nachkommen, sondern sich mit dem Herzog von Oestreich verbunden, haben ihn der Kayser, der Herzog Ruprecht von Bayern, und die Städte Straßburg, Basel, Worms, Speyer ꝛc. mit Krieg überzogen, und zu billigen Bedingnissen genöthiget; welche er doch nicht lang gehalten z).

Im Jahr 1374 sind bey dem zwanzigsten Turnier zu Eßlingen folgende Elsäßische Edelleute zugegen gewesen: Ludwig Graf von Oettingen, Friedrich Graf von Veldenz, Wolf Graf von Lupfen, Gangolf Freyherr von Gerolsek, Wolf Freyherr von Rapoltstein, die Ritter Reinhard von Rath-

---

y) Königshoffens Elsässer=Chronik. Cap. V.

z) Sebast. Münster Cosmogr. L. III. C. 323. p. 836. In der Genealogie der Grafen von Würtenberg. Lit. A.

famhausen, Georg von Hattstadt, die Edle Friedrich von Eptingen, Jacob von Landsperg, Alb. von Landenberg, Georg von Oberkirch, Wolf von Weiler.

Als im Jahr 1374 der Bischoff und die Stadt Basel miteinander uneins waren, ist der Herzog von Oestreich, als Landgraf von Elsaß dem Bischoff beygestanden: weil aber die Basler mit Hülf der Schweitzer-Städte, sowohl dem Herzog als dem Bischoff, grossen Schaden zufügten, und Pfird, Befort, Pfeffingen, Hasenburg samt Bruntrut verbrannten, wurde die Sach endlich dahin vermittelt, daß der Bischoff dem Herzog die Kriegs-Unkosten bezahlen mußte a).

§ XXII. Im Jahr 1375 kamen die Engelländer abermal 60000 stark unter Anführung des Enguerrand von Coucy, eines französischen Prinzens, dessen Mutter eine Tochter des Herzogs Leopold II. von Oestreich ware, ins Elsaß; dann er wollte die Güter seines Großvaters, so Leopold III, Herzog Albrechts des Weisen Sohn, von seinem Vetter ererbt hatte, in Besitz nehmen. Sie eroberten anfänglich gleich das Städtlein Wangen, das Schloß aber konnten sie nicht zur Uebergab bringen. Der Herzog Leopold, als er von ihrer Ankunft vernommen, und wohl merkte, daß es auf ihn gemünzet seye, zohe sich mit den Seinigen in die Städte, befahle auch den Bauren im gan-

---

a) Wurstisens Basler-Chronik. L. IV. C. II.

zen Land, sich mit Sack und Pack und allen Lebensmitteln in die haltbare Orte zu machen, und ihren Anfällen tapfer zu widerstehen. Als gedachte Feinde das ganze Land durchstreiften, und keine Nahrung fanden, giengen sie ins Sundgau, und von da über den Hauenstein in die Schweitz, wo sie raubten und plünderten, wo sie zukamen. Weil sich nun die Schweitzer zusammengerottet, und ihnen auch eine manche Schlappe angehänget, sind sie zerstreuet worden. Die Engelländer giengen auf Genua zu, wo sie Schiffe hinweggenommen, und in ihr Land zurückgekehret sind; der Herr von Coucy aber kame mit den Seinigen ins Elsaß zurück, eroberte Watwiller mit Sturm, und erschluge alles, so er darinn gefunden. Als ihn der Herzog hierauf mit 3000 Gulden besänftiget, zohe er im Jahr 1376 wieder in Frankreich zurück b).

In diesem Jahr 1376 fiele auch der Herzog von Lothringen ins Elsaß, und verwüstete des Herrn von Mühlenheim seine Güter, um sich wegen einem im Lothringen verübten Unfug an ihm zu rächen. Er nahm ihm sogleich St. Polten und Scherwiller hinweg; Bergheim hat er zwar belagert, aber nicht erobern können; wormit er sich begnügen liesse.

§. XXIII. Im Jahr 1377 entstunde auf Anstiften des Grafen von Würtenberg ein neuer Krieg

---

b) Haffners Cosmographie. ad ann. 1375. Wursteisens Basler-Chronik. L IV. C. V. Königshofens Elsässer-Chronik. C. V. Doppelmayers Elsässer-Historie. p. 58.

zwischen den Fürsten und Ständen, und den Reichs-Städten. Unter jenen waren der Pfalzgraf am Rhein, die Herzoge von Bayern, die Erzbischöffe von Maynz und Salzburg, die Bischöffe von Worms, Würzburg, Lamberg und Straßburg, die Grafen von Würtenberg, Zollern, Löwenstein, Wartenberg, Ochsenstein ꝛc. Als diese eine Zeitlang die Städte hin und wieder beraubten, machten im Jahr 1380 die Schwäbische und Rheinische Städte, jeder Theil einen besondern Bund, sich gemeinschaftlich zu wehren. Als aber die Macht der Herren zu groß wurde, haben sich im Jahr 1383 beede Bünde miteinander vereiniget, und indem sie den Erzbischoff von Salzburg, so mit den Herzogen von Bayern sich nicht gut vertragen, auf ihre Seite gebracht, den Meister spielten, im Jahr 1387 zu Töffingen bey Wyle einen Sieg erfochten, die Pfalz eingenommen, und im Elsaß denen Herrschaften auch grossen Schaden zugefügt. Als sie aber im Jahr 1388 bey Worms eine Niederlag erlitten, hat sich das Blatt gewendet, und die Herren fiengen allenthalben an die Oberhand zu bekommen. Graf Emich von Leiningen, so des Pfalz-Grafen General ware, legte im Jahr 1389 tausend Reuter in das Städtlein Brumt und in sein Schloß daselbst, nahme das andere Schloß, so der Stadt Straßburg gehörte, auch hinweg, und setzte der Stadt aus diesen Schlössern sehr scharf zu, also zwar, daß man zu Straßburg die mehreste Thore gesperret, die übrige aber wohl verwahret hielte. Am Liechtmeß=Tag 1390 entstunde ein Brand in gedachtem Brumt, welcher sich dergestalten ausbreitete, daß alle Truppen davon flohen: wornach die Hagenauer die Schlösser samt dem Ueberrest der Stadt geschleifet, die Straßburger aber die ganze Grafschaft Leiningen verwüstet haben c).

§. XXIV. Während daß die übrige Fürsten mit den Rheinischen und Schwäbischen Städten stritten, hat sich der Herzog Leopold von Oestreich an die Schweitzer gemacht, um sie wieder unter die vorige Dienstbarkeit zu bringen. Im Jahr 1315 hatten die drey Cantonen, Uri, Schweitz und Unterwalden durch einen feyerlichen Bund sich schon die Freyheit erworben, und von dem Joch der allzuübermüthigen Landvögte freygemacht; zu welchen sich noch die Städte Luzern, Zürich und Bern geselleten. Diese nun wieder zu unterjochen, hat der Herzog Leopold eine ziemliche Armee auf die Beine gebracht, darunter sehr viele Ritter und Edle waren. Er hat zwar anfänglich den Schweitzern eine manche Schlappe versetzet: nachdem aber obbesagte Städte von den Reichs- und andern Städten noch mehrere Hülfe erhalten, haben sie ihn dergestalten in die Enge getrieben, daß er zufrieden seyn mußte, wann er seine eigene Länder beschützen konnte. Die Schweitzer eroberten hierauf ein Ort nach dem andern, kamen sogar ins Elsaß, eroberten das Schloß Pfeffingen, und,

---

c) Königshoffens Elsässer=Chronik. Cap. V.

nachdem sie es ausgeplündert hatten, verbrannten sie selbiges, und nahmen die 26 Mann, so sie darinn gefunden, als Gefangene mit sich. Hernach nahmen sie das Schloß Rotenburg ein, verfügten sich sodann wieder in die Schweitz, und nahmen Sembach, Zug, das Entlibuch und Glaris hinweg. Als drey Jahr mit diesen Feindseligkeiten zugiengen, sammelte der Herzog Leopold im Jahr 1386 eine grosse Armee, die Schweitzer wieder aus gedachten Orten zu vertreiben. Rotenburg ware bald erobert, und Pfeffingen wieder hergestellet. Hierauf begabe er sich auch in die Schweitz, um das Sembach und die übrige Orte unter seinen Gewalt zu bringen, ware aber bey gedachtem Ort so unglücklich, daß er nebst dem Adel und Edelknechten, so allein mit den Schweitzern schlagen wollten, und den Troß zurückliesen, auch sein Leben verlohre. Vierhundert Edelleute, so gröstentheils Elsässer waren, haben ihr Leben daselbst eingebüßt; dann ihre Reuter und Knechte, da sie gesehn, daß die Sach gefährlich aussahe, anstatt ihnen zu Hülf zu kommen, liessen sie solche im Stich, und ritten davon. Der Schweitzer sind dabey 200 umkommen, der Oestreicher in allem 3000. Mit diesem Tod des Herzogs hat sich die Republik noch mehr erweitert, und ihre vollkommene Macht gewonnen d); dann im Jahr 1388 haben sie noch ein

---

d) Sebast. Münster Cosmogr. L. III. C. 71. p. 517. & alii plures Autores.

Treffen bey Glaris, und im Jahr 1389 bey Burgdorff gewonnen; wornach der Friede wieder hergestellet worden.

Im Jahr 1385 ist zu Roßheim durch ein Kind, welches in einem andern Haus Feuer hohlte, ein Brand verursachet worden, wodurch die ganze Stadt bis auf 30 Häuser in Aschen gelegt, und 80 Menschen verunglücket wurden.

In gedachtem Jahr hat der Graf von Sarwerden, so mit dem Dom-Probst Grafen von Ochsenstein im Streit begriffen, das Städtlein Bersch zu Nachts unversehens überfallen, selbiges geplündert und verbrennet, und die Beamte mit sich gefangen geführt, so sich hernach theuer auslösen mußten e).

Im Jahr 1386 sind die Edle Johann von Stroffe und Johann von Albe, öfters aus der Burg Löwenstein in des Herrn Johann von Liechtenberg Gebieth gefallen, worauf dieser mit Hülf der Straßburger gedachtes Schloß belagert; und als man angefangen den Felsen zu untergraben, selbiges mit Accord erobert und geschleifet f).

§. XXV. Im Jahr 1388 hat Graf Bruno von Rapoltstein einen Englischen Ritter, Namens Johann von Herbestein, gefangen, welcher zur Zeit des Englischen Einfalls ein Mordbrenner ware. Der König von Engelland, als er solches er-

---

e) Königshoffens Elsässer-Chronik. Cap. V.
f) Idem ibidem.

fahren, schriebe ganz geziemend an den Magistrat zu Straßburg, und ersuchte ihn um die Loßlassung gedachten Ritters: dieser aber entschuldigte sich darmit, daß der Graf Bruno damals, als diese Mißhelligkeit angefangen, noch kein Burger von ihnen gewesen, mithin gienge dieser Handel sie nichts an. Hierauf wendete sich der König im Jahr 1389 an den Kayser Wenzeslaus, welcher die Stadt ohne Vorwissen in die Acht erklärte. Als einige Kaufleute von Straßburg im Reich gefangen wurden, erbothen sich die Straßburger zur Verantwortung zu kommen, wann man ihren Bothen Sicherheit verspräche; welches auch geschahe. Als sie nach Prag kamen, liesse man sie sechs Wochen warten, ohne daß man sie vor den Kayser liesse: darum giengen sie ohnverrichter Dingen wieder nach Haus. Der Bruno von Rapoltstein, samt verschiedenen andern nahmen alsobald im Jahr 1390 Achts-Briefe vom Kayser wider die Straßburger, und streiften allenthalben auf sie. Die Straßburger giengen nichtsdestoweniger in die Fremde, und streiften auch auf diejenige, so Achts-Briefe auf sie genommen hatten. Unterdessen hat Graf Bruno den gedachten Englischen Grafen loßgelassen, und den Straßburgern die Stadt Rapoltsweiler, so er ihnen zuvor vor eine Schuld gegeben, wieder hinweggenommen. Die Straßburger, um von der Acht befreyet zu werden, zahlten im Jahr 1391 des Kaysers Landvogt, dem Herrn von Wurtzebay 4500 Gulden. Weil aber der Marggraf von Baden, Graf Eberhard von Würtenberg, Bruno Graf von Rapoltstein und andere mehrere, grosse Zinse in die Stadt zu entrichten hatten, beredeten sie den Landvogt den Vergleich nicht anzunehmen, sondern sie wollten die Sach mit ihnen ausmachen, und sie mit dem Degen in der Faust bezahlen. Im Jahr 1392 nahme Graf Bruno von Rappoltstein durch Verrätherey das Städtlein Gemar hinweg, so er doch dem Herrn von Mühlenheim versetzt hatte. Hierauf haben die Straßburger viele Häuser und Klöster ausser der Stadt zusammengerissen, damit die Feinde sich nicht in selbigen aufhalten konnten. Kaum hatten sie dieses vollzogen, kamen der Bischoff, der Marggraf von Baden, der Graf von Würtenberg, der Landvogt, der Herzog von Geldern, die Marggrafen von Hochberg und Röteln, die Grafen von Thierstein, Kyburg, Lüzelstein, Vitsch, Liechtenberg, Ochsenstein, Nassau und andere mehrere, samt sehr vielen Rittern und Edlen, und lagerten sich zu Eschau, Fegersheim, Hundesheim, Nordhausen, Erstein ꝛc., und verheerten alles, was der Stadt zugehörte. Gleich Anfangs kamen 2000 Reuter in die Metzger=Au, dahero man etliche Ausfälle machte, und mit ihnen scharmützelte, ohne ein Treffen zu liefern. Hierauf wollten die Feinde die Rheinbruck abbrennen, wurden aber daran gehindert. Als einmal die Knechte über den Rhein marschierten, Proviant in die Stadt zu bringen, wurden 150 derselben erschlagen; hingegen bekamen die Straßburger gleich darnach auch über 70 der Feinde gefangen; sie verbrannten auch viele Orte jenseits des Rheins, so den Feinden gehörten, und nahmen ihnen 1500 Stück Vieche hinweg, so alles gestohlen ware. Der Landvogt erklärte sich hierauf, daß er sie aus der Acht laſſen wollte, wann sie ihm 100000 Gulden bezahlen würden; worauf sie ihm 30000 anerbothen: weil aber die Feinde groſſe Forderungen machten, wurde nichts hierinnfalls gerichtet. Hierauf übergaben die übrige Herren dem Biſchoff das Commando allein, und giengen wieder nach Haus, nachdem ihm jeder aus ihnen eine Anzahl Truppen überlieſſe. Der Landvogt, der Herzog von Geldern, der Marggraf und der Graf von Würtenberg, übergaben ihm jeder 200 Reuter, womit das Land noch gänzlich verwüstet, und weder der Freunde noch der Feinde verschonet wurde. Endlich schickten die Straßburger im Jahr 1393 Deputierte nach Prag, und bezahlten dem Kayſer 32000 Gulden; wormit sie wieder aus der Acht gethan, und der Frieden hergeſtellet worden. Weil der Biſchoff durch dieſen Krieg in groſſe Schulden gerathen, und seine Unterthanen hart anlegte, ist er bey jedermann so verhaßt worden, daß er für gut befunden, mit Genehmigung des Pabſts sein Bisthum mit dem von Utrecht zu vertauschen g).

Im Jahr 1392, während der Achts-Erklä-

---

g) D. J. Schilteri Obſervationes in Chronic. Kœnigshovii.

rung der Stadt Straßburg, wurde ein Turnier zu Schaffhausen gehalten, wobey sich folgende Elsäßische Edelleute eingefunden: die Grafen Georg von Leiningen, Heinrich von Thierstein, Ludwig von Oettingen, Johann von Lupfen, Heinrich von Ortenburg, Heinrich von Salm, die Ritter Reinhard von Rathsamhausen, Georg von Andlau, Wilhelm von Trachenfelß, Arnold von Flekenstein, die Edle Simon von Hattstadt, Endres Waldner, Heinrich von Eptingen, Heinrich von Oberkirch, Albrecht von Landenberg, Arbogast von Landsperg, Eberhard von Andlau, Ludwig von Mörspurg, Paul und Heinrich von Schauenburg, Wolf Truchseß von Auw, Heinrich von Hagenbach, Friedrich von Falkenstein, Heinrich von Rheinach, Johann Heinrich von Eptingen, Georg Hanß Waldner, Fritz von Mühlenheim, Wolff von Uttenheim samt vielen andern; die Frau von Andlau, gebohrne von Rheinach, und die Frau von Fleckenstein präsentirten den Rittern die Waffen.

Im Jahr 1396 nahmen der Herzog von Nevers, Prinz von Burgund und der Graf von Mömpelgard, viele Elsäßer und Burgunder, darunter auch drey Herren von Zorn, sechs von Mühlenheim, einer von Heiligenstein und von Endingen, samt dem Ritter Engelbrecht waren, mit sich in den Türken=Krieg. Weil aber gedachter Herzog die Ehre allein davon tragen wollte, und ohne die übrige zu erwarten, die zahlreiche Armee der

Türken angegriffen, ist er nicht nur mit den Seinigen gefangen, sondern auch die ganze christliche Armee in solche Verwirrung und Furcht gebracht worden, daß die Ungarn davon geflohen, und von den 900000 Christen, so unter Anführung des Königs Sigismundi von Ungarn, wohl 200000 in die Pfanne gehauen wurden. Der Prinz von Burgund wurde allein nebst fünf andern fürnehmen Personen von den Gefangenen bey Leben gelassen, die übrige wurden alle in Stücke gehauen.

Zweytes Capitel.
Von dem Zustand des Elsasses unter dem Reich und Haus Oestreich, vom Jahr 1400 bis zu dem Burgunder=Krieg.

§. I. Als im Jahr 1400 den 10 Herbstmonat Ruprecht III, Pfalzgraf am Rhein, an des abgesetzten Kaysers Wenzeslaus Stelle zum Kayser erwählet worden, ist er mit seiner Gemahlin, vier Söhnen, drey Töchtern, und seinem Tochtermann, dem Herzog von Lothringen, nach Straßburg gekommen, wo er mit grossem Gepräng und Ehrenbezeugung empfangen worden; weswegen er auch der Stadt Privilegien bestättiget hat *).

Im Jahr 1402 haben der Bischoff von Straßburg und die Städte Basel und Colmar, das Schloß Molkenburg bey Gemar, so dem Grafen von Ra-

---
*) Struvens Reichs=Historie. p. 466,

poltstein zuständig, belagert und eingenommen, auch den Herrn Vizthum von Hohenstein samt dem darinn befundenen Raubgesind gefangen genommen h).

Im Jahr 1403 hat die Stadt Straßburg ihren Bund mit der Stadt Basel auf fünf Jahr erneuert.

Im Jahr 1406, als die Grafen Bernard und Johann von Thierstein dem Herzog von Oestreich die Herrschaften Blumberg und Dattenried entzogen, und etliche seiner Leute im Sundgau gefangen, haben die Basler selbige in ihrem Schloß Pfeffingen belagert, bis sie die gedachte Herrschaften und Gefangene wieder zurückgegeben i).

In gedachtem Jahr hat der Herzog von Oestreich die Herrschaft Lanser denen Edlen Mönch von Landskron um 5000 Gulden verpfändet, und als er selbige im Jahr 1450 wieder ausgelöset, denen Herrn Thüring von Hallweil pfandweiß übergeben.

§. II. Im Jahr 1408 zohe Graf Hermann von Sulz, des Herzogs von Oestreich Landvogt, mit einem Corps Elsässer für das Städtlein Rheinek, auf dessen Ankunft die darinn gelegene Appenzeller das Städtlein verbrennet haben, und davon geflohen sind. Hierauf belagerte er das Städtlein Allstetten drey Wochen lang, nach welchen

---

h) Wursteisens Basler-Chronik. L. IV. Cap. IX.
i) Idem ibidem.

chen die Appenzeller heimlich daraus gewichen. Wornach zwischen dem Herzog und den Appenzellern ein Vergleich getroffen worden.

Das folgende Jahr 1409 haben die Elsässer unter dem nemlichen Grafen Hermann von Sulz, des Herzogs Friedrichs Landvogt, und dem Grafen Johannes von Lupfen, der Frau Catharina von Burgund, als des Herzogs Leopold IV. hinterlassenen Wittib ihrem Landvogt, mit 127 Rittern und Edelknechten die Stadt Basel überfallen, Rodersdorff, Häsingen, Plozheim, Hüningen, Binningen, Botmingen und Benkheim, so den Herren von Basel gehörten, verbrennet; worauf die Basler auch der Edelleuten Orte im Elsaß verwüstet haben. Der Pfalzgraf Ludwig von Bayern wollte zwar zu Mühlhausen einen Vergleich treffen, wurde aber nichts ausgerichtet. Dahero die Basler ihre Bundsgenossene zusammenberuffen, und sind 4000 stark mit sieben Stück grobem Geschütz vor Rheinfelden gezogen, und haben die Au, Warnbach, Rollingen und Wyle verbrennet. Hierauf eroberten sie mit den Straßburgern, Bernern und Solothurnern das Schloß Ittstein, während deme die Rheinfelder in den Aemtern Honberg, Wallenburg und Liechstall, mit Rauben und Brennen alles verheerten. Sie wurden zwar verfolget; weil ihnen aber die Ihrige aus Rheinfelden zu Hülf kamen, konnten ihnen die Basler ihre Beute nicht abjagen: wornach diese Habsheim, Dietweiler, Uffheim und Lanser, samt andern

T

Orten verbrännten, und viele Leute erschlugen. Hierauf stellte der Pfalzgraf Ludwig, des Römischen Kaysers Sohn, einen andern Landtag zu Kayersberg an, woselbst eben so wenig ausgerichtet wurde, wie zu Mühlhausen. Nachdem endlich die Basler noch acht Dörfer im Breißgau verbrennt hatten, ist im Jahr 1410 durch den Pfalzgraf und Marggraf Rudolf von Hochberg ein Stillstand bis auf Martini des künftigen Jahrs zuwegen gebracht worden k).

§. III. Im Jahr 1411 wurde zu Ensisheim durch Frau Catharina von Burgund, und Rudolf Marggrafen von Baden, ein Frieden gemacht, mit den Bedingnissen: daß das Schloß Ittstein geschleift, und das Schloß Stein zu Rheinfelden den Baslern übergeben werde. Weil aber Graf Hermann von Sulz das letztere nicht abtretten wollte, streiften die Basler von neuem nach Rheinfelden und Sekingen, und nahmen viel Viehe hinweg. Als hierauf der Herzog Friedrich von Oestreich selbst nach Baden kame, ist daselbst der Friede vollkommen hergestellet worden l).

Im Jahr 1414 kam der Kayser Sigismund ins Elsaß, und bestättigte denen Reichs=Städten ihre Privilegien, mit Versicherung: daß sie künftighin nimmer sollten verpfändet werden, sondern jederzeit bey der Landvogtey Hagenau verbleiben.

---

k) Wursteisens Basler=Chronik. L. IV. C. XIII.

l) Idem ibidem Cap. XVI.

Von dannen begabe er sich nach Constanz auf den Kirchen-Rath. Gleich nach seiner Abreiß wurde der Bischoff Wilhelm von Dietsch in Verhaft genommen, weil er eine heimliche Allianz mit dem Herzog von Lothringen und andern Fürsten wider das Capitel und die Stadt Straßburg gemacht; wurde aber auf Begehren des Kaysers und des Kirchenraths zu Constanz, wieder in Freyheit gesetzet.

Als im Jahr 1415 der Herzog Friedrich von Oestreich dem Pabst Johannes zur Flucht aus dem Kirchen-Rath von Constanz geholfen, hat ihn der Kayser Sigismund in die Acht erkläret: dahero ihm viele Fürsten und Städte Fehte-Briefe zugeschickt haben. Der Pfalzgraf Ludwig kame alsobald ins Elsaß, und nahme ihm H. Creuz und andere Orte hinweg; und die Basler belagerten auf Befehl des Kaysers Enßheim, konnten aber nichts davor ausrichten. Hingegen nahmen sie ihm viele andere Orte in der Schweiz, Sundgau und Breißgau hinweg. Endlich hat er sich im Jahr 1418 durch ein grosses Loßgeld mit dem Kayser wieder ausgesöhnet, wornach ihm seine Länder wieder zurückgestellt wurden m).

§. IV. Als im Jahr 1416 der Marggraf Bernard von Baden neue Zölle am Rhein aufrichtete, und hierdurch die Handlung ziemlich gehemmet wurde, haben die Städte Straßburg, Basel,

---

m) Sebast. Münster, Cosmogr. L. III. Cap. XIX. N. 43. p. 436.

Neuenburg, Colmar und Schlettstadt, samt andern mehreren, Truppen auf die Beine gebracht, den Marggrafen überfallen und in die Flucht geschlagen. Nachdem sie hernach Ratstadt verbrennet, und sein ganzes Land verwüstet, haben sie ihn gezwungen diese Neuerungen wieder abzuschaffen. Weil aber der Marggraf diese Schlappe hart verdauen konnte, brachte er die Herren von Chalons und Orange auf seine Seiten, welche im Jahr 1424 den Elsäßern eine Diversion machen mußten; mittlerweil der Marggraf die Städte Freyburg und Breisach mit Krieg überzohe. Kaum waren die Elsäßische Städte den Breißgauern zu Hülf gekommen, sind obige Herren aus dem Burgund ins Elsaß gefallen, und haben das Sundgau großen Theils verwüstet: weswegen die Basler samt andern Schweitzern den Sundgäuern zu Hülf kamen, und die Burgunder wieder über Dattenried und Befort zurücktrieben. Hierauf haben die Städte den Marggrafen in dem Schloß Mühlberg lang belagert. Als aber im Jahr 1428 der Graf von Neuenburg und der Freyherr von Froberg mit einer ziemlichen Mannschaft in das Sundgau fielen, und Dammerkirch nebst noch zehn Dörfern verbrannten, mußten sich die Elsäßer über den Rhein zurückziehen, diese ungeladene Gäste zu vertreiben: mittlerweil wurde auf Kayserlichen Befehl durch den Bischoff von Würzburg der Friede wieder hergestellet n).

---

n) Doppelmayers Elsäßer-Beschreibung. p. 64.

§. V. Im Jahr 1418 hat sich im Elsaß eine wunderbare Sucht verspühren lassen, so man den Veits=Tanz nennte. Die Leute wurden gleichsam wie verruckt und besessen, und mußten immer tanzen, bis sie vor Mattigkeit dahinfielen; alsdann wurden sie aufgebläht von Winden, daß sie schier zerbärsteten; viele mußten sogar exorcirt werden o). Der Beschreibung nach scheinet es mir ein Symptoma zu seyn, dergleichen es in Apulien im Königreich Neapel, und in Persien giebt; wo, wann einer von der giftigen Spinne, Tarantula genannt, gebissen wird, sich solcher zu tod tanzen muß, wann er nicht durch liebliche Musik davon curiret wird.

Im Jahr 1422 machten die Städte Straßburg, Basel, Freyburg und die Reichs=Städte vom Elsaß abermal eine fünfjährige Bündniß, einander gemeinschaftlich zu beschützen p).

Im Jahr 1428 aber haben die Grafen von Neuenburg, Barr und Froberg, die Stadt Maßmünster im Sundgau überfallen wollen; es wurden ihnen aber die Thore noch bey Zeiten versperret q).

Im Jahr 1430 ist die Collegiat=Kirche zu Thann, samt ihrem kunstreichen Thurn, so nach dem Model des Straßburger Münster=Thurns aufgeführet, zu bauen angefangen, und im Jahr

---

o) Schilterus in Observ. in Kœnigsh.
p) Wursteisens Basler=Chronik. L. IV. C. 22.
q) Idem ibidem.

1442. das Stift von St. Amarin dahin übersetzet, im Jahr 1516 aber der zierliche Thurn zu End gebracht worden.

§ VI. Im Jahr 1433 kame Kayser Sigismund von Basel nach Straßburg, mit drey Herzogen von Bayern, den Herzogen von Lothringen und Savoyen, dem Erzbischoff von Trier, denen Marggrafen von Baden, Röteln, Verona, ꝛc. samt 62 Fürsten und Grafen; woselbst ihnen der Magistrat während ihrem Aufenthalt acht Tag hindurch mit ausserordentlichen Freuden=Festen aufwartete r).

Im Jahr 1336 sind bey dem sechs und zwanzigsten Turnier zu Stuttgard folgende Elsässische Edelleute erschienen: zwey Grafen von Lupfen, die Freyherren von Gerolsek, von Stöffel, von Drachenfelß, von Frankenstein; die Ritter von Oberkirch, von Ellerbach, von Auw, von Landenberg, von Gayling, von Karspach, von Waserburg, von Schauenburg, von Neuenstein und andere.

Im Jahr 1339 aber sind zu Landshut auf dem Turnier erschienen: die Grafen von Ortenburg, von Leiningen, von Rapoltstein, von Ochsenstein, von Ramstein, von Hasenburg, von Lupfen, von Thierstein; und die Edle von Waldner, zu Rhein, von Landenberg, von Halweyl, von Oberkirch, von Landsperg, von Uttenheim, von Hattstadt, Zorn von Bulach, von Andlau,

---

r) Königshofen Elsässer=Chronik. Cap. II.

von Fleckenstein, von Rathsamhausen, von Mühlenheim, von Eptingen, von Rheinach ꝛc.

Im Jahr 1439 kame der Graf Johann von Vinstingen mit 12000 Armeniaken zu Pferd über den Zaberer-Steeg ins Elsaß, und nachdem sie vierzehn Tage mit Plündern zugebracht, sind sie wieder ins Lothringen zurückgekehret s).

Im nemlichen Jahr wollte auch der Graf von Lützelstein mit 400 Pferden Mühlhausen überrumpeln; weil er aber einen tödtlichen Fall vom Pferd gethan, ist er an seinem Vorhaben verhindert worden.

§. VII. Im Jahr 1440 hat Johann Mentele, so am Fronhof zu Straßburg wohnte, samt seinem Schwager Peter Schefer, und Martin Flach, die edle Kunst der Buchdruckerey erfunden. Gedachter Johann Mentele hatte einen Bedienten, Johann Genßfleisch genannt, von Maynz gebürtig; als dieser durch fleissiges Absehn seinem Herrn diese Kunst abgelernet, machte er mit zween Straßburgern, Johann Koster und Johann Guttenberg, Bekanntschaft, welche zusammen nachdachten, wie sie diese neue Kunst vollkommener machen könnten: weil sie aber wegen dem Herrn Mentele, so der Erfinder, selbige zu Straßburg nicht leicht treiben durften, oder wenigstens den Ruhm der Erfindung dem wahren Meister daselbst überlassen müßten, haben sie sich nach Maynz begeben, und

---

s) Wursteisen L. IV. C. 31.

daselbsten diese neue Erfindung für die ihrige ausgegeben. Hierüber hat sich Herr Mentele so sehr bekümmert, daß er darüber gestorben. Weil er wegen Erfindung dieser edlen Kunst ins Münster begraben worden, hat man zu dessen immerwährendem Andenken eine Drucker-Presse auf seinen Grabstein einhauen lassen. Die Buchstaben waren anfänglich nur von Holz ausgeschnitten, und waren ganze Wörter und Silben aneinander, sie hatten ihre Löchlein, wodurch sie mit einer Schnur und Nadel aneinander gefasset waren t).

§. VIII. Im Jahr 1444 kame der Dauphin, des Königs Carl VII. von Frankreich Sohn, mit 40000 Mann ins Elsaß, welche insgemein Armeniaken genannt wurden, weil der Herzog von Armeniak 12000 Mann eigene Truppen darunter hatte, und den linken Flügel commandierte. Anstatt daß diese dem Herzog Sigismund von Oestreich, des Königs von Frankreich Schwieger-Sohn, wider die Schweitzer zu Hülf kommen sollten, haben sie sein eigenes Land Elsaß während den Winter-Quartieren verwüstet. Sie plünderten und raubten alle Orte aus, wohin sie immer kamen, und wer sich im geringsten widersetzte, den liessen sie über die Klinge springen. Sie kamen endlich, nachdem sie das ganze Elsaß durchstreift hatten, nach Basel, wo die Schweitzer versammelt sie er-

---

t) Schilterus Obferv. I. in Chronic. Kœnigshovii. p. 444. Wenker, p. 155. Hist. de l'Imprim. pag. 18. Speklin apud Morerium.

warteten. Es kame bey St. Jacob ohnweit Basel zu einem Treffen, wo sich die Schweitzer zwar anfänglich starkmüthig wehrten, weil sie aber übermannet waren, den kürzeren gezogen, und mehrentheils in die Pfanne gehauen wurden. Weil aber dieser Sieg die Armeniaken auch viel Volks gekostet, haben sie sich wieder ins Sundgau zurückgezogen; wornach der Kirchen-Rath von Basel die zween Cardinäle von Arelat und Calixti zum Dauphin nach Ensisheim geschicket, um den Schutz desselben anhaltend. Der Bischoff von Basel aber, ist samt einigen aus dem Magistrat ebenfalls dahin gekommen, um die Verschonung der Schweitz anflehend, welche desto leichter zu erhalten, sie ihm 41000 Gulden auszahlten. Hierauf hat der Dauphin den Herrn von Busnang, Domherrn von Straßburg, so zu Ruffach residierte, kommen lassen, und ihn durch Bedrohung genöthiget, daß er ihm die Städte Ruffach und Eggisheim, samt dem Schloß Isenburg, übergabe. Also bekame er auch durch den Herrn von Hattstadt das Städtlein Herlisheim; H. Creuz und Kestenholz wurden auch ohne Schwerd-Streich erobert; St. Pölt, nachdem es zweymal gestürmt worden, hat sich endlich mit Accord ergeben. Nach Mariä Geburt lagerten sich 12000 Mann bey Ebersheim, brandschatzten das Kloster um 500 Gulden, plünderten die ganze Gegend, nahmen Dambach und Erstein ein, vor deren ersterem der Dauphin am Fuß verwundet worden. Die Barrer widersetzten sich, wurden aber meistens in die Pfanne gehauen, die übrige um 500 Gulden gebrandschatzet. Markolzheim wurde auch ohne Mühe erobert. Von dannen giengen sie nach Straßburg, wo der Graf Johann von Vinstingen mit 4000 Mann frischen Truppen über den Winterberger Steig zu ihnen gekommen. Sie nahmen alsobald Inweiler, Bergbiethen, Marlheim und andere Orte hinweg; von Rheinau aber wurden sie abgetrieben. Zu Roßheim und in das Bischoffsheimer Schloß, desgleichen in Nider = Ehnheim und Wangen, wurden sie wegen Bedrohung willig eingelassen; doch haben sich die Burger des letztern in das Schloß retiriret. Zu Stozheim und Westhofen wurden die Mauren eingeschossen, und mit Gewalt erobert. Im Oberland nahmen sie Mömpelgard, Altkirch, Ensisheim, Wattwiller und das Schloß Wüttenheim in Besitz. Nachdem sie solchergestalten schier ganz Elsaß inne hatten, ist der Dauphin mit 2000 Reutern ins Lothringen marschieret, und hat die übrige Truppen im Elsaß gelassen. Zu Mömpelgard bliebe Louis de Sueil mit 2000 Pferden, zu Altkirch Joachim Rovault mit 2000 Pferden, zu Ensisheim Guyot de la Roche mit 1000 Pferden, bey H. Creuz und Colmar lagen in der Gegend 5000 Pferde, zu Eggisheim 1000 Spanier, zu St. Pölt 200 Pferde, um Schlettstadt herum 1000 Pferde, bey Niederehnheim ware Johann Graf von Vinstingen mit 3000 Pferden, zu Roßheim ware ein Marschall von Frankreich,

Graf von Dampmartin mit 4000 Pferden, bey Wangen, Bergbiethen und andern Orten ware Herr Blanchefaut mit 6000 Mann, zu Westhofen, Marlheim und dasiger Gegend waren 4000 Engelländer, um Hagenau waren auch etliche tausend. Während ihrem Aufenthalt im Elsaß verlohren sie über 10000 Mann. Hauptsächlich haben die Schlettstadter und Willerthäler sich bey ihrem Rückzug hervorgethan, da sie in dem Willerthal 300 Mann getödtet, 500 Pferd, neun Stücke und acht Fahnen erobert. Bey Bläßheim haben auch die Truppen des Bischoffs und der Stadt Straßburg über 2000, so auf Fütterung ausgeritten, theils getödtet, theils auseinander gejagt u). Der Graf von Blamont, Marschall des Herzogs von Burgund, hat bey Altkirch ebenfalls 500 erlegt. Solchergestalten wurden sie nach und nach aus dem Land getrieben.

§. IX. Im Jahr 1445 sind die Basler mit gewafneter Hand ins Sundgau gefallen, theils, weil des Herzogs Landvogt ihnen kein Getraid zukommen liesse, theils weil selbiger sammt einigen andern Herren den Armeniaken das vorige Jahr geholfen die Schweitzer zu bekriegen. Dahero sie den 12 Aprill das Schloß Blozheim, und den 20 das Schloß Pfeffingen mit Accord erobert, und die Gräfin von Thierstein samt ihren Kindern darinn gefangen genommen. Den 3. May nahmen

---

u) Schilterus in Observ. in Chronic. Kœnigshovii. Wursteisens Basler-Chronik. L. IV. Cap. XXXI.

sie Altkirch und Pfird ein, am Pfingstfest aber bemächtigten sie sich der Schlösser Dirmenach und Waldighofen. Peter und Conrad, Herren von Mörspurg, fielen indessen in das Solothurner Gebieth, wornach die Solothurner im Pfirder Amt die Dörfer Oltingen, Rädersdorf, Winkel, Luder und Bisilis verbrannten. Als man dem Bürgermeister von Basel, Herrn Roth von Brübach, seine Herrschaft verwüstete, haben die Basler das Kloster Ottmarsheim samt dem Flecken abgebrennt. Den 13 August legten die Basler das Städtlein Pfird in Aschen, und den 3 Christmonat sind sie mit Schlierbach, Dietweiler, Geispizen, Wallenheim, Uffheim und Sirenz auf gleiche Weise verfahren, haben auch den Grafen Hanß von Ramstein gefangen. Hernach wollten sie auf der Hart auch Viehe hinwegnehmen, wurden aber von den Herzoglichen Reutern zusammengehauen x).

Im Jahr 1446 hat der Herr von Mörspurg das Schloß Pfeffingen wieder erobert, und die darinn gefundene Basler nach Pfird geführt; woraufes die Basler wieder vergebens belagert haben. Dies Jahr hindurch haben die Basler das Pfirder, Altkircher und Lanzerer Amt gröstentheils mit Sengen und Brennen verheeret.

Im Jahr 1449 fielen die Elsässer in das Basler Gebieth, und verbrannten Binningen, haben bey Häsingen die Basler zurückgetrieben, und an-

---

x) Wursteisens Basler-Chronik. L. IV. C. XXXI.
La Guille Hist. d'Alsace. p. 342.

dere Scharmützel gehalten: woruach zu Breisach der Friede mit diesen Bedingnissen hergestellet worden, daß die Basler dem Herzog 26000 Gulden leihen sollten ohne Zinß, wofür er ihnen die Aemter Pfird, Lanser, Ensisheim, Thann, Altkirch und Maßmünster, als Pfand verschrieben.

§. X. Zu dieser Zeit waren zween mächtige Grafen im Elsaß, Jacob und Wilhelm von Lützelstein, welche die Söhne des zuvor Domherr gewesenen, und zur Bischöflichen Würde erhobenen Grafen Burgards von Lützelstein waren. Weil dieser dem wider ihn im Zwiespalt erwählten Bischoffert, Grafen Wilhelm von Nassau-Dietz weichen mußte, hat er mit dem Bisthum auch den geistlichen Stand aufgegeben, sich verehliget, und obbesagte zween Söhne erzeuget. Diese nahmen dem Herzog Renat von Lothringen, welcher zugleich König in Sicilien ware, das Schloß Bitsch hinweg; weswegen sein Sohn Johann von Anjou mit einem zahlreichen Corps das Schloß Lützelstein eingenommen: durch Vermittlung des Churfürsten von Pfalz aber wurde der Handel wieder beygelegt, und beederseitige Schlösser zurückgegeben y).

Kaum ware dieser Streit beygelegt, ereignete sich ein anderer zwischen den Grafen von Vinstingen und dem Graf Walther von Thann, welche aber auch bald wieder durch den Landvogt vom Elsaß zur Einigkeit gebracht worden.

---

y) Doppelmayers General-Beschreibung des Elsasses. p. 70.

Hingegen konnte die Zwistigkeit zwischen den beyden Grafen von Lützelstein, und Graf Ludwig von Liechtenberg einerseits, und Sigfried Graf von Leiningen, wie auch Georg Graf von Ochsenstein anderseits sobald nicht beygelegt werden; zumahlen es bey Reichshofen zu einer Schlacht kame, wo die erstere obsiegten, letztere aber gefangen, und in das Schloß Lützelstein verlegt wurden.

§. XI. Im Jahr 1452 wurde der Pfalzgraf Friedrich, von Dieterich, Churfürst von Maynz, Jacob Marggraf von Baden, und Ulrich Graf von Würtenberg, unversehens überfallen, und die Pfalz anfänglich ziemlich hart von ihnen hergenommen. Nachdem aber der Pfalzgraf alle Truppen, so er immer auftreiben konnte, versammlet, hat er sie dermassen geschlagen, daß er sie alle drey gefangen bekommen.

Kaum ware er mit diesen fertig, stiftete der Herzog von Burgund, Carl der freche, die Grafen von Lützelstein an, den Pfalzgrafen anzugreifen, mit Versprechen, daß er ihnen beystehen wolle. Diese theils auf die Hülf und Macht des Herzogs, theils auf ihre Tapferkeit und zuvor gehabtes Glück sich verlassend, fallen in die Pfalz, und verheerten viele Ortschaften darinn. Der Pfalzgraf bothe gleich seinen Truppen auf, und schickte einen Theil davon nach Lützelburg, so das Schloß und Städtlein eingenommen, mit dem andern Theil bothe er den Grafen die Spitze. Bey so bewandten Sachen sprachen die Grafen den Herzog von

Burgund um die versprochene Hülf an: weil er aber sein Wort nicht gehalten, ihre Grafschaft von den Pfälzern eingenommen, und sie halb eingeschlossen von dem Pfalzgraf zu einem unvermeidlichen Treffen genöthiget wurden, mußten sie mit der Flucht ihr Leben retten, und endlich im Elend sterben z).

Kaum waren diese Feinde aus dem Weg geräumet, wurden wieder andere wider den Pfalzgraf aufgehetzet. Dann weil er die gefangene Fürsten nicht ohne vortheilhafte Bedingnisse loß lassen wollte, brachte der Bischoff von Metz, Marggraf Georg von Baden, den Bischoff von Speyer, den Herzog Ludwig von Pfalz-Veldenz (jetzt Zweybrücken), die Grafen von Leiningen, Nassau, Werth und Henneberg, samt andern Edelleuten aus dem Elsaß auf seine Seiten, und sammelte nebst den Maynzischen, Badischen und Würtenbergischen Truppen eine grosse Armee zusammen. Der Pfalzgraf Friedrich, sich in so mißlichen Umständen sehend, machte mit dem Churfürsten von Maynz einen Vergleich, daß er ihn aus der Gefangenschaft loß liesse, mit der Bedingniß: daß er ihm wider seine Feinde zu Hülf käme. Kaum ware der Churfürst Dietrich von Maynz befreyet, berufte er seine Truppen von der alliierten Armee zurück, und schickte sie Friedrichen zu Hülf. Während deme die vereinigte Armee alles um Hei-

---

z) Doppelmayers General-Beschreibung des Elsasses. p. 71.

delberg herum verwüstete, und noch weiter vordrunge, erwartete sie der Pfalzgraf in einem Forst (das Fronholz genannt) ohnweit Seckenheim, mit 1000 Mann zu Pferd und 3000 zu Fuß, und als die Feinde neben dem Forst vorbey marschierten, überfiele er sie, und machte den Bischoff von Mez sammt 110 adelichen Rittern und grosser Mannschaft zu Gefangenen. Unter den Todten zählte man mehr dann 350 Grafen und Ritter, über 300 aber flohen davon. Hierauf wurde Friede gemacht, und alle gefangene Fürsten, Grafen und Ritter, um ein grosses Lößgeld wieder frey gelassen a).

§. XII. Im Jahr 1454 den 16 Hornung überrumpelte Ludwig der schwarze, Herzog von Zweybrücken, die Stadt Muzig mit 400 Reutern, wurde aber bald wieder von Ulrich von Hohenburg mit Hülf der Stadt Straßburg daraus vertrieben. Hierauf fiel er dem Pfalzgraf Friedrich in die Pfalz, wurde aber auch von diesem überwunden, welcher ihm die Stadt Berg-Zabern hinweg genommen, selbige aber auch bald wieder, nach gemachtem Frieden zurückgestellet hat.

Im Jahr 1456 fuhren etliche Bürger von Zürich zu Schiff nach Straßburg, und brachten einen gekochten Hirß noch ganz warm über des Herrn Ammeisters Tafel, anzeigend, daß, wann die Stadt Straßburg mit den Schweizern in Bund tretten wollte, sie im Fall der Noth eben so geschwind

---

a) Sebast. Münster Cosmogr. L. III. Cap. 364. p. 878.

schwind eine Armee hinabschicken wollten, wie geschwind dieser Hirß angekommen seye. Welcher Vortrag aber von den Straßburgern nicht angenommen worden, weil sie sich zuviel auf eigene Kräften verliessen b).

Im Jahr 1459 hat der neuerwählte Pabst Aeneas Sylvius, so den Namen Pius II. angenommen, zum Denkmul, daß er zu Basel auf den Stuhl Petri erhoben worden, in gedachter Stadt eine Universität gestiftet, und den Dom-Probst Georg von Andlau, zum ersten Rektor darüber gesetzet.

Im Jahr 1461 belagerten der Herzog von Oestreich, der Bischoff von Straßburg, Graf von Rapoltstein, und die Städte Basel, Colmar und Schlettstadt, das Raub-Schloß Hohen-Königsburg, und ruinierten dasselbe; so aber bald hernach wieder hergestellet worden c).

Im Jahr 1465 haben die Grafen Oswald und Wilhelm von Thierstein eine Genugthuung wegen Beschädigung des Schlosses und Stadt Pfeffingen, so die Basler ruinirt hatten, begehret, welche sie auch nach einigen Scharmuzeln, durch Hülf der Solothurner, deren Mitbürger sie waren, erhalten haben d).

§. XIII. Als im Jahr 1464 ein gewisser Müller Namens Hermann Klee, an die Mühlhauser

---

b) Haffners Cosmographie ad ann. 1456.
c) Wursteisens Basler-Chronik. L. V. Cap. II.
d) Wursteisen ibidem.

einen Anspruch machte, und dieser sein Begehren nicht erhalten konnte, hat selbiger sein Recht an die Herren Peter und Jacob von Regisheim, Wilhelm von Kapler, und Conrad von Balschweiler verkauft, so sich seiner angenommen, und die Mühlhauser ziemlich in die Enge getrieben: dahero diese im Jahr 1465 zum erstenmal mit den Städten Bern und Solothurn einen Bund gemacht haben. Zur nemlichen Zeit ware auch ein Kieferknecht mit seinem Meister um 6 Blappart oder 8 Sols uneins, so ebenfalls seinen Anspruch an den Herrn Heinrich von Regisheim verkaufte: wornach dieser alsobald mit den Edlen von Rixheim und Habsheim den Mühlhausern das Viehe hinweggenommen, und ihre Reben abgeschnitten. Die Mühlhauser ruften alsobald die Berner und Solothurner um Hülf an, mit welchen sie Rixheim, Brunnstadt, Didenheim und Morschweiler verbrannten. Die Herren thaten desgleichen mit den Orten Illzach und Modern, so den Mühlhausern gehörten. Hierauf schickten die Berner noch 5000 Mann, so samt den Solothurnern und Mühlhausern Blozheim, Barthenheim, Schlierbach und Eschensweiler verbrannten. Bald darauf kamen auch die Zürcher und Schweitzer den Mühlhausern zu Hülf, besetzten Pfastadt, verbrannten Zillesheim und Freningen, eroberten mit Verlust von 24 Mann das Schloß Schweighausen, und legten es samt Pfastadt in Aschen. Alsdann giengen sie 14000 stark auf das Ochsenfeld, verbrannten Alten-Thann,

Rodern und Uffholz, plünderten Wattweiler, verheerten das ganze Lanserer Amt bis auf vier Dörfer, das Altkircher Amt aber mußte 2000 Gulden Brandschatzung erlegen. Sie zohen folgends für Waldshut, wo sie aber nichts ausrichteten, sondern gegen 400 Mann verlohren. Nachdem der Herzog mit einem Corps Elsässer dahin gekommen, die Stadt zu entsetzen, wurde der Friede gemacht, mit der Bedingniß: daß der Herzog den Schweitzern 10000 Gulden für ihre Kriegs = Unkosten bezahlen mußte c).

Fünfte Eintheilung.
Fernerer Zustand des Elsasses unter dem Reich und Haus Oestreich, bis zum Schweden = Krieg.

Erstes Capitel.
Vom Burgunder = Krieg.

§. I. Um den Ursprung dieses Kriegs zu ersehen, ist zu merken, daß der Herzog Sigismund von Oestreich im Jahr 1469 das Sundgau, Brisgau und den Schwarzwald, dem Herzog Carl dem frechen von Burgund, um 80000 Goldgulden versetzt habe: wornach diese Länder gleich dem Marggraf Rudolf von Baden (welcher zu Rötteln wohnte) im Namen des Herzogs den Eyd

c) Wursteisens Basler = Chronik. L. V. C. II.

ablegen mußten. Zum Landvogt darüber aber wurde gesetzt, Peter von Hagenbach, ein vertrauter Hofherr des Herzog Carls. Dieser fienge gleich an zu tyrannisieren, und seine Unruhe zu beweisen; zumahlen er gleich das folgende Jahr 1470 das Schloß Ortenburg, samt dem ganzen Willerthal eingenommen hat.

Hieben ist auch nicht undienlich zu erzehlen, wie die Elsässer sich die Schweitzer zu guten Freunden gemacht; als welche sich nachmahlen auch ganz eiferig um die Elsässer angenommen. Dann in eben diesem Jahr 1470 truge es sich zu, daß die Herren von Gerolsek einige Kaufleute von Zürich fiengen, und sie gefangen nach Schuttern führten. Kaum hatten die Straßburger dieses erfahren, haben sie das Städtlein eingenommen und geschleifet, die Gefangene aber wieder frey nach Haus geschicket.

§. II. Im Jahr 1473 träumte dem Herzog Carl noch nichts übels, und er gienge noch immer mit höhern Gedanken schwanger. Dann als der Kayser Friedrich mit seinem Sohn Maximilian, und des Türkischen Kaysers Bruder nach Basel kame, liesse er selbigen in gröstem Pracht durch seinen Landvogt, Peter von Hagenbach, nach Straßburg begleiten. Als er aber von da nach Trier kame, verfügte er sich in eigener Person dahin, um zwischen dem Prinz Maximilian und seiner einigen Prinzessin einen Heyraths-Contract zu treffen, und zugleich den königlichen Titul zu erhalten. Weil der Kayser aber dies letztere ohne Zuziehung der Churfürsten nicht eingehen wollte, hat er sich ohnverrichter Dingen davon gemacht.

§. III. Noch in diesem Jahr kame Graf Oswald von Thierstein nach Mühlhausen, und begehrte, daß die Bürgerschaft ihm im Namen des Herzogs huldigen sollte; welches ihm der Rath kurz abgeschlagen. Dahero befahle der Herzog, daß sich jedermann zum Krieg rüste. Hingegen haben der König von Frankreich, der Pfalzgraf und der Herzog von Mayland, die Schweizer, Elsässer und Brißgauer auch zum Krieg wider den Herzog von Burgund aufgehetzet, und ihnen die Neutralität, ja noch Hülf versprochen. Hierauf kame Herzog Carl mit 5000 Reutern, und Peter von Hagenbach mit 1500 Pferden und 4000 zu Fuß nach Breisach, und, nachdem sie dieses in guten Vertheidigungs-Stand gestellet, giengen sie von dannen nach Enßsheim und Thann, wo die Gesandten der Städte Bern, Solothurn und Freyburg zu ihm kamen, um die Vermittlung anhaltend, allein vergebens. Kaum waren diese mit einer abschlägigen Antwort zurückgeschicket, hat er Nachricht erhalten, daß der König von Frankreich in Burgund eingefallen, welches zu Anfang des Jahrs 1474 geschah: dahero er alsobald in Burgund zurückgezogen, seine eigene Länder zu beschützen. Peter von Hagenbach aber bliebe mit einer grossen Anzahl Flanderer, Picardier und Lombarden als Landvogt im Elsaß, und hielte sich mehrentheils zu Breisach, Thann und Enßheim auf; deswegen das Land noch genug mit ihm zu schaffen bekame. Dem Landvolk legte er ungemeine Steuren auf, und führte sich nicht nur hoffärtig, sondern auch ausgelassen auf: also zwar, daß er sich oft verlauten liesse, daß er sich unterstehen dörfe zu thun, was ihm nur immer in Sinn käme.

§ IV. Als Herzog Sigismund von Oestreich vernommen, wie übel die Burgunder mit seinen, ihrem Herzog versetzten Landen, verfuhren, hat er alsobald mit den Schweitzern einen Bund gemacht, und ihre Freyheiten bestättiget mit Bedingniß: daß sie ihm helfen sollten seine versetzte Landschaften wieder zu erobern. Das ganze Unter-Elsaß, welches noch für sich selbsten ware, trate mit in den Bund, in welchem unterschrieben waren: Herzog Sigismund von Oestreich, Herzog Ruprecht Bischoff von Straßburg, die Stadt Straßburg, der Bischoff und Stadt Basel, die Schweitzer und ihre Eidgenossene, die Reichs-Städte Colmar, Schlettstadt, Kayserperg, Mühlhausen, Oberehnheim, Roßheim, Türkheim, Münster, und alle Ritter und Stände, so der obbenannten Herren Vasallen waren: dieser Bund ist den 30 Merz 1474 zu Costanz geschlossen worden. Hierauf erlegte der Herzog Sigismund den Pfand-Schilling mit 80000 Gulden zu Basel auf den Wechsel, und liesse solches dem Herzog von Burgund anzeigen, daß er ihn erheben, und ihme seine Länder wieder zurückstellen solle. Weil aber das Sundgau und Breißgau dem Herzog Carl gar wohl gefiele, wollte er weder den Pfand=Schilling annehmen, noch die Länder zurückgeben. Dahero man sich beederseits zum Krieg rüstete.

§. V. Zu Ensisheim, Breisach, Neuenburg und Rheinfelden, rüstete man sich zuerst, und nahme die Befehle des Herrn von Hagenbach nicht mehr an. Dahero dieser am Ostertag während dem Gottesdienst mit seinen Lombarden nach Ensisheim kame, und die Mauren bestiege. Die Wächter ruften alsobald die Bürger aus der Kirche, und jedermann ergriefe das nächste beste Gewehr; es wurden auch die Lombarden über die Leitern hinuntergeschlagen, viele getödtet, und die übrige in die Flucht gejagt.

Peter von Hagenbach kame noch selbigen Abend nach Breisach, liesse die Bürger zusammenkommen, und befahle ihnen, daß sie den folgenden Tag, als am Oster=Montag, im Graben vor der Stadt eine Schanze vornehmen müßten. Die Bürger kamen in aller Frühe zusammen, und weil ihnen von ihrem Landvogt nichts Gutes träumte, nahmen sie ihn gefangen, hielten ihn zween Tage in des Bürgermeisters Haus, hernach schloß man ihn in Eisen, und den vierten Tag in den Thurn. Die Lombarden aber und Picardier nahmen die Flucht.

§. VI. Als Stephan von Hagenbach, des Peters Bruder, dieses vernahme, ritte er eilends zum Herzog Carl, und zeigte ihm die Aufruhr in

Elsaß und Brißgau an, zur Zeit, da er die Stadt Metz belagern wollte: dahero mußte er die Belagerung fahren lassen, und die Elsässer angreifen. Den 19 Aprill haben die Straßburger schon das Schloß Ortenburg und das Willerthal eingenommne. Den 20 Aprill kame Herzog Sigismund nach Basel, hernach ins Elsaß, und von dannen nach Breisach; wo er mit Frolocken von jedermann empfangen wurde. Alsdann übergab er dem Herrn Hartmann von Eptingen die 300 Reuter, so er mit sich gebracht hatte, und stellte alsobald zu Breisach einen Landtag an, auf welchen er aus allen Städten des Elsasses, Breißgau und Schweitz, zween Deputierte kommen liesse. Der Proceß des Peter von Hagenbach ward vorgenommen, und der Herzog bestellte zum obersten Richter den Thomas Schütz von Ensisheim, samt 26 andern Richtern und Schultheißen.

§. VII. Alsdann verklagte Heinrich Iselin von Basel den Landvogt: daß er erstlich das verflossene Jahr vier Ehren = Männer von Thann, ohne Recht und Urtheil habe enthaupten lassen; daß er zweytens wider sein schriftlich gegebenes Wort die Stadt Breisach mit neuen unerhörten Schatzungen belegt; daß er drittens fremde Truppen darein gelegt; daß er viertens ihnen allen Muthwillen darinn verstattet, und auch sogar der Klöster nicht verschonet.

Auf diese Artikuln antwortete Peter von Hagenbach durch seinen Fürsprecher Joannes Iriny von Basel: daß er erstlich vier enthauptet habe auf Befehl seines Herrn, weil sie widerspännig gewesen; daß zweytens der alte Eyd der Breisacher nichts mehr gegolten, weil der Herzog sie bey seinem Einzug mit einem neuen verbunden; drittens, die Ausländer habe er auf Befehl des Herzogs hineingelegt; viertens, den verübten Muthwillen anbelangend, wäre er nicht der erste, zumahlen viele im Kreiß stunden, so ein gleiches verübt, ohne hierum gestraft zu werden.

Als dieser Handel den 5 May von frühe sieben Uhr bis Abends um sieben Uhr untersucht worden, hat man einhellig erkennet: daß er des Tods schuldig seye. Dahero wurden ihm die ritterliche Ordens = Zeichen (dann er ware ein Ritter St. Georgii) abgenommen; und, weil er sollte geradebrecht werden, bathe er um die Gnad enthauptet zu werden, worinn man ihm auch willfahrte. Noch vor seinem Tod, so auf der **grünen Au** geschehen, sagte er: **Mich dauret nicht mein Leben, sondern ein mancher Biedermann, so derentwegen wird sterben müssen**; zumahlen der Herzog Carl dies nicht ungerochen lassen wird. Sein Leib wurde nach Hagenbach ins Sundgau geführt, wo er zu seinen Vorfahren begraben wurde, nachdem er fünf Jahr der Landvogtey vorgestanden ware.

§. VIII. Hierauf hat gleich der Herzog Carl den Grafen von Würtenberg überfallen, und, nachdem er sein Schloß Lützelburg hinter Versch erobert, hat er ihn darinn gefangen bekommen. Hernach forderte er den Landvogt von Mömpelgard auf, daß er ihm die Porten öffne; wo nicht, so würde er den gefangenen Grafen tödten lassen. Nichts destoweniger aber ergab sich der Landvogt nicht. Weil er nun keine Zeit hatte sich zu verweilen, sondern seinem Alliierten dem Churfürst Ruprecht von Cölln, wider die Stadt und ihre Alliierte zu Hülf kommen mußte, begabe er sich mit dem grösten Theil seiner Truppen in eigener Person an den Unter=Rhein; mittlerweil sein General Stephan von Hagenbach mit 6000 Reutern nach Brunndrut, und folgends in das Sundgau kame, Dattenried, Pfird, Dammerkirch, Giltweiler, Reiningen und 30 andere Ortschaften selbiger Gegend ausraubte, auch über 2000 Stück Viehe, samt vielen Gefangenen in Burgund schickte.

Zu Ausgang des Augusts wollten sich die Pfirder an den Burgundern rächen; waren aber so unglücklich, daß ohngefähr 90 derselben erstochen, und über 100 gefangen wurden.

§. IX. Hierauf gienge der Tanz erst recht an: dann der Kayser kame mit 8000 Reutern und vieler Infanterie wider den Herzog angezogen, welcher vor der Stadt Neuß am Unter=Rhein lage. Der König aus Frankreich fiele in die Picardie. Der Herzog von Oestreich griefe aber mit den Schweitzern, Elsässern und Brißgauern das Hoch=Burgund an. Die Bischöffe und Städte Straßburg und Basel überfielen die Herren von Varebon und

Blancmont, und verwüsteten ihre Länder. Hierauf vereinigte sich der Herzog mit ihnen, und belagerte in allem 20000 Mann stark die Stadt und Schloß Ericourt. Der Herr von Blancmont kame zwar, diese Stadt zu entsetzen, wurde aber mit Verlust von 2000 Burgundern, so auf dem Wahl-Platz geblieben, davon geschlagen; wornach sich Stadt und Schloß den 14 Wintermonat ergeben. Den 28 Hornung des folgenden Jahrs 1475 eroberten die Straßburger 2000 stark die Stadt Blancmont, samt dem ganzen Pays de Vaux.

§. X. Während dieser Zeit eroberte der König von Frankreich die Stadt und Grafschaft Nevers: die Berner und Freyburger aber nahmen dem Herrn von Remont sein Schloß und Land ein, weil er des Herzogs von Burgund Alliierter wäre.

Damahlen begehrte der Kayser 8000 Mann Hülfs-Truppen von der Alliierten Armee, es wurden ihm aber nur 350 Mann geschickt, welche noch selbiges Jahr in seinem Lager vor Neuß ankamen.

Der König von Neapel schickte zwar dem Herzog Carl eine ziemliche Armee zu Hülf: weil aber der König von Frankreich und die Schweitzer ihnen den Paß über die Alpen versperrten, mußten sie wieder ohnverrichter Sachen zurückziehen. Hierauf trate der Herzog von Lothringen und die Stadt Metz, mit dem Herzog von Oestreich zu Colmar auch mit in den Bund.

§. XI. Den 16 April 1475 belagerten die Schweitzer die Stadt Salin, die Elsäſſer und Brißgauer aber die Städte Beſancon und Pontarlier, wie auch die Stadt und Schloß Granſee; und eroberten bis den erſten May alle drey Orte. Der König von Frankreich nahme dem Herzog auch viele Städte und Schlöſſer in der Picardie hinweg. Während dieſer Zeit ſtreiften die Burgunder auch bey Brunndrut und Mömpelgard herum; hernach haben ſie um Dattenried bis in die Gegend von Hirſingen 40 Orte verwüſtet. Die Herzogin von Savoyen ſchickte auch dem Herzog Carl von allen Seiten Hülf zu, ohnerachtet ihr Herr Bruder, der König von Frankreich, ihr ſolches verbotten hatte.

Den 20 Heumonat begaben ſich die Straßburger, Berner und Basler, unter Anführung des Grafens Oswald von Thierſtein, tiefer ins Burgund, eroberten viele Städte und Schlöſſer, und machten ſich groſſe Beut. Weil ſie aber den Wald-Städten keinen Theil daran lieſſen, haben ſich dieſe von ihnen getrennet, und ſind nach Hauß gezogen.

§. XII. Den ſechsten Weinmonat ſchickten die Straßburger und Basler dem Kayſer friſche Hülfs-Truppen nach Neuß, darunter 600 Straßburger waren: die Schweitzer und Straßburger aber, ſo im Burgund gute Progreſſen gemacht, drungen auch in Savoyen ein, erſchlugen mehr als 1000 Mann, und eroberten über 20 Städtlein und Schlöſſer darinn. Morſee und Neuß mußten ſich auch ergeben; Genf und Lausanne aber traten auch in Bund mit dem Herzog von Oestreich).

Bey so bedrängten Umständen sahe sich der Herzog Carl genöthiget, mit dem Kayser einen heimlichen Vergleich zu treffen, kraft welchem er demselben eine Tonne Gold samt der Heyrath seiner einigen Prinzeſſin mit dem Prinz Maximilian, des Kaysers Sohn, versprochen.

§. XIII. Hierauf kame er mit seiner ganzen Macht von dem Unter-Rhein angezogen; weswegen sich die Alliirten auch von allen Seiten verstärket haben. Seine erste Absicht ware auf Lothringen, welches er auch in kurzer Zeit bis auf Nancy und Sirique eroberte, welche er bloquiert hielte. Weil die Garnison zu Nancy nur in 600 Mann bestunde, wollten die Elsässer selbiger zu Hülf kommen, schickten dahero 2100 Mann zu Fuß und 900 zu Pferd, um die Besatzung zu verstärken; welche aber, weil sie durch die zahlreiche feindliche Armee nicht durchdringen konnten, sich wieder zurückziehen mußten. Dahero sich diese Stadt den 27 Wintermonat mit Accord ergeben.

Hierdurch wurde Herzog Reinhard von Lothringen dergestalt bestürzet, daß er sich verloffen, ohne daß man eine Zeitlang wußte, wohin er gekommen; mittlerweil sich Herzog Carl in ganz Lothringen huldigen ließe. Ja zu Straßburg selbsten stunde man dermaſſen in Sorgen, von dem Herzog Carl einen Besuch zu bekommen, daß man 5 Klöster und 620 Häuser auſſer der Stadt abgebrochen, und neue Gräben und Verschanzungen gemacht, um sich im Fall einer Belagerung in bessere Positur zu setzen. Es wurde aber noch am End des Wintermonats ein Waffen=Stillstand bis zum neuen Jahr getroffen.

§. XIV. Im Jahr 1476, gleich nach Lichtmeß, schickte der Herzog von Mayland 15000, und die Herzogin von Savoyen abermal 5000 Mann, dem Herzog Carl zu Hülf; mit welchen er 50000 Mann stark die Stadt und Schloß Gransee eingeschlossen, wohin die Stadt Straßburg 400 Pferd und 12 Büchsen geschickt hatte. Die Garnison, weil sie zu schwach ware, zohe sich in das Schloß zurück, welches der Herzog bloquierte; mittlerweil er Jougny, Orben und andere Orte eroberte. Hierauf forderte er auch die Garnison des Schlosses Gransee verschiedenemahlen auf seine Gnade auf. Nachdem sie endlich gesehen, daß sie sich nicht mehr halten könne, hat sie sich ergeben; wovon der Herzog, wider sein gegebenes Versprechen der Gnade, 80 erhenken, und 200 ertränken liesse; die übrige 120 Mann hat er gefangen behalten.

Endlich am Freytag nach Mathias=Tag, den 26 Hornung, kame der General Hermann von Eptingen mit der Alliierten Armee, so in 18076 Mann bestanden, bey Neuenburg (Neuf-Chatel) an, marschierte gegen Gransee, und griefe den Herzog Carl mit solcher Wuth an, daß dessen Reuterey alsobald in die Flucht getrieben worden: dahero die in Unordnung gebrachte Burgunder ohne langen Widerstand sich um die Flucht umgesehn, und all ihr Geschütze, ihre ganze Wagenburg, 400 Feld=Stücke, 60 Stein=Büchsen, 9 grosse Maurbrecher, 800 Haken=Büchsen, 300 Tonnen Pulver, 3000 Wägen, in allem einen Werth von 200000 Gulden im Stich lassen mußten. Herzog Carl flohe mit seiner Armee nach Lausanne, worauf ihm die Herzogin von Savoyen von neuem 4000 Mann zugeschickt, welche ebenfalls überfallen, und nach Lausanne zurückgetrieben wurden. Die Mayländer schickten auch frische Hülfs=Truppen, welche aber von den Wallisern zurückgeschlagen worden.

§. XV. Nachdem Herzog Carl wieder allenthalben frische Verstärkung an sich gezogen, brachte er in allem 80000 Mann bey Lausanne zusammen, und zohe darmit den 9 Brachmonat für Murten. Diese Stadt hatte nur 1500 Berner und 80 Freyburger zur Besatzung, welche er von allen Seiten eingeschlossen, und etlichemal gestürmt hat; aber allemal mit Verlust abgetrieben wurde. Mittlerweil sich die allierte Armee auch aller Orten verstärkte, kame der Herzog Reinhard, welcher indessen allenthalben sich um Hülf beworben, mit 660 Reutern, 300 Büchsenschützen und 12 Stücken, so er alle von Straßburg erhalten, den 21 Brachmonat ins Lager, wornach man sich gleich zu einem Treffen rüstete. Den folgenden Tag hat die allierte Armee 30000 stark, unter Anfüh=

rung des Herzogs Reinhard von Lothringen und des Grafen Oswald von Thierstein, die weit stärkere Armee der Feinden angegriffen, und mit solcher Wuth in sie eingehauen, daß selbige endlich nach einem langen und hartnäckigen Widerstand zum Weichen gebracht worden, 13695 auf der Wahlstatt geblieben, 5870 in die See gesprengt, 2500 in der Flucht erschlagen, und in allem 22065 Burgunder umgekommen sind.

§. XVI. Nach diesem Treffen zohe sich der Herzog Carl nach Besancon zurück, die Bundsgenossene aber eroberten einen Ort nach dem andern. Der Herzog Reinhard nahme wieder ganz Lothringen in Besitz, die Schweitzer und Elsässer aber nahmen Peterlingen, Milden, Remont und andere Orte hinweg. Genf mußte wegen Abfall 24000 Gulden Brandschatzung bezahlen. Man hielte hierauf einen Bundstag zu Freyburg in Uchtland, wo die Grafen von Bitsch und Leiningen, die Oestreichische Gesandte Marquart von Schellenberg, Antoni Geißberger, und Hanß von Rheinach, die Bischöflich-Straßburgische Gesandte Bernhard Wurzgartner und Bernhard Friedrich, der Stadt Straßburg, Hanß von Kageneck, der Stadt Colmar, Hanß Hüter, der Stadt Schlettstadt, Hanß Heilmann, samt vielen andern Gesandten der Schweitz zusammenkamen. Weil die Herzogin von Savoyen hieselbst um die Neutralität angehalten hat, sind ihr 50000 Gulden Kriegs-Unkosten anerkannt worden; wornach die Sa-
voyer

vorher in Frieden heimgezogen sind. Die Mayländer sind nach der Schlacht bey Murten auch ganz zerstreuet ihrem Vaterland zugeloffen; und die Burgunder selbsten waren in ihrem Vaterland, wohin sie geflohen, kaum wieder zusammen zu bringen.

§. XVII. Mittlerweil der Herzog Reinhard Nancy belagerte, darinn 1300 Mann Besatzung waren, sammelte Herzog Carl in seinen Landen alles Volk zusammen, was er immer auftreiben konnte, der Meynung, Nancy zu entsetzen, und dadurch das Lothringen zu behaupten: bevor er aber noch mit seinen 40000 Mann, so er mit aller Noth zusammenbringen konnte, ankame, hat sich die Garnison von Nancy ergeben; dahero er sie von neuem belagerte, und im Jahr 1476 den 7 Christmonat damit den Anfang machte, auch den 9 selbige schon gänzlich eingeschlossen hielte. Als er sich der St. Niklaus-Porten näherte, wagte Herr Johannes von Rheinach einen Ausfall, und erschluge über 800 Burgunder, hat auch viele derselben gefangen gemacht. Den 26 Christmonat wagte der Herzog einen Sturm, wurde aber wieder mit grössem Verlust davon abgetrieben. Den 4 Jenner kamen der Herzog von Lothringen und der Graf Oswald von Thierstein mit 20000 Elsässern, Schweizern und Lothringern, und griefen den 6 Jenner die Burgunder in ihrem Läger an. Weil diese aber all ihr Geschütz gegen dem Weg gerichtet, wo jene ankamen, haben sich die Deutsche rechts und links gewendet, und durch das Gebüsch und einen

Bach sich auf einen Hügel geschlagen, von wannen sie, bevor die Feinde ihre Stücke gewendet, die Burgunder mit solcher Furie angegriffen, daß in wenig Zeit 6000 auf dem Kampf-Platz geblieben, die übrige aber theils gefangen, theils zerstreuet wurden. Unter den Gefangenen waren Balduin und Antoni, beede natürliche Brüder des Herzogs, der Graf von Nassau, der Marggraf von Baden-Hochberg, der Graf Biefra aus Engelland samt vielen andern Rittern und Edelleuten. Der Herzog aber fiele wegen seinen vielen Wunden in der Flucht vom Pferd; und als man seinen todten Leichnam fande, ware er im Gesicht vor Kälte so aufgeschwollen, daß man ihn kaum mehr erkannte. Hierauf nahme der König von Frankreich das Burgund, samt Picardie und Artois hinweg; der Prinz Maximilian, des Kaysers Friedrich IV. Sohn, welcher sich zu Gent mit Maria, des verstorbenen Herzogs Carls einigen Tochter vermählte, behauptete die übrige Provinzen vom Niederland. Solchergestalten ist das Haus Burgund mit Carl dem Frechen (welcher, wann er nicht zuweilen etwas zu grausam gewesen, seiner Tapferkeit und Unerschrockenheit wegen, eines besseren Glücks würdig gewesen,) den 6 Jenner 1477 ausgestorben; welches mit Philipp dem Frechen seinen Anfang genommen a).

---

a) Die Geschichte des Burgunder-Kriegs ist zu finden bey Sebastian Münster in seiner Cosmographie L. II. C. 85. p. 194. & L. III. C. 122. p 600.

Auf seine drey unglückliche Schlachten hat ein Poet, Ludwig Dringenberg, mit folgendem Vers gespielet:

Opida trina tibi Dux Carole dira fuére:
In rebus Gransen, grege Murten, corpore Nancy.

Zu deutsch also:

Drey Städte waren dir zum Unglück auserkohren:
Bey Gransee hast du all dein Equipasch vermißt;
Bey Murten hast du schier dein halbes Heer verlohren;
Bey Nancy auch sogar dein Leben eingebüßt.

Als die Schweitzer nach Haus zohen, haben sie im Durchzug durch das Elsaß, das Städtlein H. Creuz geplündert und verbrennet, weil man ihnen die Thore nicht öfnen wollte.

Zweytes Capitel.

Zustand des Elsasses unter dem Reich und Haus Oestreich, von dem Burgunder-Krieg an, bis in das Jahr 1550.

§. I. Als Graf Eberhard von Würtenberg während den Burgundischen Unruhen in Schwaben den Meister spielete, hat sich im Jahr 1477 das Blatt auch mit ihm gewendet; zumahlen, da

---

Wursteisen L. IV. C. 45. Königshofen C. V. Doppelmayer p. 74. La Guille Hist. d'Alsace. Liv. XXXI. p. 358.

es bey Rotwyl zwischen ihm und den Schwäbischen und Rheinischen Städten zu einem Treffen kame, er in die Flucht geschlagen, viele der Seinigen aber, besonders Edle, im Treffen geblieben sind. Wornach er sich zur Ruhe begeben, und die hohe Schule zu Tübingen gestiftet hat.

Im Jahr 1480 war, wegen allzulang anhaltendem Regenwetter, in dem ganzen Land eine so grosse Ueberschwemmung, daß selbige fast alle Felder verwüstete: weswegen im Jahr 1481 eine ausserordentliche Theurung darauf erfolgte. Ja das Wasser hat in den Thälern viele Häuser und ganze Dorfschaften mit sich gerissen: dahero der Rhein so angeschwollen, daß er zu Breisach ein Joch der Brücke mitgenommen, und selbige zusammengerissen, wodurch verschiedene Leute verunglückt wurden. Im Jahr 1483 aber, ist eine grosse Seuche und Sterben entstanden. Eine gleiche Ueberschwemmung hat sich auch im Jahr 1485 ereignet, auf welche ebenfalls eine Hungers-Noth und Pest entstanden ist b).

Als im Jahr 1481 das dreissigste Turnier zu Heydelberg gehalten wurde, haben folgende Elsässische Edelleute selbigem beygewohnet: Heinrich und Sigismund Grafen von Lupfen, die Ritter Schweiger und Reinhard von Schauenburg, Hermann und Ludwig von Eptingen, Hanß und Ca-

---

b) Wursteisens Basler-Chronik. L. IV. C. 45. Haffners Cosmographie ad annos supradict.

spar von Landenberg, die Edle Bernard von Rheinach, Beringer von Landenberg, Dieterich Reich von Reichenstein, Lotter von Bärenfelß, Jacob von Eptingen, Hartmann von Andlau, Jacob von Rathsamhausen, Friedrich, Simon und Jacob von Fleckenstein, Hanß von Landsperg, Philipp und Hanß von Oberkirch, fünf Herren von Stein ꝛc. Im Jahr 1484 aber sind zu Stuttgardt erschienen: Wilhelm Böcklin, Jacob von Fleckenstein, Adam Zorn von Bulach, Hanß Truchseß, Wilhelm, Marquard und Theobald von Stein, Wolfgang von Gerolsek, Bernhard von Liebenstein, Hanß von Wyler, Wilhelm, Albrecht und Hanß von Rechberg, Georg und Jacob von Reichenstein, Georg Theos von Rathsamhausen.

§. II. Demnach sich sowohl am Rhein-Strom, als in Schwaben und Franken, allerhand Raub-Gesind aufgehalten, welches von einigen Edelleuten unterstützet worden, also zwar, daß niemand mehr sicher reisen konnte, hat Kayser Friedrich samt vielen Edlen und Reichs-Städten, im Jahr 1488 den 11 Christmonat den Schwäbischen Bund unter dem Schild des H. Georgii errichtet, und den zweyten Hornung im Jahr 1489 zu Stand gebracht. Kraft dieses Bunds haben die Vereinigte desselben über 140 Schlösser am Rhein, im Elsaß, Schwaben und Franken niedergerissen und zerstöhret c).

---

c) Hafners Cosmographie, ad ann. 1488.

Im Jahr 1492 fiele zu Enßheim während einem starken Donnerwetter ein eisenfärbiger, dritthalb Centner schwerer Stein vom Himmel herab; welcher zum ewigen Denkzeichen noch würklich zur linken Seite des Chors an einer Kette hanget, woselbst die Inschrift der Zeit und Begebenheit an einer Tafel zu sehn.

§. III. Im Jahr 1494 entstunde eine Aufruhr der Bauren im Elsaß, welche sich von dem Joch ihrer Herrschaften entschütteln wollten. Sie verschanzten sich schon wirklich bey Schlettstadt, wo sie aber umringt und gefangen wurden. Nachdem man die Rädelsführer, Johann Ulman, Burgermeister von Schlettstadt, Jacob Blienswiller und Niclaus Ziegler von Stozheim, geviertheilt hatte, liesse man die übrige auseinander gehen d).

§. IV. Als im Jahr 1499 die Stände des Schwäbischen Bundes im Jenner zu Constanz eine Versammlung hielten, um sich zu berathschlagen, wie sie den Schweitzern die Spitze biethen wollten, hat sich der Elsässische Adel auch stark dabey eingefunden. Weil aber die Schweizer den Possen merkten, trachteten sie vorzukommen, und sind in das Sundgau eingefallen, wo sie viele Beute gemacht haben. Hierauf haben sich die Sundgauer auch versammelt, und die Schweizer wieder zurückgetrieben: als sie aber für Basel zohen, und

---

d) Doppelmayers General-Beschreibung des Elsasses. p. 83.

das Dorf Dornach verbrannten, wurden sie auch wieder zurückgejagt. Den 18 April hierauf haben die Elsässer und Brißgauer 9000 stark das Städtlein Ermatingen überfallen und verbrennet, auch die Schweitzer in die Flucht geschlagen, und 600 derselben getödtet; weswegen die Schweitzer noch mehr Verstärkung an sich gezogen, und jenen bis auf die Hart nachgesetzet, auch das ganze Lanserer Amt bis gen Habsheim und Rixheim verbrennet und verwüstet haben. Weil sich aber auch die Allgäuer mit den Elsässern und Brißgäuern vereinigt hatten, sind die Schweitzer hernach ins Allgau gefallen, und haben die Orte Fraßtanz, Thiengen, Küssenburg, Stülin und Blumberg verbrennet e).

§. V. Hierauf fiel der Kayser Maximilian mit 15000 Elsässern, Brißgauern und Schwaben auf St. Magdalenen=Tag die Schweitzer bey Dornach, eine Meile ober Basel an, wo es beyderseits zu einem hartnäckigen Gefecht kame. Es wurde lange Zeit mit gleichem Muth gestritten, und haben die Schweitzer anfänglich ziemlich eingebüßet; würden auch zweifelsohne den kürzern gezogen haben, wann sie nicht von den Städten Zürich, Bern und Solothurn, während der Schlacht grosse Verstärkung erhalten hätten: als aber diese frische Truppen der Kayserlichen Armee in die Flanquen fielen, wurde diese zum weichen gebracht. Weil nun Kayserlicher Seits selbiges Jahr noch sechs Schlachten

---

e) Sebast. Münster Cosmogr. L. III. C. 127. p. 607.

verlohren giengen, ist auf St. Bartholomäus-Tag im Jahr 1500 zu Basel der Friede wieder hergestellet worden; welche Stadt ein Jahr hernach, 1501, von dem Reich abgefallen, und in den Schweitzer-Bund getretten f).

§. VI. Im Jahr 1505 hat Kayser Maximilian mit Hülf der Elsässer den Churfürst Philipp, Pfalzgrafen am Rhein, aus seinem Land vertrieben, welcher wider den Kayserlichen Ausspruch sich das ausgestorbene Haus Bayern, wider den Herzog von Oestreich zueignete: er hat ihn auch deßwegen von der Landvogtey des Elsasses entsetzet, welche das Haus Pfalz schon viele Jahr hindurch verwaltet hatte. Statt seiner aber hat er den Freyherrn von Mörspurg und Befort zum Landvogt über das Elsaß ernennet.

Hernach im Jahr 1506 hat gedachter Kayser den König Ludwig XII von Frankreich, zu Hagenau mit dem Herzogthum Maylland belehnet.

Unter eben diesem Ludwig ist sein Admiral Philipp von Ramstein, ein Elsässer, und des Heinrichs von Ramstein, so mit dem berühmtesten Spanischen Ritter Merlo, zu Basel einen Kampf mit allerhand Waffen unterfangen, Sohn, mit der Königlich-Französischen Flotte in die Türkey geschiffet, und hat dieselbe commandieret, hat aber

---

f) Doppelmayers General-Beschreibung des Elsasses. p. 84.

bey der Insul Cerigo (Cithera) Schiffbruch gelitten g).

Im Jahr 1515 ist Mühlhausen, als ein zugewandter Ort in die Republik Schweitz aufgenommen, und im Jahr 1533 als ein solcher von allen Cantonen anerkannt worden h).

§. VII. Im Jahr 1515, 16 und 17, hat Herr Franz von Sikingen, ein kriegerischer Mann, im Elsaß und sonderheitlich im Wasgau, sich so viel unterwürfig gemacht, daß sich sogar der Herzog von Lothringen und die Stadt Straßburg vor ihm fürchteten: weswegen ihn die letztere mit einer Summe Gelds befriediget, bis ihn der Kayser mit einem zahlreichen Corps wieder zu paren getrieben.

Das folgende Jahr 1518 hat auch der Herzog Ulrich von Würtenberg die Stadt Reutlingen überfallen, und sie gebrandschatzet; weswegen er vom Kayser in die Acht erkläret, und vom Schwäbischen Bund aus seinem Land vertrieben worden.

Im Jahr 1522 hat Anastasius von Waldner das Schloß Wekenthal wieder herstellen, und mit dreyfachen Gräben und vier Thürnen wohl verwahren lassen.

§. VIII. Im Jahr 1525 entstund ein Bauren=Krieg im Schwarzwald, welcher sich auch im

---

g) Jeronimus Becks Türken=Chronik. p. 340.
h) Wursteisens Basler=Chronik. L. IV. Cap. 42.

Elsaß verbreitete: dann, da Thomas Münzer zu Altstetten die evangelische Freyheit predigte, haben sich einige von seinen Anhängern im Schwarzwald und Elsaß ausgebreitet, und den Bauren vorgeprediget: wie sie kraft des Evangelii, so die After = Missionarii dem gemeinen Volk übel auslegten, keineswegs schuldig wären, Zinß, Zehenden, Zölle und Abgaben zu entrichten. Worauf sich die Bauren zusammengerottet, viele Städte, Schlösser und Flecken eingenommen, die Klöster gestürmet, ihre Urbarien verbrennet, und allerhand Muthwillen verübt haben; ohnerachtet ihnen der hohe Rath zu Enßisheim Milderung in den Anlagen versprochen, wann sie das Gewehr niederlegen und sich zur Ruhe begeben würden, haben sie doch nicht gehorchet: dahero der Herzog von Lothringen dem Bischoff von Straßburg zu Hülf gekommen, und sammt diesem bey Zabern 17000, bey Lupstein 4000 und bey Scherweiler 5000, also in allem 26000 Bauren erschlagen. Desgleichen hat auch der Churfürst von der Pfalz, Ludwig der Friedsame, viele tausend dergleichen Rebellen in Weisenburg eingeschlossen, die Stadt mit Sturm erobert, und drey Rädelsführer enthauptet, die Stadt aber um 8000 Gold = Gulden gestrafet; wormit die Aufruhr ein glückliches Ende genommen.

In eben dem Jahr 1525 hat man angefangen die Silber = Minen im Leberthal, so 200

Jahr öde gestanden, wieder zu eröffnen, und daraus einen beträchtlichen Nutzen zu ziehen i).

Das Jahr hernach 1526 ist zu Basel der Pulver-Thurn von einem Strahl entzündet worden, wordurch viele Häuser gesprengt, und sehr viele Leute theils getödtet, theils beschädiget worden.

§. IX. Im Jahr 1529 hat die Stadt Straßburg mit den Städten Zürich, Bern und Basel, auf 15 Jahr einen Bund gemacht, daß, wann sie der Religion wegen, so sie in diesem Jahr geändert, sollten angefochten werden, die Bundsgenossene einander Hülf leisten sollten. Für 1000 Mann hat die Stadt Straßburg ihnen monatlich 2000 Gulden versprochen: sollten die Schweizer aber angegriffen werden, wollte sie ihnen statt der Truppen alle Monath 3000 Gulden bezahlen. Während dem Frieden aber verpflichtete sich Straßburg, 100 Centner Pulver und 10000 Viertel Waizen nach Zürich und Basel zu liefern. Das folgende Jahr 1530 ist der Landgraf Philipp von Hessen auch diesem Bund einverleibet worden k).

In eben diesem Jahr ist der sogenannte Schmalkaltische Bund, von den protestierenden Fürsten und Ständen errichtet worden.

Im Jahr 1532 hat der Herzog von Zweybrücken die Wiedertäufer aus seinen Herrschaften im Elsaß vertrieben.

---

i) Sebast. Münster Cosmogr. L. III. C. 188. p. 618.
k) Wursteisens Basler-Chronik. L. IV. C. 43.

§. X. Im Jahr 1536 hat Kayser Carl V. eine grosse Armee durch das Elſaß und Comté in Provence geführet, und ſie in dieſem Durchzug mit vielen Elſaſſern vermehret. Weil ihm nun der König Franziſcus I, welcher zugleich auch noch von andern Mächten angegriffen worden, nicht genug Widerſtand thun konnte, hat ſelbiger alles Getraid und Lebens-Mittel in die Städte verführen, auf dem Land aber alles übrige verbrennen, Mühlen und Baköfen zuſammenſchlagen laſſen: wodurch ſich der Kayſer genöthiget ſahe, wieder den nemlichen Weg zurückzukehren.

Im Jahr 1539 hat der Herr von Landenberg mit ſeinen Unterthanen die Stadt Rotwyl belagert, würde ſelbige auch eingenommen und gänzlich verwüſtet haben, wenn ihr nicht die Schweitzer in aller Eil zu Hülf gekommen wären: wornach er ſich wieder in beſter Ordnung zurückgezogen hat.

Im Jahr 1542 iſt das Kloſter Nieder-Münſter am Fuß des Odillenbergs verbrannt, vier Jahr hernach aber iſt die ganze obere Abtey Hohenburg im Rauch aufgegangen: wornach die Canoniſſinnen ſich zu ihren Eltern begeben und zerſtreuet geblieben, deren auch einige abgefallen ſind; die Güter aber hat im Jahr 1594 der Biſchoff Johann von Manderſcheid ans Bisthum gezogen 1).

---

1) Grandidier Hiſt. de l'Egliſe de Strasb. T. I. L. IV. in Monaſt. Hohenburgenſi.

Im Jahr 1543 hat die Stadt Münster samt dem ganzen Gregorienthal die Augspurgische Confession ergriffen; im Jahr 1545 aber ließ Philipp Graf von Hanau-Liechtenberg selbige durch Bucerum und Hædium in seinen Landen einführen. Im Jahr 1565 ist sie endlich auch zu Hagenau angenommen worden.

§. XI. Im Jahr 1547 hat Kayser Carl V. den Churfürst Johann Friedrich von Sachsen überwunden und gefangen. Hernach hat sich ihm der Landgraf Philipp von Hessen freywillig ergeben, so ebenfalls gefangen wurde. Den Herzog Moritz aber hat er zum Churfürsten von Sachsen ernennet. Hierauf machte er zu Augspurg das sogenannte Interim, oder die Religions-Formul, welche bis auf das nächste allgemeine Concilium gelten sollte. Von dannen begabe er sich nach Straßburg, wo er im Jahr 1548 den Gottesdienst der Catholischen, samt der daraus vertriebenen Geistlichkeit wieder einsetzte. Es wurde auch gleich darmit in dreyen Kirchen der Anfang gemacht.

Drittes Capitel.

Zustand des Elsasses unter dem Reich und Haus Oestreich, von 1550 bis zum dreyssigjährigen Krieg.

§. I. Im Jahr 1551 wollte der König Heinrich II. von Frankreich, dem Churfürsten von

Sachsen mit einer zahlreichen Armee zu Hülf kommen, und da er für Straßburg kame, begehrte er durch die Stadt zu marschieren: weil ihm aber die Burger, so nur 4200 Mann Besatzung hatten, nicht traueten, haben sie ihm Lebensmittel vor seine Armee hinausgeschickt; wornach er sich gleich wieder auf Begehren der Protestantischen Ständen zurückgezogen, weil man zu Linz im Ober-Oestreich an einem Frieden arbeitete. Wie dann auch den 2 August 1552 der Passauer-Vertrag zu Stand gebracht worden.

Hierauf kame Kayser Carl V. mit einer Armee ins Elsaß, und gienge geraden Wegs auf Metz los, selbige Stadt zu belagern, und sich am König von Frankreich zu rächen. Den 22 Weinmonat formierte er die Belagerung, mußte aber zu End des Christmonats wieder ohnverrichter Dingen davon abziehen. Von dannen kame er wieder ins Elsaß, wo seine Truppen schlechte Mannszucht gehalten haben. Endlich gienge er in die Pfalz, auf den Marggraf Albrecht von Brandenburg los, welcher die Churfürstenthümer Maynz und Trier verwüstet hatte, und jagte ihn bis ins Frankreich: wornach im Jahr 1555 auf fünf Jahre der Friede mit Frankreich geschlossen worden. Nachdem dieser Kayser im Jahr 1556 seinem Bruder Ferdinand I. das Reich überlassen, hat dieser die Landvogtey Elsaß, welche schon 150 Jahre dem Haus Pfalz verpfändet ware, wieder auf das Haus Oestreich gebracht; nachdem er die

50000 Gulden Pfand-Schilling dem Haus Pfalz wieder zurückgegeben. Sobald der Kayser aber sich mit der Kron Frankreich abgefunden hatte, ist alsobald zu Augspurg der Religions-Friede darauf erfolget m).

§. II. Kaum hatte Frankreich im Jahr 1559 mit der Kron Spanien Frieden gemacht, fiengen die innerliche Unruhen mit den Hugenotten an, welche im Jahr 1562 in einen öffentlichen Krieg ausgebrochen. Im Jahr 1567 wurden 900 derselben bey Paris erlegt, und im Jahr 1568 erlitten sie abermal eine Niederlage; endlich im Jahr 1572 wurden viele tausend zu Paris erschlagen, und die übrige gänzlich gebändiget. Der Pfalzgraf Wolfgang von Zweybrücken wollte zwar mit 7600 Pferden, samt den Herren von Gerolseck und Granwiller, so mit 26 Fahnen zu ihm gestossen, selbigen im Jahr 1568 zu Hülf kommen; nachdem aber der Prinz Condé, als das Haupt der Hugenotten, den 13 Merz gefangen worden, und an den Wunden gestorben, auch der Pfalzgraf den 11 Brachmonat sein Leben eingebüsset, sind die Hugenotten den 3 Weinmonat im Land Sainton geschlagen, und die Deutsche meistens zusammengehauen worden. Die Straßburger wollten ihnen auch im Jahr 1572 Hülfe zuschicken, als sie aber unter Wegs von der bekannten Blut-Hochzeit (dann den 24 Augst, als sich der Prinz von

---

m) Doppelmayers General-Beschreibung des Elsasses. p. 93.

Navarra mit des Königs Caroll IX. Schwester zu Paris vermählte, wurden alle grosse Herren der Hugenotten dabey umgebracht.) Nachricht erhalten, sind sie wieder zurück nach Haus gekehret n).

Im Jahr 1566 ist Graf Egon von Salm mit vielen Elsäßischen Edelleuten und Soldaten nach Wien verreiset, um dem Türken-Krieg beyzuwohnen o).

Im Jahr 1569 hat der Kayserliche General Schwend das Schloß Hohen-Landsberg wieder hergestellet, und mit einer hohen, über 10 Schuhe dicken Mauer versehen.

Im Jahr 1570 haben die berühmte Mathematici, Conrad Dasipodius und David Wolkenstein, die Welt-berühmte Uhr im Münster zu Straßburg angefangen, und in fünf Jahren vollendet.

§. III. In eben diesem Jahr hat der Kayser Maximilian, nachdem er den Reichstag zu Speyer vollendet, sich mit seinen Töchtern Elisabeth und Maria, nach Straßburg begeben, wo er durch Procuration die feyerliche Begehung ihrer Vermählungen celebrierte: wornach er sie ihren Gemahlen, die ältere dem König von Frankreich, die jüngere aber dem König von Spanien, durch den Marggrafen von Baden zuführen liesse. Er aber

ist

---

n) Wursteisens Basler-Chronik. ad ann. 1568. P. Auvrigny.

o) Sebast. Münster, Cosmogr. L. III. Cap. XIX. N. 49. p. 449.

ist von Straßburg nach Regenspurg gereiset, wo er auf dem Reichstag im Jahr 1576 gestorben p).

Im Jahr 1575 beredete der Prinz von Condé, so nach dem Tod seines Vaters im Jahr 1568 sich nach Straßburg, und von da nach Basel in Sicherheit begeben, den Pfalzgrafen Johann Casimir, desgleichen auch die Schweitzer, denen Hugenotten zu helfen; letztere haben ihnen auch mit 13 Fahnen Beystand geleistet. Der Pfalzgraf ist hierauf sowohl mit seinen, als mit den Schweitzer-Truppen in Frankreich eingedrungen; würde auch gute Progressen gemacht haben, wann nicht noch selbiges Jahr im Heumonat wäre Friede gemacht worden.

§. IV. Im Jahr 1587 hatten zween Brüder, Mathias und Jacob Fininger von Mühlhausen, einen Proceß wegen einem Gut, so in der Herren zu Rhein Gebieth gelegen. Weil diese sich nun an einen fremden Richter gewendet, fanden sie kein Recht bey dem Rath zu Mühlhausen; dahero sie sich nach Basel verfügten, wo sie von dem Doktor Schreckenfuchs, welcher ehedessen auch von Mühlhausen vertrieben worden, den sieben Catholischen Orten anempfohlen wurden. Dahero diese zween Gesandten, nemlich der Land-Ammann Tanner von Ury, und Seckelmeister Büller von Schweitz, dahingeschickt wurden, mit Befehl:

---

p) Sebast. Münster, Cosmogr. L. III. C. XIX. N. 49. p. 449.

sowohl gedachte zween Fininger, als den Doktor
Schreckenfuchs, deme sie kein freyes Geleit gegeben hatten, wieder der Bürgerschaft fürzustellen,
und sie in ihren vorigen Stand zu setzen. Weil
aber die Fininger sich dabey noch frech aufführten,
wurden sie in Verhaft genommen; worüber die
Gesandte übel zufrieden nach Haus giengen. Dahero die Catholische Orte auf der Tagsatzung ihre
Sigille von dem Bunds-Brief der Mühlhausern
ddo. 1515 abgeschnitten, und ihnen noch darzu
einen Absagungs-Brief zugeschicket haben. Die
reformierte Orte suchten zwar die Sach zu vermit-
teln; da sie aber nichts ausrichten konnten, setzten sie die Fininger und den Schreckenfuchs wieder in ihre vorige Besitzung, und söhnten sie mit
dem Magistrat aus. Um den Magistrat bey der
Burgerschaft verhaßt zu machen, brachten die Fininger dieser den Glauben bey, daß solcher selbst
an dem Absagungs-Brief der catholischen Orten
Schuld wäre: dahero die Bürger sehr über den
Rath verbittert wurden, die Fininger aber einen
grossen Anhang bekamen. Dahero die Finingerische
Parthey, so indessen stärker worden, den Rath
entsetzet, und statt seiner andere Magistrats-Per-
sonen eingesetzet hat. Bey solcher Rebellion schickten die reformierte Cantonen ihre Gesandte nach
Mühlhausen, welche aber nichts richten konnten;
indem der Burgermeister eingezogen, und die ganze Burgerschaft in Harnisch war. Als die Catholische Gesandte auch dahin kamen, wurde die Sach

noch ſchlimmer, weil die Fininger bey dieſen den Vorzug hatten: dahero die reformierte Geſandte ohnverrichter Dingen abziehen mußten. Als die catholiſche Geſandte auch abreißten, haben zwar die Mühlhauſer ſie wieder um Aufnahm in den Bund gebetten, allein vergebens. Als hierauf die Mühlhauſer dem alten Rath einen Criminal-Proceß machen wollten, haben die Befreundte der Gefangenen durch ihr Bitten bey den reformierten Cantonen, ſo viel vermocht, daß dieſe ihnen ſchleunige Hülf zugeſchickt. Mühlhauſen wurde alſobald von 1900 Schweitzern umringt, und mit Verluſt eines einigen Mannes erobert. Die Fininger ſind entflohen; Jacob wurde im Berner-Gebieth erwiſcht, und enthäuptet; der neue Rath wurde ſogleich von den Deputierten confirmieret, und der Friede wieder hergeſtellet; ein jeder reformierter Canton aber, ließe noch bis in den Auguſt 150 Mann daſelbſten, bis wieder alles in vollkommener Ruhe war; der alte Rath aber wurde wieder in Freyheit geſetzet, womit das ganze Feur der innerlichen Unruhen gelöſchet war q).

§. V. In dem nemlichen Jahr 1587, ſind viele tauſend Schweitzer aus den reformirten Cantonen mit 64 Fahnen den Hugenoten zu Hülf gekommen, ſo aber ſehr unglücklich geweſen, und mit blutigen Köpfen wieder zurückgewieſen worden. Die catholiſche Orte aber haben dem König auch

---

q) Wurſteiſens Basler-Chronic. ad ann. 1587.

20 Fahnen zu Hülfe geschickt r). Um das nemliche Jahr hat auch der General Donaw in der Gegend um Straßburg eine Armee gesammlet, mit der er den Hugenotten zu Hülf kame, aber weiter nichts ausrichtete, als daß er das Land hart mitgenommen, Dörfer und Flecken geplündert und verbrennet, und mit den Leuten tyrannisch verfahren; bis sie von den Guisischen zurückgejagt, und bis an die Porten von Straßburg verfolget worden.

In dem Jahr 1588 sind die Gesandte von Zürich, Bern und Basel, nach Straßburg gekommen, den Bund zu erneuern; und nachdem sie daselbsten den Straßburgern ihren Eyd abgelegt, sind diese auch nach Zürich gereiset, und haben ebenfalls den Eyd des Bundes daselbsten feyerlich geschworen.

§. VI. Im Jahr 1590 hat König Heinrich IV. von Navarra, nachdem er zuvor den Cardinal von Guise, und seinen Bruder, den Herzog und commandierenden General der Liguisten hat tödten lassen, die Armee der Liguisten geschlagen, und die Stadt Paris belagert. Ohnerachtet er diese Stadt so eng eingeschlossen hielte, daß sehr viele darinn Hungers gestorben, wollten sich die Pariser doch nicht ehe an ihn ergeben, bis er den 21 Heumonat 1593 die Cätholische Religion ergriffen, und hernach zum König von Frankreich gekrönet worden.

───────────────

s) Haffners Cosmographie ad ann. supradictum.

§. VII. Im Jahr 1592, nachdem der Bischoff Johannes Graf von Manderscheid, den 22 May mit Tod abgegangen, ist ein schädlicher Krieg im Bisthum Straßburg entstanden: denn da schon zuvor einige Domherrn von der catholischen Religion abgefallen waren, hatten sie mit Hülf der Stadt die mehreste Güter des Capitels an sich gerissen; dahero das Capitel zertheilet ware. Die Protestantische, so zu Straßburg wohnten, wollten es zu Straßburg gehalten wissen; die Catholische aber, so zu Zabern wohnten, wollten es in dieser Stadt halten. Weil nun sowohl die Stadt, als einige protestantische Fürsten, sich um die erstere annahmen, haben sich die letztere an den Kayser gewendet, ihn um seinen Schutz anflehend, bis die Wahl vorbey wäre. Dieser übergabe die Commission dem Erzherzog Ferdinand, alle bischöfliche Güter in Besitz zu nehmen, bis man einen neuen Bischoff erwählt hätte. Er ermahnte auch den Magistrat zu Straßburg, sich dieses Handels nicht anzunehmen, damit die Wahl desto ungestöhrter, und mit grösserer Einigkeit von statten gehe. Nichtsdestoweniger hat der Herr Joachim Carl Herzog von Braunschweig, als protestantischer Dom=Probst den 28 May schon das Capitel zusammenberufen, an welchem Tag die protestantische Dom=Herrn den Herrn Johann Georg Marggrafen von Brandenburg, des Churfürsten Joachim Friedrichs Sohn, zum Bischoff erwählten; welcher alsobald durch den Bischöflichen Procurator an alle Beam=

te den Befehl ertheilte, ihn für solchen zu erkennen. Weil aber die catholische Dom=Herren sich dieser Wahl widersetzten, haben die protestantische, mit Hülf der Stadt, eine Armee auf die Beine gebracht, um alle Städte und Schlösser, so dem Bisthum zugehörten, und sich nicht ergeben wollten, mit gewafneter Hand zu bezwingen; wie sie dann auch alsobald den Kochersperg, Dachstein, Molßheim, und andere Orte eingenommen haben.

Hierauf sind die Catholische den 8 Brachmonat auch zur Wahl geschritten, und haben den Cardinal Carl von Lothringen, Bischoffen von Mez, zu ihrem Haupt erwählet. Dieser schriebe alsobald an den Magistrat zu Straßburg, und begehrte schleunige Genugthuung wegen dem Unfug, daß man die Städte und Schlösser des Bisthums mit gewafneter Hand hinweggenommen; wo nicht, würde er sich mit Gewalt zu rächen wissen. Hierauf wollte sich der Magistrat mit leeren Ausflüchten entschuldigen; weswegen der Cardinal mit 10000 Mann ins Elsaß gekommen, hat alsobald die Stadt Benfelden eingenommen, und einen Gouverneur darüber gesetzt, welcher mit seinem Volk bis an die Thore von Straßburg streifte. Zu Andlau jagte er die protestantische Geistliche hinaus, wornach es daselbsten, wie auch zu Molßheim, zu etlichen kleinen Scharmützeln kame. Als er aber vernommen, daß zur Bedeckung der Stadt Straßburg 500 Brandenburgische Reuter zu Schafolzheim lagen, hat er sie mit 1500 Mann angegriffen, theils aufgehoben, theils in die Stadt gejagt.

§. VIII. Endlich kame der Kayserliche Commissarius an, welcher den Befehl des Kaysers mitbrachte; worzu sich der protestantische Bischoff und die Stadt Straßburg nicht verstehn wollten. Dahero der Cardinal den Kochersperg und das Schloß Dachstein eingenommen, samt dem grossen Flecken Wesenheim; von Jllkirch aber wurde er durch die Brandenburgische abgetrieben. Endlich kamen den 25 Heumonat die Hülfs-Truppen der Städte Zürich, Bern und Basel, 3000 stark zu Straßburg an, welche samt den Straßburgern den 31 Heumonat Molßheim belagerten; nachdem sie schon zuvor den 26 desselben Rheinau und Ergersheim hinweggenommen, und verbrannt hatten. Nürnberg schickte auch 600 Mann, welche aber vom Graf von Vaudemont aufgehoben worden: dahero die Belagerung von Molßheim den 14 August wieder zu nichts gegangen, die Lothringer hingegen plünderten und verbrennten die Stadt Barr. Als hierauf der Prinz von Anhalt mit 500 Reutern ankame, übernahme er das Commando der alliirten Armee, gienge auf den Feind los, triebe ihn zurück, und eroberte Molßheim. Gleich hernach kame der Marggraf von Baden mit 1000 Mann zu Pferd und 1500 zu Fuß, vereinigte sich auch mit ihnen; wornach sie Prumt geplündert, und alles was ihnen unter die Hände kame, verwüstet haben. Endlich schickte der Kayser einen Herold,

welcher den Befehl abgelesen, die Waffen nieder=
zulegen, und den Handel dem Recht zu überlaſ=
ſen. Es wurde dahero den 9 Merz im Jahr 1593
ein Vergleich getroffen, daß das Land und die
Einkünfte beeder Biſchöffe gleich abgetheilt wür=
den. Weil aber die Stadt Straßburg 800000
Gulden Subſidien=Gelder von dem Marggraf von
Brandenburg zu fordern hatte, mußte er derſelben
ſtatt der Bezahlung, einige Biſchöfliche Güter ver=
ſetzen s).

§. IX. Im Jahr 1600 und 1602 brachten
die Catholiſche friſche Klagen bey dem Kayſer vor;
daß der proteſtantiſche Biſchoff ein Gut des Bis=
thums um das andere verſetzte, Waldungen aus=
rottete, und neue ungewöhnliche Zölle aufbrächte,
Geld aufzutreiben. Der Kayſer ſchickte zwar ver=
ſchiedene Monitoria und Decreten, welchen aber
ſchlechter Gehorſam geleiſtet worden: dahero er
dem Herzog von Würtenberg die Execution davon
angetragen, welcher auch alſobald mit einem zahl=
reichen Corps Truppen nach Straßburg gekommen,
und erſtlich einen Stillſtand auf 15 Jahr verord=
net, den Marggrafen des Biſthums entſetzet, und
alles, was er inne hatte, zu Handen genommen.
Hierauf hat er angeordnet, daß der Cardinal von
Lothringen Biſchöff zu Straßburg verbleiben, die
Stadt aber die ihr im Hanauiſchen Tractat ver=

---

s) P. La Guille Hiſt. d'Alſace, P. II. p. 67.

pfändete Güter vor ihre Subsidien-Gelder behalten sollte t).

Im Jahr 1601 verspührte man sowohl im Elsaß als ganzen Deutschland und Frankreich, ein förchterliches Erdbeben. Im Jahr 1603 ware ein sehr dürrer Sommer, und dennoch so fruchtbar, daß die Halmen 4 bis 5 Aehren hervorgetragen. Die Wärme hielte auch bis an Catharina-Tag so heftig an, daß Blumen, Kornähren und Blühte, zum andernmahl herfürkamen u).

Im Jahr 1608 war eine so ausserordentliche Kälte, daß die gröste Flüsse sehr dick gefroren waren, dahero dies noch lange hernach der kalte Winter genennet wurde: als aber der Schnee und Eiß durch eine warme Luft aufgelöset worden, entstunden so grosse Wassergüsse, daß alle Felder hievon überschwemmet, und ein grosser Schaden verursacht worden x).

§. X. Als der Erzherzog Leopold von Oestreich, Bischoff von Straßburg, im Jahr 1609 vom Kayser zum Commissarius der Jüllichischen Erbfolge ernennet worden, hat er (weil ihm die prätentierende Theile, als der Churfürst von Brandenburg, der Pfalzgraf von Neuenburg, der Churfürst von Sachsen und der Herzog von Zweybrücken

---

t) Doppelmayers General-Beschreibung des Elsasses, p. 192.
u) Haffners Cosmographie, ad annos supradictos.
x) Idem ibidem.

nicht parieren wollten, sondern theils auf ihre eigene Truppen, theils auf den Beystand des Königs von Frankreich und der protestierenden Stände und Städte sich verliefen,) eine Armee im Elsaß anwerben laffen, um darmit an den Unter-Rhein zu ziehen. Allein die protestantische Fürsten und Städte haben eine weit stärkere bey Straßburg über den Rhein marschieren laffen, und die mehreste Orte des Bischoffs, als Molßheim, Muzig, Dachslein und andere mehrere hinweggenommen, auch ersteres um 80000 Gulden gebrandschatzet. Hierauf wurde auf Befehl des Kaysers, und durch Vermittlung des Herzogs von Lothringen und des Grafen von Hanau, wieder alles in ruhigen Stand gestellet, wie es zuvor gewesen. Jede Armee wurde abgedanket, und jeder Theil wieder in seine Besitzungen eingesetzet. Der Erzherzog Leopold aber, nachdem die Stadt Jüllich durch den Französischen Marschall de la Châtres, welcher mit 12000 Mann denen prätentierenden Fürsten beygestanden, erobert wurde, hat sich gänzlich der Jüllichischen Succeffions-Commiffion entschlagen, und ist in seinem Bisthum ruhig verblieben y).

§. XI. Als im Jahr 1610 die protestierende Fürsten und Stände zu Hall in Schwaben ihre concipirte Union ins Werk setzten, machten sie sich auch an den Bischoff von Straßburg, obgedachten Erzherzog Leopold, welcher sich ihnen zwar tapfer

---

y) La Guille Hist. d'Alsac. P. II. p. 76.

widersetzte, nichtsdestoweniger nicht hindern konnte, daß Rheinau nicht von den Pfälzern, Würtenbergern und Brandenburgern in Brand gestecket worden. Endlich sind diese Unruhen wieder durch die Städte Zürich, Bern, Luzern, Schweitz, Basel und Solothurn vermittelt worden.

Im Jahr 1617 celebrirten die protestirende Stände im Elsaß, wie an andern Orten, mit gröster Feyerlichkeit ihr Jubelfest der Reformation, weil hundert Jahr verflossen waren, daß sie ins Werk gesetzet worden.

In eben diesem Jahr ist das Collegium und Universität zu Molßheim von dem Erzherzog Leopold, Bischoffen von Straßburg und Passau, gestiftet worden, welche aber im Jahr 1702 von dem Bischoff auf Befehl des Königs nach Straßburg verlegt worden: desgleichen sind auch die Collegia von Ensisheim, Schlettstadt und Hagenau von ihm gestiftet worden.

§. XII. Als im Jahr 1619 Pfalzgraf Friedrich von den rebellischen Böhmen zu ihrem König erwählt worden, und er derentwegen mit dem Kayser Ferdinand II. zu streiten hatte, kame er auch nach Straßburg, wo ihm die Burgerschaft mit allen Ehren begegnet, ihn für einen König, ja ihren Kayser erkennet hat. Ja sie sind ihm auch mit Volk, Geld und Munition treulich beygestanden. Weil aber die Straßburger dannoch zweifelten, ob es mit diesem König ein gutes Ende nehmen werde, haben sie sich nicht mehr tiefer mit ihm eingelassen, sondern haben sich nach seiner Abreise zur Neutralität entschlossen: diese zu erhalten, haben sie den zu Hanau im Jahr 1604 errichteten Tractat auf sieben Jahr verlängert. Dem ohngeachtet haben der Bischoff und der Oestreichische Landvogt im Elsaß dem Kayser Ferdinand 1500 Mann zu Pferd, und 7000 zu Fuß wider den König Friedrich nach Böhmen zu Hülf geschicket.

§. XIII. Als im Jahr 1620 den 20 Merz zu Mühlhausen in Thüringen die Churfürsten von Maynz, Trier, Cölln, Bayern und Sachsen, samt dem Landgrafen von Hessen, eine Versammlung hielten, um die Unruhen in Böhmen zu stillen, hat der Marggraf Georg Friedrich von Baden-Durlach mit 8000 Mann eigener Truppen und 3000 Schweitzern sich zwischen Breysach und Freyburg gelagert, das ganze Brißgau verwüstet, und alle, so sich nicht zur protestantischen Religion bekennen wollten, umgebracht. Als er im Elsaß ein gleiches verüben wollte, ist er vom Bischoff von Straßburg, welchem der Herzog von Lothringen einige Hülfs-Truppen geschicket, wieder über den Rhein gejagt worden. Endlich ist diese Zwistigkeit der Protestanten mit den Catholischen den 23 Brachmonat durch den Französischen Gesandten, Carl Herzog von Angoulesme, zu Ulm beygelegt worden: weswegen die Protestanten den König Friedrich im Stich liessen, mittlerweil er mit seinen Böhmen und Ungarn im Jahr 1620 zu Prag auf dem Weisenberg geschlagen, und in die Flucht gejagt worden z). Hierauf verließ er Kron und Scepter, wurde seines Churfürstenthums verlustiget, und mußte endlich etliche Jahre sein Leben als ein Epulant in Holland zubringen. Kaum hatte Böhmen dem Kayser von neuem gehuldiget, wurden der Churfürst Friedrich von Pfalz, der Marggraf von Jägerndorf, der Fürst von Anhalt und der Graf von Hohenlohe, in die Acht erkläret; deren die letztere bald wieder ausgesohnet worden. Die obere Pfalz übergab der Kayser dem Herzog von Bayern, den er hierdurch auch zum Churfürst und Erz-Truchseß ernannte. Die untere Pfalz gab er dem Erzherzog Albrecht von Oestreich, und nachdem dieser den 11 Heumonat 1621 mit Tod abgegangen, dem Erzherzog Leopold, Bischoffen von Straßburg. Kurz zuvor den 2 Heumonat hat der Kayser die Akademie zu Straßburg mit herrlichen Privilegien beschenket, deren Publication mit einem prächtigen Freudenfest celebriert worden.

Im Jahr 1622 ware ein ausserordentlich dickes Eiß, und eine solche Menge Schnee, daß, da es durch einen warmen Regen aufgelöset wurde, ein Schaden dadurch verursacht worden, der auf viele Millionen geschätzt wurde.

---

z) P. La Guille Hist. d'Alsace. P. II. p. 83.

Sechste Eintheilung.

Von dem dreissigjährigen Krieg, oder dem sogenannten Schweden-Krieg.

Erstes Capitel.

Was sich unter dem Commando des Grafen von Mannsfeld, und des Gustav Adolfs, Königs von Schweden, im Elsaß zugetragen hat.

§. I. Im Jahr 1621 den 16 April, mußte das Elsaß die erste Drangsalen dieses so langen und schädlichen Kriegs erfahren: dann damal kame der Graf von Mannsfeld mit seinen Truppen über den Rhein ins Elsaß, belagert und erobert die Städte Lauterburg und Hagenau, und brandschatzte die Geistlichkeit der letzteren mehr als um 100000 Thaler; die Burgerschaft aber, so Catholisch ware, wurde geplündert. Alsdann verfügte er sich nach Zabern, willens, daselbsten ein gleiches zu üben, aber vergebens. Hernach streifte er durch das ganze Elsaß, verwüstete und verbrannte viele Städte, Schlösser und Dörfer, verübte grossen Muthwillen, und verursachte grossen Schaden. Den 29 April 1622 hat er mit dem Marggrafen von Baden-Durlach vereiniget, den Kayserlichen General Tilly bey Wieseloch geschlagen; wornach sich der Marggraf von ihm gesondert, jener aber vom General Tilly aus dem Feld geschlagen worden. Hierauf gienge dieser auf den Marggrafen loß, welcher in Schwaben und Brißgau übel hausete, und zwunge ihn bey Wimpfen die Flucht zu nehmen mit Hinterlassung vieler Todten und 1100 Gefangenen, samt einer grossen Beut. Unter den Todten ware auch der Herzog Magnus von Würtenberg, und der Pfalzgraf Christian von Birkenfeld, samt vielen Staabs-Officieren.

§. II. Es haben zwar sowohl der Kayser, als die Erzherzogin Isabella, dem Grafen von Mannsfeld anerbothen, ihm die Stadt Hagenau zu überlassen, wann er die Waffen niederlegen würde. Kaum wollte er sich derentwegen vergleichen, kame der Bischoff Erzherzog Leopold, ihm die Stadt hinwegzunehmen, wurde aber vom Grafen wieder abgetrieben. Hierauf begab sich dieser ins Hessen-Darmstädtische, und nahme den Landgrafen samt seinem Sohn gefangen; welche sich hernach mit einer grossen Summe Gelds auslösen mußten.

Als ihm gleich darauf der Herzog Christian von Braunschweig zu Hülf kommen wollte, welcher das Fuldische und Darmstädtische gänzlich verwüstet hatte, ist dieser den 19 Brachmonat von den Generalen Tilly und Cordoua wieder mit grossem Verlust zurückgetrieben worden, zumahlen viele seiner Truppen ins Wasser gesprengt wurden. Als er sich endlich mit dem Rest seiner Armee zum Grafen von Mannsfeld geflüchtet, haben sie sich sammt dem Pfalzgrafen Friedrich, welcher wieder aus Holland zurückgekommen ware, ins Elsaß begeben, und selbiges ärger, als zuvor verwüstet. Die Stadt Oberehnheim mußte 100000 Reichsthaler Brandschatzung geben. Zu Roßheim mußte alles über die Klinge springen, keines Weibes noch Kindes wurde daselbst verschonet; hernach wurde erst die Stadt in Aschen gelegt, weil die dasige Einwohner den Grafen einen Bastart gescholten hattey. Also ergienge es auch zu Nieder-Ehnheim, Andlau und andern Orten, so sie mit Feur und Schwerd verheerten.

§. III. Nachdem sie solchergestalten das ganze Land in einen erbarmungswürdigen Zustand versetzet, kame der General Tilly mit den Kayserlichen Truppen, und hat sie auseinander gestäubet, wornach sie zerstreuet auseinander giengen. Der Herzog von Braunschweig verfügte sich ins Brabant, wo er von dem Spanischen General Cordoua eine Schlappe bekommen, wornach er sich mit dem Rest seiner Truppen nach Haus begeben. Der Churfürst Friedrich von Pfalz begabe sich nach Maynz, wo er im Jahr 1623 gestorben: der Graf von Mannsfeld streifte aber noch hin und wieder. Unterdessen haben die Kayserliche das ganze Elsaß besetzet, und die Catholische Religion wieder allenthalben eingeführet.

§. IV. Im Jahr 1623 sammelte der Graf von Mannsfeld wieder einige protestantische Truppen, und fiele in die Bisthümer Münster und Osnabrück, wurde aber wiederum vom General Tilly herausgejagt; wobey jener 15 Fahnen verlohren,

ren, und nebst andern Kriegs-Gefangenen auch 30 fürnehme Officiers eingebüsset hat. Hierauf kame Mannsfeld nicht mehr ins Elsaß, sondern nachdem er noch eine Zeitlang herumgestreifet, ist er im Jahr 1626 nach Dalmatien gegangen, wo er noch das nemliche Jahr, da er nach Venedig reisen wollte, gestorben.

Den 23 Brachmonat 1623 hat der Donner zu Straßburg innerhalb einer Viertelstunde in vierzehn Orten eingeschlagen, und unter andern auch in den Pulver-Thurm, welcher einen unbeschreiblichen Schaden würde verursacht haben, wann er nicht durch die Tapferkeit eines Zimmermanns vor Brand wäre erhalten worden.

§. V. Da es in den Jahren 1624 und 25 im Elsaß wieder ein wenig ruhig ware, hat der General Tilly bey Hanover einen herrlichen Sieg über die Nieder-Sächsische Truppen erhalten; in welchem Treffen der Herzog von Sachsen, und der berühmte Obrist Obentraut, nebst andern hohen Officieren umgekommen.

In eben diesem Jahr hat der Graf von Wallenstein, welchen der Kayser zum Herzog von Friedland ernennet, das Commando über einen Theil der Kayserlichen Truppen bekommen.

§. VI. Im Jahr 1626 hat gedachter Herzog von Friedland den Grafen von Mannsfeld bey der Dessauer Brücke aufs Haupt geschlagen, und 3000 der Feinde erlegt, viele gefangen, 30 Fahnen und 7 Stücke erobert. Auf Seiten der Kayserlichen sind auch über 1000 Mann eingebüsset worden, welche Schlacht den 25 Aprill geschehen. Hernach den 27 Augst hat der General Tilly die Dänische Armee bey Lutern geschlagen, 6000 erlegt, 2500 gefangen, 21 Stücke und 80 Fahnen erobert. Es sind aber auch Kayserlicher Seits viele auf dem Platz geblieben. Hernach im Weinmonat hat der Graf von Pappenheim zu vier verschiedenenmahlen ohnweit Efferdingen in Oestreich, über 10000 rebellische Bauren erlegt.

Als der Erzherzog Leopold von Oestreich in eben diesem Jahr 1626 beyde Bisthümer von Straßburg und Passau den 4 Aprill resignierte, und zu Rom die Bischöfliche Würde niederlegte, hielte er den 25 Aprill mit der Prinzeßin Claudia Medices, des Herzogs von Urbino, so ein Bruder des Groß-Herzogen von Toscana war, Tochter, sein Beylager, und bekame von dem Kayser das Tyrol, Brißgau, und die Landgraffschaft Elsaß, samt der Landvogtey des letzteren, damit er gedachte Bisthümer dem jüngsten Kayserlichen Prinzen Leopold Wilhelm resignierte.

§. VII. In eben diesem Jahr 1626 hat der Herzog Bernard von Weymar das erstemal mit den Schwäbischen Truppen im Elsaß seinen Einfall gemacht, und daßelbe mit Sengen und Morden grausam verwüstet. Dahero der Erzherzog Leopold seine Völker dahin geschickt, um diesen ungeladenen Gast zu vertreiben. Kaum hatten jene die Schweden aus dem Elſaß gejagt, hauſſeten ſie auch nicht beſſer darinn, als die Schweden ſelbſten: ja ſie fiengen auch ſogar an den Schweitzer-Gränzen an, ſchlechte Mannszucht zu beweiſen. Dahero die Schweitzer Geſandte an den Erzherzog geſchicket, ihn zu erſuchen, daß er ſeine Truppen von ihren Gränzen hinwegziehen wolle.

In den Jahren 1627 und 28 führten die Oeſtreicher wieder in allen Städten des Elſaſſes die Catholiſche Religion ein, bey welcher Gelegenheit einige ſehr viel leiden mußten. Die Stadt Straßburg aber konnte von ihrer Reformation nicht abwendig gemacht werden.

§. VIII. Im Jahr 1629 iſt der Biſchoff von Straßburg nach Heidelberg verreiſet, um der den 17 Jenner daſelbſt gehaltenen Conferenz der Catholiſchen Liga beyzuwohnen, welche bis den 5 Merz gedauret, und auf welcher der Kayſer Ferdinand II. die Reformation und Reſtitution der geiſtlichen Güter fürgenommen. Nichtsdeſtoweniger hat dannoch die Stadt Straßburg nicht nur die dem Biſchoff abgenommene Güter nicht wieder zugeſtellet, ſondern hat auch das darauf folgende Jahr am 25 Brachmonat das Jubelfeſt der Augſpurgiſchen Confeſſion, welche hundert Jahr zuvor dem Kayſer überreichet worden, aufs feyerlichſte celebrieret.

Im Jahr 1630 hat der Graf von Wallenſtein, Herzog von Friedland, auf Begehren der Reichs-Stände das Commando niedergeleget.

§. IX. Im Jahr 1630 kame Gustav Adolf, König von Schweden, auch an den Rhein, eroberte Maynz, Worms, Mannheim, Heilbronn, Speyer, Landau und Weisenburg, woraus sich die Lothringische Truppen noch vor seiner Ankunft retiriert hatten, weil sie vernommen, wie grausam er mit den Gefangenen umgienge. Weil die Straßburger über die massen hierüber frohlockten, fielen ihnen die Lothringer in ihr Gebieth, und verwüsteten alles darinnen. Hierauf zohen sie sich ins Vogesische Gebürg, um die Gränzen ihres Landes vor einem Schwedischen Einfall zu bewahren. Als der König von Schweden dem Herzog dieses Verfahren scharf verwiese, hat sich selbiger zwar schriftlich bey dem König verantwortet, trauete aber mit nichten; dahero er auf guter Hut ware.

§. X. Als der Herzog hierauf samt dem Bischoff von Straßburg, 18000 Lothringer und Elsässer angeworben, und dem Kayser zugeschicket, fiele ihm der König von Frankreich in sein Land. Und weil der Herzog aus Mangel der hinlänglichen Truppen dem König keinen Widerstand thun konnte, anbey besorgte, er möchte auf der andern Seite von den Schweden angegriffen werden, wurde er zu einem ihm sehr schädlichen Vergleich genöthiget.

Im Jahr 1631 marschierten die beede Französische Marschälle D'Effiat und La Force mit ihren Truppen ins Elsaß. Der letztere aus diesen wurde alsobald in Frankreich zurückberufen, der erstere aber hat mit 24000 Mann das ganze Land eingenommen und beseßet, ist aber bald darauf zu Lützelstein gestorben. Hierauf hat sich seine Armee unter Commando des Grafen von Suso nach Trier begeben, und diese Stadt den 20 Augst mit Accord erobert.

§. XI. Noch im nemlichen Jahr hat der König von Schweden den General Christian, Herzog von Birkenfeld, mit einer Armee im Elsaß gelassen, er aber ist mit seinen mehresten Truppen ins Deutschland marschieret, und hat die Städte Würzburg und Bamberg, wo er die zwölf silberne Apostel mit sich gehen hieß, und andere grosse Beute machte, samt der Vestung Königshofen eingenommen. Hernach hat er bey Manz die Vestung Gustavus-Burg angelegt, von wannen er sich nach Frankfurt, Augspurg und München begeben.

Im Jahr 1632 wollte der Pfalzgraf Christian von Birkenfeld Offenburg einnehmen, wurde aber von den Kayserlichen wieder zurückgetrieben, welche noch selbiges Jahr einige kleine Vortheile erhalten: zumahlen der Kayserliche General Ossa den Pfalzgrafen bey Willstetten geschlagen, den Rhein passiert, Weisenburg und Buschweiler wieder erobert, Hagenau frisch beseßet, und den Grafen von Hanau genöthiget, die Schwedische Parthey zu verlassen: Speyer aber mußte den Spaniern, von denen es erobert worden, 80000 Thaler Brandschaßung erlegen. Hingegen wurde der General Tilly in der unglücklichen Schlacht bey Rain in ein Bein geschossen, woran er zu Ingolstadt gestorben, und zu Alt-Oettingen begraben worden.

§. XII. Als die Franzosen in gedachtem Jahr 1632 das Elsaß wieder räumten, kame der Kayserliche General Montecuculi mit 20000 Mann dahin, und besetzte die mehreste Orte, um sie wider die Schweden zu bewahren; aber auch er brachte dem Land wenig Nutzen, weil seine Armee alles aufzehrte: er wurde aber den 16 Augst vom General Horn wieder über den Rhein getrieben. Hierauf nahme dieser die mehreste Orte wieder ein; Bensfelden, darinn der Herr von Bulach mit 800 Mann gelegen, mußte sich nach sechswöchiger Belagerung ergeben. Hierauf nahme er Bergbiethen, Marlheim, Molßheim, Barr, Andlau, Epfig, Dambach, Kestenholz, Schlettstadt und Colmar ein, führte in letzterem wieder die protestantische Religion ein, und verlegte sein Haupt-Quartier nach Horburg. Oberehnheim hat er zwar auch belagert, wollte aber die Zeit der Uebergab nicht erwarten, ohnerachtet es von den Kayserlichen Truppen verlassen worden.

§. XIII. Indessen eroberten die Franzosen die Vestung Ehrenbreitstein bey Coblenz; mittlerweil der König von Schweden den Herzog von Friedland, welcher nach Absterben des General Tilly zum andernmal das Commando der Kayserlichen Armee übernommen, angegriffen, jedoch mit so geringem Vortheil, daß keiner aus beeden Sieger zu nennen ware. Endlich kame es den 6 Wintermonat in Sachsen bey Lützen zu einem Haupt-Treffen, in welchem zwar der kriegerische König Gustav umgekommen, nichts destoweniger die Kayserliche aufs Haupt geschlagen worden. Dahero er mit einem griechischen Feldherrn Epaminondas billig sagen konnte: Jetzt hab ich genug gelebt, dann ich sterbe unüberwindlich. Der General Pappenheim ist samt 6000 Mann auf dem Platz geblieben, und 4000 wurden gefangen, samt vieler Equipage, Stücke und Fähnen, so den Schweden in die Hände kamen. Hierauf hat sich der Herzog von Friedland nach Prag zurückgezogen, und daselbst mit den flüchtigen Officieren und Soldaten Execution gehalten *).

Zweytes Capitel.

Fortsetzung des Schweden-Kriegs, von dem Tod des Königs Gustav Adolfs an, bis zu dem Tod des Herzogs Bernard von Weymar.

§. I. Ohnerachtet Schwedischer Seits die Schlacht gewonnen ware, entstunde dannoch durch den Tod des Königs eine solche Bestürzung unter

*) Der Schweden-Krieg ist noch zu ersehen in Struvens Reichs-Historie, P. La Guille Histoire d'Alsace, Doppelmayers Elsässer General-Beschreibung, Haffners Cosmographie, Schöpflins Alsatia illustrata T. II. und dessen Posthumo de anno 1781.

den Protestanten, daß den 29 Wintermonat, drey Wochen nach der Schlacht, der Churfürst Friedrich von Pfalz schon aus Bekümmerniß zu Maynz seinen Geist aufgegeben. Den 8 Wintermonat hat der General Rhein-Graf Otto Ludwig die Kayserliche Reuterey aus dem Elsaß getrieben, und nach einer monatlichen Belagerung den 6 Christmonat Schlettstadt eingenommen, wornach sich ihm das ganze Ober-Elsaß ergeben. Solchergestalten besassen die Schweden wieder das ganze Elsaß, ausser Zabern und Dachstein, welche noch Bischöflich geblieben. Hierauf setzte der General Horn über den Rhein, um dem General Bannier wider die Chur-Bayerische Truppen zu Hülf zu kommen, während welchem die Kayserliche Garnison von Breisach die Stadt Neuenburg überrumpelte, und etliche hundert Durlachische Reuter niedermachte. Hernach den 5 Jenner 1633 bemächtigten sich die Kayserliche auch der Stadt Hagenau, und massakrierten die Schwedische Garnison darinnen.

§. II. Im Jahr 1633 im Monat Jenner, rotteten sich über 4000 Bauren im Sundgau zusammen, überfielen Altkirch und Pfird, und tödteten den Schwedischen Commendanten des letzteren den Freyherrn von Erlach. Sie wurden aber bald hernach vom General Harpf übel empfangen, welcher 800 derselben getödtet und hundert gefangen, die übrige aber haben sich davon gemacht. Weil sie aber gleich hernach 15 Schweden gefangen und erdroffelt haben, hat gedachter General sie nochmahlen überfallen, über 900 gefangen, und zu Lauſer gezwungen, einander ſelbſten aufzuknüpfen. Zu Damerkirch ließ er ebenfalls 1600 über die Klinge ſpringen. Hierauf nahmen ſie Dachſtein ein, wornach ſie bey P fa f f e n h o fe n die Lothringer und Oeſtreicher geſchlagen, und ſich ſodann in die Pfalz begeben, und den 20 May Heydelberg erobert haben.

Kaum hatten die Schweden den Rücken gekehret, lieſſe ſich der General Montecuculi mit den Kayſerlichen wieder im Elſaß ſehen, wurde aber vom General Rhein-Graf wieder daraus getrieben, welcher hierauf Maßmünſter, Thann, die Engelsburg, St. Amarien und Hohen-Landſperg, Markolzheim ſamt andern Orten eingenommen, auch bey Sennheim das Regiment Schauenburg zu Schanden gehauen hat. Hernach marſchierte er über den Rhein, bemächtigte ſich der vier Wald-Städte, Rheinfelden, Sekingen, Laufenburg und Waldshut, bloquierte auch die Beſtung Breiſach, wo er den Montecuculi, welcher zum Entſatz herbey eilte, gefangen, und nach Colmar geſchickt hat, wo ſelbiger den 17 Brachmonat an ſeinen Wunden geſtorben.

§. III. In eben dieſem Jahr 1633 gabe es noch verſchiedene Stöſſe zwiſchen den Kayſerlichen und Schweden, wo bald die eine, bald die andere Parthey obſiegte. Und weil die Elſäſſer von beeden Theilen hart mitgenommen wurden, haben sich sehr viele in die Schweitz, Lothringen und Burgund geflüchtet, und bliebe solchergestalten das Land mehrentheils öde liegen.

Den 28 Brachmonat erhielten die Schweden einen Sieg bey Oldendorf ohnweit Hammeln, und den 25 Augst hat der Herzog von Friedland die Schweden in Schlesien geschlagen, und 50 Fahnen samt 17 Canonen erbeutet.

Als der Prinz von Birkenfeld Hagenau belagerte, kamen die Lothringer, und haben diese Stadt entsetzet; weswegen der Rhein = Graf herbeygeeilet, und die Lothringer wieder zurückgetrieben, viele derselben aber bey St. Pölten getödtet, und die übrige bis nach Nancy verfolget hat. Unterdessen obgedachter Prinz den 30 Augst das Schloß Dachstein eroberte.

§. IV. Der Rhein = Graf hielte sich nicht lang in Lothringen auf, sondern kame gleich wieder ins Elsaß, den General Horn zu verstärken; hat auch die beeden Generäle Feria und Altringer, so bey Gebweiler und Sulz postiert waren, genöthiget, sich wieder über den Rhein zurückzuziehen, wornach sie sich gegen Bayern gewendet, um Verstärkung an sich zu ziehen. Sie wurden aber auf der Reiß von beeden Generalen, Horn und Birkenfeld, dermassen verfolget, daß sie über 3500 Mann unter Wegs eingebüsset. Der General Rhein = Graf aber, um den übrigen nachzufolgen, ersuchte den Duc de la Force, so mit 18000 Mann bey Remiremont stunde, das Elsaß zu besetzen, welches dieser aber abschluge, weil Frankreich mit dem unmenschlichen Verfahren der Schweden übel zufrieden ware. Nichtsdestoweniger setzte der Rhein=Graf über den Rhein, und vereinigte sich mit den Generalen Horn und Birkenfeld im Würtenbergischen, wodurch Elsaß wieder ein wenig Luft bekame; allein es daurte nicht lang. Dann, da der Graf Salm, welcher Commendant in Hagenau ware, wiederum Volk sammelte, um die Hanauische Residenz Buschweiler zu belagern, wurde er alsobald wieder von den Schweden davon abgetrieben, welche unter dem Commando des Abel Moda in aller Eil ins Elsaß gekommen sind.

§. V. Nachdem die Kayserliche sich unterdessen in Bayern verstärket hatten, kamen sie wieder unter Anführung des Duca di Feria und General Altringer an den Rhein, eroberten wieder den 9 Wintermonat die vier Wald=Städte samt andern Orten, und begaben sich von dannen nach Breisach selbige Stadt zu entsetzen. Allein die Schweden haben sie nicht erwartet, sondern ihr Lager vor Breisach in aller Eil aufgebrochen, und sind damit vor Philippsburg gezogen, haben anbey sowohl diese Stadt als Hagenau vest eingeschlossen; mittlerweil die Kayserliche die Vestung Hochberg im Badischen bloquierten.

§. VI. Weil nun das Elsaß einen neuen Sturm besorgte, indem nach der Eroberung von Philippsburg, so den 20 Jenner 1634 durch Hunger sich an die Schweden ergeben, die beederseitige Soldaten sowohl im Elsaß, als Brißgau und Markgrafschaft herumstreiften, und alle Orte, wohin sie kamen, auspländerten, haben sich die mehreste Städte und Orte in Französischen Schutz begeben, auch allenthalben Französische Garnisonen eingenommen, weil die Kayserliche sie nicht genug für den Schweden schützen konnten, Frankreich aber weit gnädiger mit ihnen verfuhre. Worzu die mehreste durch den Grafen von Salm, Groß-Dechant des hohen Dom-Stifts Straßburg bewogen worden.

§. VII. Im Jahr 1634 den 15 Hornung, ist der Herzog von Friedland, Graf von Wallenstein, zu Eger von seinen eigenen Officieren in Stücke gehauen worden, weil man einen Verdacht auf ihn hatte, daß er mit den Schweden ein heimliches Verständniß hätte. Den 14 May sind die Kayserliche von den Sachsen geschlagen worden, wobey erstere 4000 Tode, 1400 Gefangene, 36 Fahnen, 27 Cornet, 9 Stück und 2 Mörser eingebüsset, da hingegen nur 400 Sachsen getödtet, und 200 beschädiget worden.

In diesem Jahr wollte der Herzog von Lothringen, welcher seiner Regierung beraubt ware, mit 7000 Mann, so er noch mit harter Mühe zusammenbringen konnte, sein äusserstes wagen, und lagerte sich zwischen Ruffach, Sulz und Gebweiler; wurde aber vom Rhein-Graf bis nach Thann getrieben, wo er sich auf dem Ochsenfeld lagerte, und den 3 Merz eine Schlacht verlohr, in welcher 2000 getödtet, und der Graf von Salm samt 800 Mann gefangen worden; wornach sich der Rhein=Graf nach Brundrut begeben. Weil er aber daselbst durch einen Französischen Commissarium verstanden, daß der dasige Fürst in Französischem Schutz stehe, hat er sich wieder ruhig zurückgezogen.

§. VIII. Hierauf hat der Rhein=Graf die Stadt Rheinfelden belagert, und die Kayserliche, welche selbige zu entsetzen anrückten, davon abgetrieben. Als sie keinen Entsatz mehr zu hoffen hatte, hat sie sich endlich den 9 Augst mit Accord ergeben, und die Kayserliche Garnison ist mit Sack und Pack daraus gezogen.

§. IX. Endlich kame der König Ferdinand von Ungarn mit einer erlesenen Armee in Schwaben, mit welchem sich der Herzog von Lothringen vereinigte. Den 27 Augst griefen sie die Schweden bey Nördlingen an, und haben sie aufs Haupt geschlagen: das Treffen daurte acht Stunden, biß endlich nach einem hartnäckigen Gefecht die Schweden unterlagen, und 9500 Todte, samt 5000 Gefangenen hinterliessen. Der Markgraf von Anspach bliebe im Treffen, der Feldmarschall Horn wurde samt den Generalen Craz, Roßstein, Schaffelizky, und vielen andern hohen und niederen Officieren gefangen, 80 grobe Geschütze, 4000 Wägen, 1400 Pferde, 300 Cornet und Fahnen wurden erbeutet. Kayserlicher Seits blieben nur 1200 Tode. Hierauf wurde die ganze Schwedische Armet zertrennet: der Herzog Bernard von Weymar entflohe nach Heilbronn, der Markgraf von Baden-Durlach und die beede Rhein-Grafen kamen nach Straßburg, wohin sich der Herzog von Weymar auch retiriren mußte, weil er in Heylbronn nicht mehr sicher ware, zumahlen die Kayserliche selbige Stadt samt dem ganzen Würtemberger-Land in kurzer Zeit erobert haben. In solcher Noth begehrten diese Herren von dem Marschall de la Force nur 7000 Mann Hülfs-Truppen, so ihnen aber rund abgeschlagen wurden: zumahlen dieser seine Absichten, das Elsaß zu besetzen, schon erreichet hatte, zudem seinem Hof gezugsam bekannt ware, wie barbarisch die Schweden mit den Elsässern verfahren sind.

§. X. Weil nun die Schweden sich nicht getraueten, die Vestung Philippsburg zu behaupten, übergaben sie selbige den 7 Weinmonat 1634 denen Franzosen; sintemahlen der Marschall de la Force 18000 Mann zu Fuß und 5000 zu Pferd im Elsaß hatte: und, ohnerachtet die Schweden den König von Frankreich bereden wollten, daß er dem Kayser den Krieg ankündigte, wollte er sich doch nicht hierzu verleiten lassen; zufrieden, daß er das Elsaß in Besitz habe.

Auf dies Jahr ist ein so kalter Winter erfolget, daß sowohl Menschen als Viehe in Menge erfroren sind.

§. XI. Im Jahr 1635 den 28 Jenner, haben die Franzosen unter Commando des Herzogs von Rohan, Befort, Florimont, und Ruffach eingenommen, Landspurg ruinirt, von wannen sie die grosse Kanone, der Niemandsfreund genannt, nach Colmar geführet haben. Alsdann hat der Ober=Elsässische Commendant Mannicamp das Schloß Hohenak eingenommen; mittlerweil die Kayserliche das Schloß Dachstein eroberten. Zu Hagenau aber hauseten die Schweden so übel, daß von 1300 Burgern nur noch 291 übrig geblieben sind.

Den 26 Hornung schickte der Prinz Carl von Lothringen den Obrist Johann von Werth mit 1200 Reutern bey Breisach über den Rhein, um zwey französische Reuter=Regimenter bey Steinbronn im Sundgau anzugreifen; hat auch selbige theils aufgehoben, theils zerstreuet. Als der Herzog von Rohan hievon Nachricht erhalten, hat er gleich seine Reuterey geschickt, welche die Feinde in die Hart gejagt, und ihre Gefangene wieder zurückbekommen.

Den 12 Merz gedachten Jahres, eroberten die Kayserliche auch die Stadt Maynz, so französische Besatzung hatte, und nahmen den Churfürst gefangen, weil er es mit Frankreich hielte; dahero der König dies für einen Friedensbruch ansahe. Die Stadt Straßburg wurde sehr hierdurch geängstiget, weil sie nicht wußte, mit wem sie es halten sollte, zumahlen das Land voller Franzosen ware, der Ungarische König aber schon wirklich Philippsburg belagerte, und der Stadt Straßburg Gesetze fürschriebe. Endlich hat sie doch beyderseits die Neutralität erhalten.

§. XII. In eben diesem Jahr hat der Obrist Johann von Werth bey der Mosel eine grosse Französische Convoye niedergemacht, so aus zwey Regimentern bestanden, und hat 1500 Wägen mit Proviant und Munition von ihnen erbeutet. Hierauf hat er sich mit den Kayserlichen und Spanischen Truppen bis gen Verdun begeben, und grossen Schaden verursachet. Von dannen verfügte er sich nach Maynz, hat diese Stadt in Besitz genommen, und die neue Vestung Gustavusburg geschleifet. Endlich mußte sich auch die Vestung Hochberg in der Markgrafschaft Baden, nach zweyjähriger Belagerung an die Kayserliche ergeben, darinn noch 1000 Tonnen Pulver gefunden worden.

Im nemlichen Jahr 1635, den 13 Merz, ist die Stadt Augspurg durch Hunger gezwungen worden, sich an die Kayserliche zu ergeben; den 30 Merz aber ist die Stadt Trier von den Spaniern erobert, und der Churfürst Philipp Christoph von Sötern, so es mit Frankreich hielte, gefangen hinweggeführet worden: hingegen sind die Spanier den 20 May von den Franzosen bey Namur geschlagen worden. Zehen Tage hernach den 30 dieses, hat der Kayser mit Chur=Sachsen zu Prag einen Frieden geschlossen.

§. XIII. Im Jahr 1636 den 12 May, gienge der Herzog von Lothringen mit 12000 Mann über den Rhein ins Elsaß, und von da ins Burgund

gund und Lothringen, wollte Mömpelgard belagern, wurde aber vom Marschall de la Force wieder abgetrieben, und hat theils durch Schwerd, theils durch Krankheiten die Helfte seiner Leute verlohren, indem ihm die Feinde bey Befort in den Rücken gefallen. Hingegen haben die Kayserliche und Spanier durch Lothringen in Frankreich einen Einfall gemacht, alles um Verdun herum verwüstet, und die Stadt Dole, so vom Prinz Condé belagert wurde, entsetzet.

Desgleichen hat auch der Kayserliche General Schlik das Schloß Bilstein erobert, geplündert und zerstöhret.

§. XIV. In eben diesem Jahr haben die Kayserliche sich den 20 Brachmonat von Benfelden nach Oberehnheim zurückgezogen, wo sie von den Schweden eingeschlossen worden. Die Schweden setzten zwar dieser Stadt stark zu, und haben etliche Stürme gewaget, wurden aber allezeit mit blutigen Köpfen wieder zurückgewiesen. Den 24 Brachmonat haben die Kayserliche mit grossem Schaden der Schweden eine Mine gesprenget, wovon ein Wächter in die Reben gesprengt wurde, ohne daß er einen merklichen Schaden davon erlitten. Als endlich die Schweden gesehen haben, daß sie nichts hievor ausrichteten, haben sie sich wieder mit Hinterlassung 350 Todten fortbegeben.

Noch in diesem Jahr entstunde ein so groser Hunger, daß die Leute die Todten-Körper, so frisch begraben worden, aus der Erden hersürgesucht, und verzehret haben; zumahlen schon einige Jahre die Pflüge stillgestanden, weswegen eine grausame Pest daraus entstanden. Durch diese Seuche wurde auch ein grosser Theil der Armee des General Gallas und Herzogs von Lothringen, welche 26000 Mann stark zum andernmal in Lothringen eingefallen, hingeraffet; wodurch sie genöthiget worden, sich wieder in das Elsaß, und von dannen, nachdem sie Hagenau und Dachstein vergeblich belagert, Zabern aber samt dem Schloß Hohen-Baar eingenommen hatten, wieder über den Rhein zurückzukehren.

§. XV. Als im Jahr 1637 der Kayserliche General Coloredo ins Lothringen einfiele, der Meinung, sich mit dem Spanischen General Duca di Picolomini zu vereinigen, wurde er von dem Marschall de la Force geschlagen und gefangen. Hernach haben die Franzosen unter dem Cardinal La Valette Zabern wieder erobert.

Im Heumonat eroberten sie auch Befort und Dattenried, Oberehnheim und Molßheim aber ergaben sich freywillig dem Commendanten von Bennfelden. Hierauf setzte es bey Drusenheim zwischen den Reutereyen des Herzogs von Weymar und des Gallas etliche Scharmützel ab.

§. XVI. Als der Prinz Condé zum andernmal Dole belagerte, zogen sich alle Armeen dahin; die Kayserliche unter dem Herzog von Lothringen, und die Spanische unter dem General Gallas, um die Stadt zu entsetzen; die Schwedische aber unter dem Herzog von Weymar, und die Französische unter dem Cardinal La Valette kamen den Prinzen zu secundieren. Der Prinz mußte zwar die Belagerung aufheben, hingegen hat er den Gallas zurückgetrieben, und im Rückzug ihm den General Turenne auf den Halß geschickt, welcher ihm unter Wegs gegen 5000 Mann getödtet hat. Gallas zog sich wieder ins Elsaß, konnte sich aber wegen Mangel der Lebensmittel nicht lang darinn aufhalten, sondern hat seine Winter-Quartiere in Deutschland genommen. Weil aber der Herzog von Lothringen etwas hartnäckiger ware, haben der Prinz Condé und La Valette sich miteinander vereiniget, und ihn zum Weichen gebracht; auf welchem Rückzug ihn der Herzog von Weymar bis ins Elsaß verfolget, und alsobald Ensisheim eingenommen hat. Der Herzog von Lothringen aber erwartete den Herzog von Weymar bey Rheinau, wo er ihm eine Schlappe angehänget. Hierauf machte sich letzterer in das Bisthum Basel, die Winter-Quartiere zu beziehen, während welchem der Herzog von Lothringen mit den Generälen Duca di Savelli und Speerreuter sich des Rhein-Stroms bemächtigte, und der General Werth auf der Rhein-Insul bey Wittenweyer 500 Mann auf Discretion gefangen genommen.

§. XVII. Im Jahr 1638 verließe der Herzog von Weymar schon den 29 Jenner das Winter-Quartier, und vereinigte sich mit dem Prinz von Rohan, welcher mit einem starken Succurs zu ihm gestossen: diese eroberten alsobald die Wald-Städte, ausgenommen Rheinfelden, welche Stadt sie den 7 Hornung auch zu belagern anfiengen, allein sie wurden den 28 Hornung von den Kayserlichen in die Flucht geschlagen. Als sie aber den 3 Merz die Kayserliche nochmahlen angegriffen, haben sie selbige aufs Haupt geschlagen. Die mehreste Generäle wurden hiebey getödtet, 2000 Mann gefangen, und 36 Cornet und Fahnen erbeutet. Jenerseits bliebe der Prinz von Rohan im Treffen. Hierauf hat der Herzog von Weymar Hüningen erobert, und Breisach bloquiert, worinn der Baron von Reischach Commendant ware. Der General Götz suchte indessen im Elsaß Lebensmittel zusammen, wurde aber mit Verlust von 500 Mann daraus gejagt; weswegen er sich ins Würtenbergische zurückzog.

Den 22 Merz hat sich die Stadt Rheinfelden samt dem Schloß ergeben, und den 25 ist die Garnison ausgezogen. Den 11 April hat sich die Stadt Freyburg auch mit Accord ergeben, welchen der Herzog aber nicht redlich gehalten, zumahlen er die mehresten der Garnison beym Auszug über die Klinge springen liesse.

§. XVIII. In gedachtem Jahr den 9 Augst, fiele abermal bey Wittenweyer im Breißgau ein sehr hitziges Treffen zwischen den Kayserlichen und Weymarischen vor, wobey die ersteren das Feld verlohren, und 1100 Todte, viele Stücke, Fahnen und Equipage eingebüsset haben.

Den 5 Herbstmonat in besagtem Jahr 1638 ist der König Ludwig XIV. von Frankreich zur Welt gebohren worden.

Die Belagerung der Stadt B r e i s a ch daurte 9 Monate, während welchen man verschiedenemal Proviant hinein zu bringen trachtete. Einmal gelunge es den Croaten 300 Säcke Mehl hinein zu bringen, das anderemal aber wurden sie wieder zurückgetrieben. Unterdessen wollte der Herzog von Longueville, so in Burgund gegen den Herzog von Lothringen stunde, 2000 Mann dem Herzog von Weymar zu Hülf schicken, welchen aufzupassen der Herzog von Lothringen 3000 Mann nach Thann schickte. Weil aber dieses dem Herzog von Weymar verrathen wurde, schickte er den Obrist Rooß mit 1800 Mann zu Fuß und fünf Regimentern zu Pferd dahin, welche die Lothringische Truppen auf dem O ch s e n f e l d angegriffen. Es waren aber diese noch so behutsam, daß sie sich in bester Ordnung nach Thann zurückgezogen.

§. XIX. Den 20 Weinmonat kamen die Generäle Göz und Lamboy mit 13000 Mann, die Stadt Breisach zu entsetzen. Weil aber das Lager der Schweden ziemlich verschanzet, und mit Redouten versehn ware, konnten sie ihnen nicht zukommen: dahero jene sich wieder nach Freyburg zurückzohen. Mittlerweil hat sich der Graf Mercy mit einigen Lothringischen Völkern der Stadt Ensisheim bemächtiget, wurde aber wieder vom Obrist Rooß mit Verlust 500 Mann daraus getrieben.

Endlich hat die Stadt Breisach nach lang ausgestandener Hungers-Noth den 29 Christmonat sich dem Herzog ergeben. Die Noth darinn ware so groß, daß man sogar die Todte aufgezehret, ja Kinder getödtet, sich mit selbigen zu ernähren. Aus Klenen und eichener Rinden hat man sogar Brod gebacken. Die ganze Belagerung hat 1100,000 Reichs-Thaler, beyderseits aber 9000 Mann gekostet.

§. XX. Im Jahr 1639 hat der Herzog von Weymar sich zeitlich ins Feld begeben, und schon den 24 Jenner die luftige Stadt Pontarlier in Burgund mit Accord erobert. Dessen ohngeachtet haben sie die Schweden in Brand gestecket, und hierdurch einen unschätzbaren Reichthum zu Grund gerichtet, weil der General nicht mehr im Stand ware, den rasenden Soldaten Einhalt zu thun. Hierauf bemächtigte er sich den 24 Hornung des Schlosses Joux, und hernach der Stadt Thann, samt dem Schloß Engelburg.

Eben in diesem Jahr wurde die Vestung Hohen-Twiel im Brachmonat, und nachmahlen in den Jahren 1641, 42 und 44, von den Kayserlichen, jedoch allemahl vergebens belagert, weil der tapfere Commendant Obrist Widerhold allemahl tapferen Widerstand gethan.

Den 20 Heumonat ist der Duc de Longueville mit 16000 Mann ins Piemont gefallen, und hat grosse Progressen darinn gemacht.

§. XXI. Den 12 Christmonat hat der Herzog

von Weymar dem Herrn Johann Heinrich von Ostein, Bischoffen von Basel, durch die Vermittlung der Eydgenossen wieder seine abgenommene Ortschaften zugestellet, als welcher unterdessen in den Schlössern Lechburg und Dornek, Solothurner Gebieths, sich aufgehalten hat; jedoch mit dieser Bedingniß, daß die Eisen-Bergwerker und Hammer-Schmiedten zum Gebrauch der Vestung Breisach ihm vorbehalten seyn sollen.

Noch den nemlichen Monat ist gedachter Herzog an einem bösen Fieber zu Breisach gestorben und begraben worden; sein Leichnam aber wurde erst den 22 Christmonat 1655 nach Weymar überbracht, und daselbst seinen Vorfahren beygesetzet.

Drittes Capitel.
Fortsetzung des Schweden-Kriegs, bis zum End desselben, und darauf erfolgten Münsterischen Frieden.

§ I. Gleich nach dem Tod des Herzog Bernards von Weymar, übernahm der Baron von Erlach das Commando der Schwedischen Truppen, welcher gleich die Vestung Hüningen demolieren liesse, damit ihm die Schweitzer die zur Besoldung seiner Völker nöthige Gelder vorschosen. Gleich zu Anfang des Jahrs 1640 hat er Weisenburg, Neuenburg, Landau und Germersheim eingenommen, welches letztere aber bald wieder in feindliche Hände gerathen. Endlich wurde die Weymarische

Armee auf Befehl des Königs von Frankreich, dem General Longueville übergeben, und muste sämmtlich dem König die Treue schwören. Solchergestalten ware der König sowohl von den Truppen, als Ländern und Ortschaften, so die Weymarische Armee eingenommen hatte, vollkommener Erb. Ohnerachtet Schweden, Chur-Pfalz, Prinz Wilhelm von Weymar, die Erzherzogin Claudia von Oestreich, und der Kayser selbst sich darum bestrebten.

§. II. Hierauf hat der Herzog von Longueville nicht nur ganz Elsaß in Besitz genommen, sondern auch den ganzen Rhein-Strom erobert, weil die in der untern Pfalz stehende Bayrische Truppen gezwungen waren über den Rhein zu marschieren, um dem in die obere Pfalz einfallenden General Baunier Widerstand zu thun. Ohnerachtet die Armeen alle aus dem Elsaß gerückt waren, bliebe es doch wenig ruhig, weil der Kayserliche Commendant von Philippsburg, Obrist Bamberger, seine Garnison allezeit ins Elsaß streifen liesse, wie es die Garnison von Breisach im Brißgau gemacht hat.

Das folgende Jahr 1641 ist abermahl wegen dem immerwährenden Krieg eine überaus grosse Hungers-Noth im Elsaß ausgebrochen.

§. III. Im Jahr 1642 den 17 Jenner, ist der Kayserliche General Lamboy von den Franzosen und Conföderirten bey Kempen im Cöllnischen geschlagen worden, wo er selbst samt vielen der Seinigen gefangen worden. Hierauf haben die Franzosen nicht nur in Niederland, sondern auch in Catalonien grosse Progressen gemacht. Desgleichen sind auch die Kayserliche und Sächsische Truppen bey Breitenfeld vom Schwedischen General Torstensohn geschlagen worden.

Den 24 Merz sind die zween gefangene, und beede sehr tapfere Generäle, Johann von Werth und Gustav von Horn, bey Lohr in der Ortenau wieder gegeneinander ausgelöset worden.

§. IV. Den 14 Heumonat thate zwar der Herzog von Lothringen eine Streiferey ins Elsaß, belagerte Dambach vier Tage vergeblich, nahme alsdann Molßheim ein, zohe sich aber bald wieder zurück, weil ihn der General Mercy nicht secundiren wollte.

In diesem Jahr wollte man zwar an einem Frieden arbeiten, es sind aber alle Vorschläge, so einerseits der Kayser und Chur-Bayern, anderseits aber Chur-Pfalz gemacht haben, fruchtlos abgeloffen; ohngeachtet viele Mächte sich eifrig darum angenommen haben.

Den 6 Augst hat sich im Sundgau ein so schädliches Hagelwetter ereignet, daß es an Baumfrüchten und Reben einen unerhörten Schaden verursachte.

§. V. Im Jahr 1643 den 14 May, haben die Franzosen unter dem Prinz Condé, wider die Spanier bey Rocroy einen herrlichen Sieg erfochten.

Den 19 Wintermonat sind sie unter Anführung des Grafens von Guebriau aus dem Elsaß aufgebrochen, und über den Rhein marschieret, haben auch ohne sonderlichen Widerstand die Stadt Rotwyl mit Accord erobert; der General Guebrian aber ist mit einer Kugel getroffen, gleich nach der auf den 24 Wintermonat erfolgten Uebergab, gestorben. Es wurde aber diese Stadt gleich darauf den 3 Christmonat von den Kayserlichen wieder zurückgenommen, nachdem sie zuvor unter Anführung des General Johann von Werth und des Herrn von Hatzfeld bey Tütlingen die Franzosen und Schweden überfallen, gegen 5000 derselben erschlagen, und 4000 samt dem General Ranzau, vier Marschällen und zehn Obristen gefangen, auch grosse Beute gemacht hatten. Die Generäle Roos und Tupatel schlugen sich nur noch allein durch die Feinde.

§. VI. Im Jahr 1644 den 13 Hornung, fiele ein grosser Theil der Rhein-Brücke zu Basel in den Rhein, wobey viele Leute, so sich auf selbiger befunden, elendiglich zu Grund gegangen.

Den 1 May eroberten die Kayserliche und Bayrische Truppen wieder die Stadt Ueberlingen, nach einer viermonatlichen Belagerung.

Den 6 Brachmonat hat der General Roos 200 Bayern erleget, und 350 gefangen, hat auch 7 Fahnen, und einen grossen Theil der Equipage erbeutet.

§. VII. Den 29 Heumonat sind die Bayerische Truppen wieder in Freyburg eingezogen, wo sie eine neue Schanze angelegt haben. Hierauf kam der Herzog von Enguien, und wagte sich alsbald an gedachte Schanze, wurde aber so übel empfangen, daß er 800 Mann davor eingebüsset. Weil aber die Franzosen nicht nachliessen, unter Anführung des Vicomte de Turenne und Herzogs von Enguien zu stürmen, eroberten sie endlich nach Verlust 6000 Soldaten, zwo Schanzen, da der Bayerischen unter Befehl des General Mercy 1200 Mann geblieben. Hierauf hat der Herzog von Enguien den 10 Herbstmonat die Vestung Philippsburg (welche der Obrist Bamberger im Jahr 1635 während dem Winter mit List eingenommen) wiederum mit Accord erobert, und mit französischen Truppen besetzet, nachdem er zuvor den General Mercy zum Weichen gebracht hatte. Hierauf besetzte er die mehreste Orte des Rheins.

Den 23 Wintermonat haben die Schweden einen herrlichen Sieg über die Kayserliche bey Juderbok in Schlesien erhalten, wobey letztere stark eingebüsset haben.

In diesem Jahr ist auch das Schloß Wildenstein im St. Amarin-Thal von dem Obrist Baron von Erlach eingenommen, und gesprengt worden; der Eingang davon ware durch einen Felsen 72 Schuhe lang, und 9 Schuhe hoch eingehauen.

§. VIII. Im Jahr 1645 den 5 May, wurden die Franzosen und Schweden bey Mergentheim von den Bayerischen Truppen geschlagen, etliche Tausend getödtet, und vier Generäle samt vielen andern gefangen.

Hingegen hat der Herzog von Enguien, sie wieder den 3 Augst bey Nördlingen aufs Haupt geschlagen; 4000 blieben auf dem Platz, und 2000 wurden gefangen. Der General Mercy, welcher zuvor oft ins Elsaß gefallen, und vieles darinn verwüstet, wurde getödtet, der General Gleen aber gefangen.

In diesem Jahr hat der General Hatzfeld dem Schwedischen General Torstensohn auch zwo Schlachten in Böhmen abgewonnen; die Franzosen aber haben den 20 Wintermonat Trier erobert.

§. XI. Im Jahr 1647 den 4 Jenner, eroberte der Schwedische Feld-Marschall Carl Gustav Wrangel, die Klause, Stadt und Schloß Bregenz am Boden-See, worinn er viele geflüchtete Güter erbeutet hat. Die sechswöchige Belagerung der Stadt Lindau aber, hat er den 4 Hornung wieder aufgehoben; hingegen an eben diesem Tag die Insul Meinau auf gedachtem See, sammt dem deutschen Haus besetzet, wo er grosse Beut bekommen. Die Bischöfliche Residenz-Stadt Mörspurg hat er sehr übel zugerichtet, und das Schloß abscheulich verwüstet. Endlich haben noch in diesem Jahr die Churfürsten von Cölln und Bayern vom König in Frankreich die Neutralität erhalten.

In diesem Jahr haben die Kayserliche bey einem Wald sechs Schwadronen Schweden, sammt dem General Wrangel erlegt, und 14 Fahnen erobert: hingegen haben sie das folgende Jahr auch eingebüsset; wornach die Schweden im Jahr 1648 den 26 Heumonat, das Schloß bey Prag eingenommen.

§. X. Im Jahr 1648 den 18 Augst, haben die Franzosen unter dem Prinz Condé wider die Spanier, unter Anführung des Erzherzog Leopold Wilhelms, einen herrlichen Sieg erfochten, in welchem Treffen die Spanier alle Fahnen, 38 grobe Stück, 3000 Todte und 5000 Gefangene verlohren haben.

Endlich ist noch in diesem Jahr den 24 Wintermonat, der längst erwünschte Friede durch die zu Münster in Westphalen gehaltene Versammlung wieder hergestellet worden, nachdem die Schwedische und Mannsfeldische Unruhen 27 Jahre unaufhörlich gedauert hatten, welche samt den Böhmischen Troublen einen dreyßigjährigen Krieg ausmachten. Noch in diesem Jahr hat der König von Frankreich, nachdem ihm durch den Münsterischen Frieden die Superiorität über das Elsaß zugefallen, den Marschall Heinrich von Lothringen, Grafen von Harcourt, zum Gouverneur über das Elsaß ernennet.

§. XI. Nebstdem, daß der König Ludwig XIV. durch den Münsterischen Frieden Ober- und Unter-Elsaß samt dem Sundgau erhalten, wurden ihm auch die Bischthümer Metz, Toul und Verdun zuerkannt, sammt Pignerol. Desgleichen durfte er eine Garnison in Philippsburg halten, alle übrige Orte jenseits des Rheins aber mußte er dem Kayser wieder zurückstellen. Benebst mußte er dem

Erzherzog Ferdinand Carl, drey Millionen Livres vor die Abtrettung des Elsaßes bezahlen, und alle Kammer-Schulden von Ensisheim entrichten. Die Reichs-Städte aber sollten noch, wie auch einige andere Stände, immediatè unter dem Reich stehen. Ohnerachtet nun der Päbstliche Nuntius, der Spanische Gesandte, der Gesandte von Mantua, und die mehreste Elsässische, immediatè Reichs-Stände, hierwider protestirten, wurde doch der Innhalt des Friedens alsobald zur Execution gebracht.

Siebente Eintheilung.
Zustand der Landgrafschaft Elsaß unter der Kron Frankreich.

Erstes Capitel.
Was sich im Elsaß bis zur Eroberung der Stadt Straßburg zugetragen.

§. I. Gleich den 20 Aprill 1649 nahme der Graf von Harcourt zu Philippsburg als Landvogt Besitz vom Elsaß, nach übernommener Huldigung aber, kehrte er wieder in Frankreich zurück; und da er den 10 Christmonat 1652 ins Elsaß zurückkame, hat er das Commando der Vestung Breisach übernommen. Weil er nun wegen den noch nicht gänzlich beygelegten Zwistigkeiten der Kron Frankreich und des Hauses Oestreich, einen Plan verfertigte, kraft deme beyde Mächte zufrieden seyn konnten, fiele er bey seinem Hof in Verdacht, als wäre er dem Haus Oestreich und dem Herzog von Lothringen gewogen: dahero es wenig gefehlet, daß man nicht seinen Sohn, den Grafen von Armagnac, zu Paris in Verhaft nahme; weswegen ihn sein Vater zu sich nach Breisach beruffen. Hierauf nahme er die ganze Provinz zu Handen, und gabe einen Revers von sich, daß das Land im nemlichen Zustand bleiben sollte, wie es unter dem Reich und Haus Oestreich gestanden. Er bezahlte hierauf die Truppen selbsten, zohe alle Einkünften für sich ein, willens, die Provinz für sich zu behalten, bis des Königs Minderjährigkeit vorüber wäre; dann er ware dem Cardinal Mazarin sehr abgeneigt. Hierauf kame der Marschall de la Ferté mit einer zahlreichen Armee, und zwunge ihn sich mit dem Cardinal zu vergleichen.

§. II. Im Jahr 1650 fiele der Erzherzog Leopold Wilhelm mit 12000 Mann zu Pferd und 50000 zu Fuß aus Spanien in Frankreich, eroberte die Picardie, wurde aber von den Franzosen geschlagen, und hat nebst 8 Stücke und 1500 Pferden, 3000 Todte und eben so viel Gefangene hinterlassen.

In diesem Jahr haben die Lothringer auch sehr übel zu Münster im Gregorienthal gehauset.

Das folgende Jahr 1651, den 29 Christmonat ist der Cardinal Mazarin mit seiner ganzen Familie aus Frankreich verbannt, seine Güter sammtlich eingezogen, auf seinen Kopf aber vom Parlament eine grosse Summe Gelds gesetzet worden. Allein zwey Jahr hernach ist er vom König wieder zurückberufen, und in einen noch höheren Grad der Ehren gesetzt worden.

§. III. Im Jahr 1652 haben die Spanier unter Anführung des Erzherzog Leopolds den Hafen Dünkirchen mit Capitulation erobert. Unter dem Prinzen Don Juan d'Austria aber haben sie die Franzosen wieder aus Barcellona vertrieben.

In diesem Jahr hat auch der Obrist Rheinhold von Rooß das Schloß Wekenthal einäschern lassen; die Lothringer aber haben Reichenweyer und das Münsterthal geplündert.

Nachdem das folgende Jahr 1653 nichts sonderliches sich zugetragen, hat der Marschall de la Ferté die Stadt und Schloß Befort mit Accord erobert, und den Graf von Suse mit seiner Garnison ausziehen lassen.

§. IV. Im Jahr 1654 den 4 Brachmonat ist Ludwig XIV. nach zurückgelegter Minderjährigkeit gekrönet worden. Den 5 August haben die Franzosen die Stadt und Schloß Stenay mit Accord erobert, und den 25 die Spanier bey Arras aufs Haupt geschlagen, in welchem Treffen leztere 6400 Todte, 2000 Gefangene, 93 Fahnen und 32 Cornet, 2000 Wägen, 64 Stücke und 2 Mörser eingebüsset haben, da Französischer Seits 4000 Tode vermisset wurden.

Im

In diesem Jahr ließ der Französische Commendant Manicamp das Schloß Hohenak in die Lüfte sprengen.

Im Jahr 1655 hat der Französische Admiral Duc de Vendosme, die Spanische Armada bey Barcellona geschlagen. Es haben auch die Franzosen in den folgenden zwey Jahren noch verschiedene Plätze erobert.

§. V. Im Jahr 1655 hielten die Protestanten zu Straßburg, wie in andern Orten des Elsasses, ein feyerliches Jubelfest, wegen dem vor hundert Jahren erhaltenen Religions-Frieden.

Das folgende Jahr 1656, den 24 Hornung, machte der König von Frankreich einen neuen Allianz-Tractat mit den Rheinischen Fürsten und dem Churfürst von Brandenburg, kraft welchem diese ihm die Bisthümer Metz, Toul und Verdun, wie auch das Elsaß samt den Vestungen Philippsburg und Breisach garantirten.

In gedachtem Jahr hat man im Sundgau in verschiedenen Orten, zu drey verschiedenenmalen, so grosse Erdbeben gespühret, daß in vielen Orten Häuser, Thürne und Kirchen, großen Schaden gelitten haben.

§. VI. Im Jahr 1658 haben die Franzosen unter Anführung des Prinzen Condé einen herrlichen Sieg über die Spanier erhalten. Der letzteren wurden 4000 getödtet, und 3000 gefangen; welche Schlacht bey Verne geschehen.

Den 19 Heumonat gedachten Jahrs, ist der Kayser Leopold zu Frankfurt aufs prächtigste gekrönet worden.

In eben diesem Jahr haben die Könige von Frankreich und Schweden, die Churfürsten von Maynz, Cölln und Pfalz, der Bischoff von Münster und die Herzoge von Neuenburg, Braunschweig und Lüneburg, samt dem Landgrafen von Hessen, den 4 Augst einen besonderen Tractat und Allianz gemacht, um das Deutschland fürohin in Sicherheit, Ruhe und Frieden zu erhalten.

Den 4 Wintermonat 1658 ist der hohe Rath von Elsaß mit grosser Feyerlichkeit vom König bestellet, und ihm sein Sitz zu Ensisheim angewiesen worden, ohnerachtet sich viele Stände, welche ihre Reichs-Freyheiten behaupten wollten, darwider setzten. Den berühmten Herrn Colbert hat er zum Präsidenten darüber erwählet.

Im Jahr 1659 hat der Cardinal Mazarin die Aemter Pfird und Altkirch im Sundgau, von dem König verehrt bekommen.

§. VII. Den 7 Wintermonat 1659 ist auf der sogenannten Fasanen-Insul, beym Pyrenäischen Geburg, zwischen der Krone Frankreich und Spanien der Pyrenäische Friede gemacht, und den 9 Jenner 1660 publiciert worden: kraft welchem der König von Spanien auf alle Rechten und Prätentionen an das Elsaß gänzlich verziehen hat.

Den 2 Merz 1661 nahme der Herzog Armandus von Mazarin, im Namen des Cardinals Mazarin, von der dem letzteren verliehenen Landvogtey Hagenau Besitz. Weil aber dieser purpurierte Landvogt acht Tag hernach gestorben und 40 Millionen hinterlassen, wurde obgedachter Herzog von Mazarin Ober-Land-Vogt, der Marquis de Rusé aber Unter-Land-Vogt; welchem auch die Reichs-Städte der Landvogtey Hagenau den 9 Jenner 1662 unter einer gewissen Formul den Eyd der Treue abgelegt haben.

§. VIII. Im Jahr 1662, den 6 Hornung, hat endlich der Herzog von Lothringen sein sämmtliches Land dem König Ludwig XIV. von Frankreich mit allen Zugehörungen käuflich überlassen. Weil ihn aber hernach dieser Handel reuete, wollte er den gemachten Vertrag zernichten, und hat zu diesem Ende wieder Volk angeworben, und eine starke Besatzung den 29 Christmonat in Marsal gelegt. Die Franzosen aber haben das folgende Jahr 1663 nicht nur ganz Lothringen wieder eingenommen, sondern auch den Herzog durch die Bloquierung von Marsal genöthiget, daß er den 18 Augst den vorigen Tractat bekräftigte, und demselben nachkame.

§. IX. Den 10 Wintermonat 1662 ist der Erzherzog Leopold Wilhelm, Tentschmeister und Bischoff zu Straßburg, Passau, Halberstadt, (welches letztere unter seiner Regierung sácularisirt worden) Ollmüz und Breßlau, im sechs und vierzigsten Jahr seines Alters mit Tod abgegangen, und den 19 Jenner 1663 ist der hocherlauchte Graf Egon von Fürstenberg, von dem hohen Dom-Capitel von Straßburg (so damal seinen Sitz zu Molßheim hatte) zum Fürsten und Bischoff von Straßburg erwählet worden.

Im Jahr 1663 machte Marggraf Friedrich VI. von Baden mit König Ludwig XIV. von Frankreich einen Vergleich, kraft welchem er diesem gegen 3000 Livres Einkünften vom Ottmarsheimer-Zoll, die Grund-Gerechtigkeit des Schlosses Lands-Kron überließe.

§. X. Im Jahr 1664 den 6 Merz, ist der Französische General Coligny mit 10000 Mann zu Straßburg über den Rhein gezogen, und, nachdem er seine Armee mit Elsässern ziemlich verstärket, in Ungarn marschieret, um dem Kayser wider die Türken zu Hülf zu kommen. Er hat auch dem Kayser verschiedene Plätze besetzet; die Garnison von Erfurt aber ist den 21 Christmonat wieder ausgezogen, und nach Haus marschieret.

Den 20 Merz gedachten Jahrs ist der Herzog von Mazarin als Ober-Land-Vogt nach Colmar gekommen, wo er von dem umliegenden Adel aufs prächtigste empfangen wurde. Von dannen hat er sich ins Sundgau begeben, um einige herrschaftliche Güter, so ihm feil gebotten wurden, in Besicht zu nehmen.

Den 23 Aprill wurde der neue Bischoff von Straßburg in der Dom-Kirche zu Regenspurg von dem Churfürst von Maynz, in Gegenwart des Kaysers und vieler Fürsten und Ständen, auf das herrlichste consecriert. Die Assistenten waren die Bischöffe von Paderborn und Regenspurg. Hierauf wurde er von ihnen prächtig tractieret, welches er ihnen wieder auf das herrlichste repliciert hat.

§. XI. Im Jahr 1665 den 17 Merz hat der König von Frankreich den Herrn Colbert, Präsidenten des hohen Raths vom Elsaß, zu sich beruffen, und ihn zum Ober-Aufseher über seine neuerrichtete Ostindische Compagnie erkläret.

Weil die zehn Reichs-Städte der Landvogtey Hagenau, am Reichstag zu Regenspurg ihre Beschwerden anbrachten, daß sie wider die Artikuln des Münsterischen Friedens in ihren Rechten gekränket werden; hat der König im Jahr 1665 diesen Handel denen Churfürsten von Maynz und Cölln, der Kron Schweden, als einem Reichs-Stand, und dem Landgrafen von Hessen-Cassel zu entscheiden übergeben; damit weder dem König noch dem Reich in seinen Rechten ein Eingriff geschehe. Den 11 Herbstmonat 1667 wurde mit dieser Untersuchung der Anfang gemacht, aber lang vergeblich daran gearbeitet; bis sich die Sach gänzlich verschlafen, und die Reichs-Städte des Elsasses, gleich dem Adel, nach und nach dem König sich in allem zu unterwerfen gewohnt wurden; endlich aber gar vom Reich abgesondert blieben.

Im Jahr 1669 hat die Stadt Oberehnheim, nachdem sie lang mit der Stadt Straßburg, welche über die mehreste umliegende Städte das Jus gladii exercirte, vergebens gestritten, selbiges wiederum um 6000 Gulden an sich erkaufet, und im Jahr 1670 die Investitur darüber genommen.

§. XII. Nachdem der König Ludwig XIV. das ganze Herzogthum Lothringen in Besitz genommen, machte er sich im Jahr 1670 auch an die Republik Holland: zu welchem Ende er mit dem König von Engelland, den Stiftern Cölln und Münster, eine Allianz gemacht, Holland mit 90000 Mann zu Fuß und 30000 zu Pferd anzugreiffen, hat auch innerhalb zwey Monaten vierzig Städte erobert.

Weil diese so geschwinde Siege Frankreichs in ganz Europa grosses Aufsehn verursachten, haben sich der Kayser, der König von Spanien, die Churfürsten von Sachsen und Brandenburg, samt dem Herzog von Lüneburg wider Frankreich verbunden; und hat der Kayser mit dem Churfürst von Brandenburg alsobald eine Armee von 48000 Mann an den Rhein geschicket. Damit aber diese Truppen nicht über den Rhein marschieren sollten, hat der Vicomte de Turenne durch den Prinz Condé nächtlicher Weil die Rhein=Brücke bey Straßburg anzünden, und fünf Joch davon abbrennen lassen; ohnerachtet diese Stadt die Neutralität versprochen, und aufs pünctlichste gehalten hatte.

§. XIII. Als die Bürger der Stadt dieses den Tag darauf, nemlich den 16 Wintermonat

1672 ersehen, hielten sie es für einen Neutralitäts = Bruch der Kron Frankreich, und wollten hauffenweiß, voller Furie, gewaffnet aus der Stadt ziehen, die Urheber dieses Brands aufzusuchen, wann nicht der Rath sie zu besänftigen getrachtet, und, um sich kein grösseres Uebel über den Hals zu ziehen, sie zur Ruhe ermahnet hätte. Dahero die Kayserliche den Rhein hinabgezogen, und oberhalb Maynz unter Anführung des Generals, Grafen von Montecuculi, darüber gesetzet haben.

§. XIV. Den 6 Brachmonat 1673 machte Frankreich mit dem Churfürsten von Brandenburg einen besondern Frieden und Allianz; im Lager bey Vossenheim, und gab ihm alle eroberte Plätze im Clevischen und der Mark wieder zurück.

Hierauf hat der König den Marschall von Turenne wider die Kayserliche geschickt, den Herzog de la Feuillade aber schickte er mit 10000 Mann ins Elsaß, die zehn Reichs = Städte in Besitz zu nehmen, damit die Kayserliche keine Garnisonen darein legen konnten. Dieser nahme gleich Colmar, hernach Schlettstadt, folgends auch die übrige hinweg, demolirte alle Vestungs = Werke, und führte 90 Canonen daraus nach Breisach, wo er eine starke Garnison hatte. Die Stadt Schlettstadt aber hat er zwey Jahr hernach von neuem bevestigen lassen.

§. XV. Im Jahr 1674 den 24 Hornung, wurde der Prinz Wilhelm von Fürstenberg, des

Bischoffs von Straßburg sein Bruder, von den Kayserlichen gefangen, da er von Cölln nach dem Kloster St. Pantaleon zu dem Churfürst fahren wollte, dessen Gesandter er zu Cölln gewesen, da man an dem Frieden arbeitete. Ohnerachtet verschiedene Mächte für ihn baten, wurde er doch nicht frey gelassen, sondern man führte ihn gefänglich nach Wien, und wurde als ein Urheber des Kriegs, und als ein untreuer Vasall des Kaysers angesehn, welcher in Französische Dienste getretten. Weswegen die Friedens=Handlung fruchtlos abgeloffen, und der Krieg noch ernsthafter fortgesetzet wurde.

§. XVI. Noch in gedachtem Monat Hornung 1674, wollte der Herzog von Lothringen an verschiedenen Orten im Brißgau und der Schweitz mit einem grossen Corps über den Rhein setzen, um die Französische Progressen im Franche Comté zu hindern: zumahlen der König in eigener Person darinn gewesen, und einen haltbaren Ort nach dem andern eingenommen hatte. Die Schweitzer wollten ihm den Paß nicht erlauben, sondern arbeiteten, aber vergebens, um eine Neutralität für ihn: in dem Elsaß aber wurde er durch die Reuterey des Marschall von Turenne verhindert, den Rhein zu passieren. Weswegen er sich in der Pfalz mit dem General Caprara vereiniget, um die Pfalz zu beschützen; dessen ohngeachtet die Marquis von Vaubrun und Rochefort, den 3 Merz Stadt und Schloß Germersheim eingenommen.

§. XVII. Zu Anfang des May wollten der Herzog von Lothringen und der General Caprara zu Straßburg über den Rhein setzen, welches ihnen aber von der Stadt rund abgeschlagen worden. Weswegen sie sich zwischen Heydelberg und Philippsburg postierten, um den Herzog de Bournonville mit der Haupt-Armee daselbst zu erwarten.

Den 14 Brachmonat gienge der Marschall von Turenne bey Philippsburg über den Rhein, nahme Wieseloch hinweg, ruckte vor Sinsheim, eroberte es ebenfalls im Angesicht der Kayserlichen, welche er von dannen getrieben, und zwo Stund weit verfolget hat, zumahlen sie nur 6700 Mann stark waren. Hierauf hat sich der Marschall zurückgezogen, und seine Armee im Elsaß bis auf 18000 Mann verstärket. Wornach er abermal den Rhein passieret, und die alliirte Armee der Herzoge von Bournonville und Lothringen bey Ladenburg, eine Meile unterhalb Heidelberg, angegriffen, und in die Flucht gejagt hat. Hierauf hat er die Pfalz dermassen verwüstet, daß ihn der Churfürst, Carl Ludwig, persönlich ausforderte; welches aber Turenne nicht annahme, weil er vom König keine Erlaubniß hierzu bekommen.

§. XVIII. Als hernach die Kayserliche Armee unter Commando des Herzogs von Bournonville in die 24000 Mann stark zu Maynz über den Rhein marschierte, und durch die Pfalz gegen dem Elsaß anrückte, hat sich der Marschall von Turenne anfänglich zwischen Weisenburg und Lauterburg, an einen vortheilhaften Ort verschanzet. Weil aber die Kayserliche den Straßburgern 1700 Mann Besatzung zugeschicket, hat er sich bey Wanzenau gelagert, und mit den benachbarten Garnisonen verstärket. Hierauf kame die Kayserliche Armee nach Jllkirch und Grafenstaden, wo es den 4 Weinmonat zwischen Holzheim und Ensisheim zu einem hitzigen Treffen gekommen, und wo der Turenne zwar gesieget, aber von der anbrechenden Nacht gehindert worden, etwas entscheidendes vorzunehmen; dahero beyderseits nur 3000 auf dem Platz geblieben. Wenige Tage hernach stiesse der Churfürst von Brandenburg Friedrich Wilhelm, von neuem mit 20000 Mann zu den Kayserlichen; weswegen sich der Turenne bey Marlheim verschanzet, bis er auch 20000 Mann Verstärkung erhalten. Weil aber der Winter vorhanden, haben beyde Armeen die Winter-Quartiere bezogen: die Franzosen in Lothringen, und die Kayserliche im Unter-Elsaß und Pfalz.

§. XIX. Während dem Winter bloquirten die Kayserliche die Vestungen Breisach und Besort, eroberten einen Thurn und Schanze bey Hüningen, wie auch die Stadt Thann und das Schloß Engelburg; weswegen der Marschall von Turenne mit 10000 Mann anrückte, die Stadt Breisach zu entsetzen. Bey Mühlhausen trafe er den 29 Christmonat ein Corps Kayserliche an, welches er, weil es nicht sonderlich auf seiner Hut war, lebhaft angegriffen, sehr viele niedergemacht, und auch zum Weichen gebracht; bis die Regimenter Caprara und Dünewald ihm in die Flanquen gefallen, und ihm auch einen Verlust von 600 Mann verursacht haben.

Weil aber der König von Schweden im Jahr 1675 im Monat Merz, dem Churfürsten von Brandenburg in sein Land fiele, mußte dieser seine Truppen von den Kayserlichen trennen, und sein eigen Land beschützen. Dahero die Kayserliche genöthiget waren, sich wieder über den Rhein zurückzuziehen. Die Stadt Straßburg aber erhielte von dem Marschall von Turenne bey seiner Ankunft die Neutralität. Weswegen sie über ihre gewöhnliche Truppen noch 600 Schweitzer in Sold genommen, und die Rhein-Brücke bestens verwachet hat.

§. XX. Den 8 Heumonat gienge gedachter Marschall über den Rhein, und wollte den Kayserlichen ein Treffen liefern. Als er aber den 12 das kayserliche Lager recognoscirte, wurde er von einer Kugel getroffen, daß er todt zur Erden fiele. Hernach hat sich die Französische Armee aus Mangel der Lebensmitteln zurückgezogen, und, weil der Rückzug zu langsam geschahe, gegen 2000 Mann dabey eingebüsset.

Hierauf kame der Prinz Condé mit funfzig frischen Schwadronen ins Elsaß, und übernahme das Commando der ganzen Armee; welche er zwischen Holzheim und Ingelsheim dergestalten verschanzte, daß ihm der General Montecuculi nicht beykommen konnte. Weil dieser aber bey Achenheim auf einer Höhe eine Batterie anlegte, und darmit das feindliche Lager beschosse, hat sich der Prinz nacher Kestenholz gezogen; mittlerweil Montecuculi Molßheim, Muzig und Oberehnheim hinweggenommen, und sich, nachdem er Zabern vergeblich belagert hatte, den 1 Herbstmonat wieder über den Rhein zurückgezogen, und Philippsburg bloquiert hat.

§. XXI. Im Jahr 1676 den 12 May, gienge der General Monclar, Gouverneur vom Elsaß, mit 2000 Pferden aus Breisach, einen Streich auszuführen. Weil ihn aber der General Schütz ohnversehens überfallen, wurde Monclar samt dem Obrist la Brosse bennahe gefangen, massen er sich kaum mit Hinterlassung 200 Gefangenen, und 140 Todten aus dem Staub machen konnte.

Hierauf wollte der Marschall von Rochefort einen Succurs von 2000 Mann in Philippsburg schicken, wurde aber vom Herzog von Lothringen daran verhindert: weswegen die Rheinschanze, der man am stärksten zusetzte, den 21 May von den Franzosen verlassen worden.

Endlich kame der Herzog von Luxenburg mit seiner Armee, die Stadt zu entsetzen, welchen zu verhindern, der gröste Theil der Kayserlichen Armee ihm entgegen rückte, über den Rhein marschierte, und am Kochersberg gegen der Königlichen zu stehen kame. Der General Dünewald griefe gleich die Französische Vorposten an, wurde aber mit einem ziemlichen Verlust zurückgetrieben. Es kame hierauf zu einer andern Aktion, bey welcher sich die Französische Armee nach Zabern zurückgezogen. Weil dahero der Herzog von Lothringen nichts mehr mit ihr ausrichten konnte, zumalen sie mit den Stücken von Zabern secundiert ware, hat er sich wieder über den Rhein zurückgezogen.

Weil endlich keine Hülf mehr zu hoffen ware, mußte sich die Bestung **Philippsburg** den 15 Herbstmonat mit Accord an die Kayserliche ergeben, und ist die Garnison mit allen Ehren-Zeichen ausgezogen.

Nach dieser Uebergab fiele im Jahr 1676 nichts merkwürdiges mehr vor, ausser einigen Scharmützeln, so sich im Brißgau ereigneten, wo bald die eine, bald die andere Parthey, etwas weniges eingebüsset.

§. XXII. Im Jahr 1677 machte der König von Frankreich mit seiner grossen Armee wichtige Progressen in Holland und den Spanischen Niederlanden; mittlerweil der Herzog von Lothringen verschiedenes wagte, durch das Elsaß wieder in sein Land einzudringen.

Es fielen auch bey diesem Unternehmen verschiedene Scharmüzeln vor, wobey die zween Parthey-Gänger, la Brosse und Varnier erschossen worden. Weil aber der Marschall von Crequi den Herzog von Lothringen verhinderte, ins Lothringen einzudringen, zumalen er alle Fourage in den Dörfern verbrennen, und alle Mauren der Städte demoliren liesse, damit die Kayserliche keine Subsistenz im Elsaß gefunden, hat sich letzterer wiederum den 16 Augst über den Rhein zurückgezogen, und den Herzog von Eisenach mit den Reichs-Truppen im Ober-Elsaß gelassen. Allein der Marschall von Crequi schickte alsobald den Baron Monclar wider den Herzog, welcher ihn auch bey Altkirch angegriffen, und 700 der Feinde erlegt, auch eben so viel gefangen. Wornach der Herzog über den Rhein geflohen, von dem Marschall mit 10000 Mann bis nach Freyburg, und von da bis unter die Stücke von Kehl verfolget worden: während welcher Verfolgung der Herzog noch viele der Seinigen eingebüssen hat.

§. XXIII. Hierauf vereinigte sich der Herzog von Eisenach mit dem Herzog von Lothringen, und giengen beede wieder über den Rhein, willens, Schlettstadt zu belagern. Allein der Marschall von Crequi kame ihnen auf dem Klökelsberg in den Weg, und jagte sie wieder mit grossem Verlust zurück: wornach die Franzosen über den Rhein setzten, den 10 Wintermonat Freyburg belagerten, und schon den 15 eroberten, auch im Kinzinger-Thal verschiedene Einfälle machten.

§. XXIV. Im Jahr 1678 fiele der Marschall von Crequi die Kayserliche zum zweytenmal bey Rheinfelden an, und hat sie beydemal mit grossem Verlust geschlagen, wobey der Prinz Carl von Baden-Baden ums Leben gekommen. Hierauf nahm er die Kehler-Schanze, Zoll-Schanze, und das Schloß Liechtenberg hinweg, mittlerweil der Herzog von Lothringen Landau wieder eroberte. Weil aber die Stadt Straßburg kayserliche Besatzung eingenommen, hat sie der Marschall bloquiert.

Als die Franzosen Bayr wegen einer hartnäckigen Widersetzung geplündert, und davon im Abzug waren, hat ein gewisser rasender Burger einen Officier vom Pferd geschossen: dahero jene wieder umkehrten, und die ganze Stadt, ausser der Kirche, in Aschen gelegt haben.

Noch dies Jahr 1678 machte der König von Frankreich anfänglich mit Holland, hernach mit Spanien einen besonderen Frieden.

§. XXV. Als solchergestalten der Kayser Leopold von seinen Bundsgenossen verlassen war, mußte er auch das folgende Jahr 1679 mit Frankreich zu Nimegen im Holländischen Geldern Friede machen, mit diesen Bedingnissen: daß der Westphälische Friede nach allen seinen Artikuln aufs pünctlichste sollte gehalten werden; daß die Souverainität von Elsaß an die Kron Frankreich sollte abgetreten werden; daß die Stadt Freyburg samt Breisach der Kron Frankreich bleiben, hingegen Philippsburg wieder dem Kayser und Reich sollte zugestellet werden; daß Wilhelm, Fürst von Fürstenberg, wieder auf freyen Fuß gestellet, und sein Bruder, der Bischoff von Straßburg, wieder mit dem Kayser ausgesöhnet werde ꝛc.

§. XXVI. Hierauf hat der König durch die Parlamenter von Metz und Besançon, wie auch durch den hohen Rath vom Elsaß untersuchen lassen, was für Herrschaften und Güter ihre Lehen von den Bisthümer Metz, Toul und Verdun, desgleichen von dem Herzogthum Lothringen und Franche Comté hätten, (zumalen ihm alle diese Länder im Nimegischen Frieden, samt dem Elsaß von neuem überlassen und garantiert worden), und nöthigte sie ihm zu huldigen. Desgleichen that er mit den Reichs-Städten; befahle beynebens durch ein Edict vom 22 Merz und 9 Augst im Jahr 1680, daß alle Orte im Elsaß an seinen hohen Rath appellieren, ihm aber den Eyd der Treue ablegen sollten, welches auch alsobald vollzogen worden.

§. XXVII. Weil nun der König das ganze Elsaß, ausser der Stadt Straßburg, erlanget, hielten die Straßburger dafür, daß sie nichts ferner zu besorgen hätten: dahero sie im Jahr 1680 ihre Schweitzer abgedanket haben. Kaum war dies geschehen, kam das folgende Jahr der General Monclar als Gouverneur vom Elsaß, mit seinen Truppen vor die Stadt, eroberte alsobald die Rhein-Zoll- und Kehler-Schanze ohne grossen Widerstand, weil die Stadt von Truppen entblöset ware, auch keine Hülf zu hoffen hatte; zudem war der Herr von Louvois im Anzug, mit einer grossen Armee die Stadt mit Gewalt zu bezwingen. Weswegen sich die Burgerschaft durch Zureden des Ammeister Dieterichs und Stadtschreibers Günzers dahin bewegen lassen, daß sie den 30 Herbstmonat 1681, um eine günstige Capitulation zu erhalten, die Stadt übergeben.

§. XXVIII.

§. XXVIII. Die Capitulations-Puncten sind dieses Innhalts: 1.) Daß der König die Stadt in Schutz nimmt. 2) Daß er alle ihre Privilegien und Freyheiten bestättige. 3) Daß er sie bey ihrem freyen Religions-Exercitio lasse; jedoch sollten die Protestanten das Münster dem hohen Dom-Capitel wieder zurückgeben. 4) Lasse er den Magistrat bey seinen Rechten, ausser, wann eine Sach über 1000 Livres schreitet, sollte selbige an den hohen Rath von Elsaß können appelliert werden. 5) Läßt er ihnen alle ihre Einkünften, Zölle, Brücken, und andere Rechten, auffer den Stücken und Munition. 6) Soll die Stadt von allen Anlagen frey bleiben. 7) Bewilliget er ihr den freyen Brauch der Rhein-Brück, Häuser, Güter und alles dessen, was sie ausserhalb hat. 8) Sollen alle verstossene Mißhelligkeiten vergessen seyn; besonders sollten des Prinzen von Pfalz-Veldenz, Grafen von Nassau, des Kayserlichen Residenten und andere Palläste unbeschädiget bleiben. 9) Die Stadt könne die Casernen selbsten bauen. 10) Sollen die Truppen den 30 Herbstmonat nach Mittag eingelassen werden. Geschehn zu Ilkirch den 30 Herbstmonat 1681. — Unterschrieben sind: De Louvois, Joseph de Ponts B. de Monclar, Jean George de Zedliz Ecuyer & Préteur, Dominique Dieterich, Jean Leonard Frœreisen, Jean Philipe Schmidt, Daniel Reichshofer, Jonas Störr, J. Joachim Frantz, Christofle Günzer. Der König hat

C c

diese Capitulation zu Vitry den 3 Weinmonat 1681 gut geheissen und unterschrieben.

§. XXIX. Den 23 Weinmonat 1681 kame der König selbst nach Straßburg, wo er von der Burgerschaft auf das prächtigste empfangen worden. Weswegen er ihnen nicht nur ihre Freyheiten bestättiget, sondern noch neue Privilegien ertheilet hat. Er hat auch damahl den Ritter-Rath auf das Schloß Niederehnheim, das folgende Jahr aber wieder nach Straßburg verleget. Noch das nemliche Jahr liese er die Stadt Hüningen besser bevestigen, und das folgende Jahr die Citadelle von Straßburg anlegen, auch die übrige Fortificationen der Stadt verbessern. Hierauf haben verschiedene Stände und Edle, welche mehr Güter im Reich als im Elsaß hatten, zum Exempel die Herren von Ostein, Fugger, Ulm und andere mehrere, ihre Güter im Elsaß verkauft *).

Zweytes Capitel.

Zustand des Elsasses unter der Kron Frankreich, von der Uebergab der Stadt Straßburg an, bis zu dem Badischen Frieden, oder bis in das Jahr 1715.

§. I. Nachdem das Elsaß einige Jahre die Ruhe genossen, drohete ihm im Jahr 1686 ein

---

*) Von den Französischen Kriegen im Elsaß siehe P. La Guille, P. Auvrigny, Doppelmayer, Schöpflin, und dessen Posthumum.

nenes Ungewitter. Dann da der Churfürst Carl von Pfalz ohne Leibes-Erben mit Tod abgegangen, folgte ihm sein nächster Vetter, Philipp Wilhelm, Herzog von Neuenburg, in der Regierung nach, welcher nicht nur der Herzogin von Orleans, als Schwester des verstorbenen Churfürstens, nichts von den Allodial-Gütern, so ihr von ihrem Vater testiert worden, erfolgen lassen wollte, sondern noch seine alten Rechte auf die Landvogtey von Elsaß herfürsuchte. Der König von Frankreich, welcher den Frieden auf alle Art und Weise zu halten suchte, übergab die Entscheidung dessen dem Pabst Innocentio XI, wie auch einer besondern hierzu ernannten Commission, und nahme sich der Herzogin von Orleans nicht im geringsten an. Der neue Churfürst aber nahme vollkommenen Besitz von allen den von seinem Vorfahren hinterlassenen Landen.

§. II. Allem deme ohngeachtet verleitete er dannoch den Kayser, den Churfürsten von Brandenburg, und andere Reichs-Stände dahin, daß sie den 9 Heumonat 1686 die Augspurgische Offund Defensiv-Allianz machten, kraft welcher sie jederzeit 48000 Mann auf den Beinen halten wollten, um in allen vorfallenden Gelegenheiten das Reich schützen zu können. Sie erneuerten hierauf die Allianz mit der Republik Holland, und stellten noch selbiges Jahr eine Armee an den Unter-Rhein. Der Kayser machte hierauf mit Hals und Kopf Frieden mit den Türken, ohnerachtet seine Waffen in Ungarn ſiegreich waren; nur damit er ſeine Kräften wider Frankreich recht brauchen konnte.

§. III. Bey ſogeſtalten Sachen hat ſich der König auch in gute Verfaſſung geſetzet, und eine Armee von 40000 Mann ins Elſaß geſchickt. Er beſetzte alle Veſtungen am Rhein mit genugſamen Truppen, und der Dauphin eroberte den 29 Weinmonat Philippsburg. Hierauf ſchickte dieſer 12000 Mann in die Pfalz, eroberte Speyer, Frankenthal, Heidelberg, Mannheim, Worms, Oppenheim und Maynz. Der General de Féquieres ſetzte mit 12000 Reutern ganz Franken und Schwaben in Contribution.

§. IV. Mittlerweil die Franzöſiſche Armee ſich bis Coblenz verfügte, und die Veſtung Ehrenbreitſtein bombardierte, ruckte auch die allierte Armee bey Frankfurt zuſammen. Weswegen ſich jene wiederum zurückzohe, und die Pfalz groſſen Theils verwüſtete; wobey ſich ſonderbar der Partheygänger Melac währendem Winter im Jahr 1689 herumgetummelt hat. Hierauf hat die allerte Armee, ſo aus 60000 Mann beſtunde, Maynz und Kaysersewerth wieder erobert, während deme der König Landau beſſer fortificieret, und die Werke von Fort-Louis, ſo aus den Steinen des abgebrochenen Schloſſes von Hagenau errichtet wurden, zum vollkommenen Stand gebracht hat.

§. V. Schon im Jahr 1690 arbeitete man am Frieden, welcher aber nicht ehe, als im Jahr 1697 den 30 Weinmonat zu Ryswik zu Stand

gebracht worden; nachdem diese Jahre hindurch
nichts erhebliches vorgefallen, als daß die alliirte
Armee öfters über den Rhein setzen, und in das
Elsaß brechen wollte; sie wurde aber allemal von
dem Marquis d'Huxelles, welcher wegen seiner
Tapferkeit zum Marschall von Frankreich und Gouverneur von Elsaß gemacht worden, davon abge-
halten.

Zu merken ist auch, daß im Jahr 1691 die
Ritter-Akademie, so zu Selz ware, und anfänglich eine von der Kayserin Adelhayd gestiftete Abtey, hernach ein Collegiat-Stift gewesen, auch
im Jahr 1575 vom Pfalzgraf Friedrich III. zur
Akademie angelegt worden, vom König nach
Straßburg verlegt, und daraus das Collegium
fundiert worden. Nachdem der nemliche König
schon im Jahr 1687 das Stift St. Walburg aufgehoben, und dessen Einkünften dem Seminario
zu Straßburg einverleibet hat; dahin im Jahr
1700 auch die Universität von Molßheim verlegt
worden.

Im Jahr 1697 ist das Schloß Dachspurg,
so das Stammhauß der Unter-Elsässischen Landgrafen gewesen, von den Franzosen zerstöret worden.

§. VI. In dem Ryswikischen Frieden wurde
die Souverainität über das Elsaß dem König von
neuem garantiert; alle Plätze aber jenseits des
Rheins wurden dem Kayser und dem Reich wieder zurückgestellet. Die Prätention der Herzogin
von Orleans betreffend, ist derentwegen im Jahr

1699 zu Paris ein besonderer Vergleich getroffen worden. Weil aber vermög diesem Friedens-Tractat die Vestung Neu-Breisach, so auf einer Rhein-Insul stunde, demoliert werden mußte, hat der König auf dem vesten Land die noch heut zu Tag stehende Vestung Neu-Breisach durch seinen Jugenieur-Commendanten, Grafen von Vaubon, anlegen lassen, (als welcher alle übrige Vestungen des Königs in bessern Stand gesetzet,) worzu er sich 20000 Arbeiter bediente. Zumahlen der König wegen der Spanischen Succession einen unvermeidlichen Krieg besorgte.

Im Jahr 1698 ist der hohe Königliche Rath von Elsaß nach Colmar verlegt, und die St. Peters-Kirche gedachter Stadt den Jesuiten von Ensisheim eingeraumt worden.

§. VII. Als im Jahr 1700 König Carl II. von Spanien ohne männliche Erben verstorben, die Häuser Frankreich und Oestreich aber, beyde wegen dessen Töchtern, Prätention daran machten, zumahlen von Seiten Oestreichs diesem Haus die Spanische Succession im Heyraths-Contract verschrieben, von Seiten Frankreichs aber solche dem Herzog von Anjou, als des Dauphins zweyten Prinzen, Testamentsweise vermacht ware, erhobe sich ein schwerer Krieg zwischen gedachten Häusern. Dahero das Hauß Oestreich mit Engelland und Holland die Trippel-Allianz gemacht, zu welcher noch die mehreste Fürsten des Reichs beygetretten sind.

§. VIII. Nachdem man sich beyderseits zum Krieg rüstete, und in Spanien darmit den Anfang machte, brache das Kriegs-Feuer auch wieder im Elsaß aus. Dann der Prinz Louis von Baden ist den 20 Aprill 1702 mit der Kayserlichen Armee über den Rhein marschieret, nachdem er zuvor in der Pfalz und im Badischen eine Linie aufwerfen liesse. Sein Lager schluge er bey Candel, und belagerte alsobald Landau, welches ihm der bekannte Melac den 9 Herbstmonat mit Accord übergeben.

Den 14 Weinmonat kame es bey Friedlingen zwischen den Kayserlichen und Franzosen, welche unter dem Marquis de Villars bey Hüningen den Rhein passierten, zu einer blutigen Aktion, wobey letztere das Feld erhalten, ohnerachtet derselben 2400, und der Kayserlichen nur 1800 Mann auf dem Platz geblieben. Hierauf hat sich der Villars jenseits des Rheins vest gesetzet, und so vortheilhaft postieret, daß er sich mit den Bayern, so es mit Frankreich hielten, vereinigen konnte. Sie eroberten auch die Stern-Schanze jenseits Hüningen, wornach der Villars zum Marschall von Frankreich ernennet worden.

§. IX. Im Jahr 1703, den 19 Merz, eroberte er die Vestung Kehl, und den 7 Aprill kame der Marschall von Tallard mit einer Armee ins Elsaß. Hierauf giengen beede Marschälle Tallard und Villars, nachdem sie sich im Elsaß vereinigt hatten, über den Rhein, willens, die Stollhofer

Linie zu paſſieren, um ſich mit den Bayeriſchen Truppen abermahl zu vereinigen, ſo der Villars, da er ſich mit dem Tallard vereinigte, zurückgelaſſen. Sie wurden zwar etlichemahl mit Verluſt 3000 Mann abgetrieben, bis endlich Villars mit 30000 Mann durch das Kinzinger-Thal gedrungen, und ſich bey Dütlingen mit dem Churfürſt von Bayern vereiniget hat.

Unterdeſſen aber wurde Tallard, welcher ſich wieder ins Elſaß zurückgezogen, durch den Herzog von Burgund verſtärket, und hat ſich an den Unter-Rhein begeben, wo er die Heſſiſche Truppen zurückgetrieben, und den Churfürſt von Cölln, welcher es mit Frankreich hielte, wider ſeine Gegner geſchützet hat.

§. X. Weil aber der Prinz Louis von Baden dem Villars nacheilte, kamen der Herzog von Burgund und Tallard wieder an den Ober-Rhein, belagerten Freyburg und Breiſach, eroberten auch letzteres den 6 Herbſtmonat ohne ſonderbaren Widerſtand; weswegen dem Commendanten, Grafen von Arco, das Haupt abgeſchlagen worden. Wornach der Herzog von Burgund wieder nach Haus zurückgienge.

Den 12 Weinmonat belagerte Tallard die Veſtung Landau, und hat ſelbige auch den 15 Wintermonat eingenommen.

Am nemlichen Tag haben die Kayſerliche bey Speyerbach eine Schlacht verlohren, wobey

4000 derselben auf dem Platz geblieben, 2500 aber gefangen worden; ohnerachtet der Franzosen auch gegen 3000 umgekommen.

Im Jahr 1704 den 10 April, ist der Cardinal Wilhelm Egon von Fürstenberg, Bischoff zu Straßburg, zu Paris gestorben, statt dessen der Prinz Armand Gaston von Rohan-Soubise die Insul bekommen, der schon im Jahr 1701 zum Coadjutor vom Bisthum Straßburg ernennet worden.

§. XI. Im Jahr 1704 im Monat May, vereinigte sich der Marschall Tallard samt 18000 Mann mit der Bayerischen Armee, ohnerachtet die Kayserliche unter dem Prinz Eugenius von Savoyen, und General Thüngen alle Pässe besetzten. Hierauf gienge er nach zugeführtem Succurs wieder allein zu seiner Armee nach Freyburg zurück. Als er aber vernommen, daß der Herzog von Marlboroug sich mit den Reichs-Truppen vereinigte, passierte er mit 35000 Mann durch den Schwarzwald, und vereinigte sich mit dem Churfürst von Bayern, welcher unterdessen die Schlacht bey Schellenberg den 2 Heumonat verlohren, und sich mit 36000 Mann bey Augspurg verschanzet hat.

Hierauf hat sich der Prinz Eugenius mit seinen 20000 Mann zur Haupt-Armee, so Ingolstadt belagerte, begeben. Den 13 Augst aber kame es bey Höchstädt zu einem Haupt-Treffen, wo die Franzosen und Bayern 8000 Tode und 12300 Gefangene eingebüsset. Hingegen hatten die Kay-

serliche auch 6000 Todte verlohren; der Blessier-
ten aber waren beyderseits unzählbar viele. Es
kame hierdurch auch eine grosse Beute den Alliierten
in die Hände; Tallard aber fiele samt vielen Ge-
nerálen und Officieren in die Gefangenschaft.

§. XII. Nachdem hierauf die Französische Armee sich wieder ins Elsaß zurückgezogen, und die
Kayserliche die Stadt Ulm erobert hatten, giengen sie auch auf das Elsaß los. Der Prinz Eugenius belagerte mit 15000 Mann Landau, die
Haupt-Armee aber, so 50000 Mann stark ware, bedeckte ihn unter dem Marlboroug und Prinz
Louis von Baden bey Weisenburg. Den 26 Wintermonat wurde Landau erobert, und das ganze Bayerland wurde indessen von den Kayserlichen
besetzt, ausgenommen das Rent-Amt München, so
der Churfürstin vermög Vertrags überlassen wurde.

§. XIII. Im Jahr 1705 den 5 May, ist Kayser Leopold gestorben, und der Römische König
Joseph I. trate die Regierung an, commandierte
auch selbsten die Armee. Den 4 Heumonat kame
der Marschall Villars nach Weisenburg, und stürm-
te, zwar vergebens, die Linie von Lauterburg.
Hingegen hat der Prinz Louis von Baden die
Französische Linie bey Pfaffenhofen und Modern
weggenommen: hernach hat er Hagenau belagert. Weil aber der Commendant de Perry keinen Entsatz zu hoffen hatte, machte er einen Ausfall, und schluge sich glücklich durch die Kayserliche,
kame auch mit der ganzen Garnison zu der Fran-

zöſiſchen Armee; wornach die Kayſerliche in Hagenau eingezogen ſind.

§. XIV. Im Jahr 1706 haben die Deutſche das Fort-Louis belagert. Weil aber der Marſchall Villars eine Armee von 48000 Mann bey Straßburg zuſammenbrachte, mußte der Prinz Louis von Baden, deſſen Armee weit ſchwächer ware, über den Rhein zurückziehen, nachdem er in Hagenau eine Beſatzung von 2000 Mann hinterlaſſen, ſo ſich bald darauf auf Diſcretion ergeben mußte.

§. XV. Im Jahr 1707 haben die Franzoſen unter dem Marſchall Villars die Stollhofer Linie gänzlich ruinieret, und in Schwaben und Franken groſſe Brandſchatzungen eingetrieben, wurden aber den 24 Herbſtmonat vom General Mercy bey Offenburg geſchlagen, und kamen ihrer 1300 Mann um.

In dem Jahr 1708 gienge nichts merkwürdiges im Elſaß vor, auſſer, daß der Churfürſt von Bayern, welcher die Franzöſiſche Truppen commandierte, die Lauterburger-Linie erweitert, und auf der Neuburger-Inſul eine Brücke anlegen lieſſe.

§ XVI. Im Jahr 1709 iſt der Marſchall von Harcourt mit 15000 Mann über den Rhein gegangen, hat der Pfalz und der Markgraffſchaft Baden groſſen Schaden zugefügt, und ſich hernach wieder ins Elſaß zurückgezogen. Den 9 Augſt gienge der Churfürſt von Hanover, welcher ſeine ganze alliierte Macht bey ſich hatte, über den Rhein, willens, die Franzosen anzugreiffen; er detaschierte auch den Grafen Mercy, um in das Sundgau einzufallen, welcher mit 10000 Mann bey Neuenburg über den Rhein setzte. Er wurde aber von dem Grafen de Bourg mit ohngefehr 8500 Mann bey Rumersheim angegriffen, er selbst verwundet, und mit Verlust 1500 Todten und 1700 Gefangenen über den Rhein zurückgetrieben.

§. XVII. Weil nun dieser Streich mißlungen, konnte der Churfürst auch weiters nichts mehr vornehmen. Man hat auch die künftige drey Jahre nichts erhebliches mehr unterfangen, sondern stark am Frieden gearbeitet. Dann nachdem der Kayser Joseph den 17 Aprill 1711 gestorben, wiche Engelland von dem Haus Oestreich, und wurde erstlich den 17 Heumonat 1712 ein Waffen-Stillstand zwischen Frankreich und Engelland, und endlich den 11 Aprill 1713 zwischen Frankreich, Engelland, Spanien, Portugall, Preussen, Holland und Savoyen, mit diesen Bedingnissen zu Utrecht der Friede gemacht: daß die Kron Spanien dem Herzog von Anjou bleiben sollte; welches aber der Kayser durchaus nicht eingehen wollte, sondern sich entschloß, den Krieg von neuem fortzusetzen.

§. XVIII. Weswegen der Marschall de Villars seine Campagne wieder im Elsaß eröffnete, und Landau samt Freyburg wegnahme. Wornach derselbe mit dem Prinz Eugenius zu Rastadt Friedens-Unterhandlungen gehalten, und mit ihm einen Tractat aufgesetzet, kraft welchem das Elſaß dem König von neuem verſichert wurde; der Churfürſt von Bayern mußte wieder in ſein Land eingeſetzet werden; die im Brißgau und Markgraffſchaft Baden eroberte Orte, als Kehl, Freyburg und Breiſach aber, mußten dem Kayſer und dem Reich wieder zurückgeſtellet werden; Bitſch, Homburg und andere kleine Veſtungen mußten geſchleifet werden. Desgleichen erhielte der Kayſer durch dieſen Frieden, gegen Abtrettung ſeiner Prätention an Spanien, die Königreiche Neapel und Sardinien, ſamt den Præſidiis von Toskana. Dieſer Friede iſt anfänglich den 7 Merz 1714 zu Raſtadt ratificiert worden, wornach er den 15 Wintermonat 1715 zu Baden in der Schweitz mit Beytrettung aller übrigen beyderſeitigen hohen Alliierten, als ein General=Friede zu Stand gebracht worden.

§. XIX. Im Jahr 1714 hat der König den Bruder=Hof des hohen Dom=Capituls zu Straßburg, zu einem biſchöflichen Seminario gemacht, dem Dom=Capitel aber davor das Priorat St. Peter zu Colmar übergeben; dieſer Stadt aber ſchenkte er die Herrſchaft Hohen=Landſperg, welche er um 60000 Livres der Joſepha von Rebé, des General Monclars Tochter, abgekaufet.

§. XX. Nachdem der König von Frankreich durch den Badiſchen Frieden, ſeinem Enkel dem Herzog von Anjou das Königreich Spanien, dem Elſaß aber die Veſtung Landau, ſamt dem Land bis an die Queich zugebracht hatte, hat er den 1 Herbstmonat 1715, im 78 Jahr seines Alters das Zeitliche gesegnet; da sein Thronfolger und Uhr-Enkel Ludwig XV. erst 6 Jahr alt ware; dessen Regent, der Herzog von Orleans, während seiner Minderjährigkeit das Regiment geführet.

Drittes Capitel.
Begebenheiten des Elsasses, nachdem es unter der Kron Frankreich ruhig verblieben; von dem Badischen Frieden an, bis auf dies Jahr 1784.

§. I. Nach dem Badischen Frieden hat endlich das Elsaß eine dauerhafte Ruhe genossen; zumahlen Kayser Carl VI, wegen seinen vom Türken angegriffenen Bundsgenossen, den Venetianern, im Jahr 1716 mit diesem Erbfeind zu thun bekommen. Es hat auch seine Armee unter Anführung des Prinzen Eugenius glückliche Progressen wieder die in Ungarn eingefallene Türken gemacht; Peterwardein, Griechisch-Weisenburg und Temeswar hinweggenommen; würde auch noch glücklicher gewesen seyn, wann er nicht mit Spanien in Krieg verwickelt worden wäre. Dahero er in aller Eil im Jahr 1718 zu Passarowitz mit den Türken Friede, und mit den Engelländern Allianz gemacht, welche im Jahr 1719 die Spanische Flotte geschlagen und zerstreuet haben. Wornach im Jahr 1720 der Friede geschlossen worden: daß der Kayſer dem Herzog von Savoyen das Königreich Sardinien, hingegen Spanien davor dem Kayſer das Königreich Sicilien abtretten ſolle.

§. II. Man bemühete ſich hierauf die Quadrupel-Allianz zwiſchen dem Kayſer, Frankreich, Spanien und Engelland, zuwege zu bringen, und wurde hiezu die Stadt Cambray auserſehen. Weil aber Frankreich und Engelland beſtändig verzögerten, und im Jahr 1724 zu Cambray nichts ausgerichtet wurde, hat der Kayſer mit der Kron Spanien im Jahr 1725 zu Wien einen beſondern Tractat errichtet. Weswegen Frankreich, Engelland, Preuſſen und Holland, auch eine beſondere Allianz gemacht haben.

Hierauf wurde zu Soiſſons eine Conferenz angeſtellet, in welcher der Kayſer, Frankreich, Spanien, Engelland und Holland, dem Spaniſchen Infanten Don Carlos die Gewährſchaft wegen der Erbfolge von Toskana, Parma und Piacenza leiſteten, dem Kayſer aber die Pragmatiſche Sanction gutgeheiſen und garantiert worden.

Im Jahr 1723 den 20 Herbſtmonat iſt die Durchlauchtigſte Prinzeſſin Maria Carolina Sobiesky, des tapferen Johannes Sobiesky, Königs von Pohlen, welcher die Türken von Wien geſchlagen, Enkelin, zu Straßburg mit dem Prinzen von Turenne, des Herzogs von Bouillon Sohn, vermählet worden. Weil aber der Bräutigam zehn Tage nach der Hochzeit geſtorben, und in dem Münſter begraben worden, iſt um die junge Wittwe schadlos zu halten, des verstorbenen Bruder Carl Godfried d'Auvergne, Herzog von Bouillon, vom Pabst Benedicto XIII. die Dispenß ertheilet worden, seine Schwägerin zu heyrathen.

§. III. Im Jahr 1725 ist das hochzeitliche Fest seiner Allerchristlichsten Majestät, Königs Ludwig XV. mit der Durchlauchtigsten Prinzessin Maria Leßzinsky, des ruhmwürdigsten Fürsten und Königs von Pohlen, Stanislaus Leßzinsky, tugendreichsten Tochter, durch Procuration zu Straßburg feyerlichst begangen worden. Nemlich den 31 Heumonat machten die Königliche Bottschafter, der Herzog von Antin und der Marquis de Beauveau, ihren offentlichen Einzug in Straßburg mit einem grossen Gefolg von Kutschen und Bedienten. Den 4 Augst hatten sie beym König Stanislaus, der Königin und der Prinzessin ihre öffentliche Audienz, wo sie ihren Vortrag gemacht, welcher auch mit größter Freud und rührender Beantwortung ist angenommen worden. Den 6 Augst kame der Herzog von Orleans nach Straßburg, um die Verlöbniß zu celebrieren. Den 12 hielte er einen prächtigen Einzug, und den 14 wurde die Procuration in dem Gouvernement in Gegenwart des Königs von Pohlen, Herzogs von Orleans, und Cardinals von Rohan abgelesen, und den folgenden Tag, als an Mariä Himmelfahrt, die Vermählung vorgenommen, welche mit allen, bey so hohen Festivitäten gebräuchlichen

Feyer-

Feyerlichkeiten und Freudens=Bezeugungen begleitet ware.

Um aber auch die Ursach zu behandeln, warum gedachter König von Pohlen sich im Elsaß aufgehalten, scheinet nicht ungereimt zu seyn, dessen Schicksal in Kürze zu berühren. Im Jahr 1705 den 4 Weinmonat, wurde Nikolaus Leszinsky, Graf von Lesnow und Woywod von Boßnien, in Abwesenheit von dem versammelten Adel zu Warschau auf Dringen des Königs Carl XII. von Schweden, welcher den König August II. wollte abgesetzet wissen, unter dem Namen Stanislaus, zum König von Pohlen erwählet. Weil der König August aber von Rußland beschützet, der König von Schweden den 27 Brachmonat 1709 bey Pultawa aufs Haupt geschlagen, und Stanislaus nachmalen von den Russen zu Danzig eingeschlossen worden, mußte dieser, um nicht ausgeliefert zu werden, sich verborgenerweise in Schweden salvieren, von wannen er den 4 Heumonat 1714 nach Zweybrücken gekommen. Endlich hat ihm der König von Frankreich erlaubt nach Landau zu ziehen, wo er von dem Commendant Mr. de Savines aufs höflichste empfangen worden. Im Jahr 1719 verlegte er seinen Sitz nach Weisenburg, woselbst er sich bis den 4 Heumonat 1725 aufgehalten; an welchem Tag er von der Wahl, so König Ludwig XV. wegen seiner Prinzessin getroffen, vergewissert, sich nach Straßburg begeben.

§. IV. Im Jahr 1728 hat der König den Wasgauischen Paß, oder die sogenannte Zaberer-Steig von Zabern nach Pfalzburg ausbessern, und sehr bequem machen lassen; indem der zuvor sehr steile Weg sich nunmehro 36 Schuhe breit und 1825 Ruthen lang ganz bequem den Berg hinauf schlinget.

Im Jahr 1730 hat der König die vortrefliche Waffenfabrik, das Klingen-Thal genannt, in dem Oberehnheimer Wald errichten lassen, in welcher allerhand Waffen und Werkzeuge geschmiedet worden, und zu welcher er anfänglich viele deutsche Arbeitsleute, sonderheitlich von Solingen und andern Fabriken, hat beruffen lassen.

§. V. Als im Jahr 1733 Augustus II, König von Pohlen, mit Tod abgegangen, haben die Stände des Reichs den Stanislaus Leszinsky, des Königs von Frankreich Schwieger-Vater, den 12 Herbstmonat zum andernmal zu ihrem König erwählet. Weil aber der Römische Kayser samt Rußland sich dieser Wahl widersetzten, und statt seiner Augustus III, Churfürst von Sachsen zum König ernennet, entstunde zwischen diesen beyden Mächten einerseits, und den Kronen Frankreich, Spanien, Schweden und Sardinien anderseits, ein Krieg; dahero der König von Frankreich gleich 30000 Milizen aufgebotten, und den Marschall von Berwik mit einer zahlreichen Armee ins Elsaß geschickt hat. Den 14 Weinmonat nahme der Herzog von Bellisle mit 80000 Mann Nancy mit

Accord ein, wornach alsobald Kehl erobert wurde. Hierauf eroberten die Franzosen die Stadt Trier und das Schloß Trarbach. Den 24 May im Jahr 1734 hat der Marschall Berwik im Angesicht des Prinzen Eugenius von Savoyen die Vestung Philippsburg bloquiert. Von der Stadt Straßburg wurden die Kanonen dahin geschickt, und den 1 Brachmonat die Kanonade angefangen. Den 12 Brachmonat wurde der Marschall Berwik getödtet, und den 18 Heumonat hat der Baron Wutgenau die Stadt mit Capitulation übergeben. Wornach die Garnison, so 2800 Mann verlohren hatte, noch 1700 Mann stark sich mit allen Ehren=Zeichen nach Maynz verfüget. Hierauf hat sich der Prinz Eugenius, welcher 60000 Mann stark ware, nach Bruchsal postiert, willens, ins Elsaß einzufallen. Dahero er seine Armee nach Speyerbach ohnweit Speyer verlegt, der Herzog von Bellisle sich aber zu Landau vestgesetzt hat. Nachdeme nun der Herzog von Bellisle im Jahr 1735 das Trierische mit 25000 Mann in Contribution gesetzet, der Marschall von Coigny aber die grosse Armee bey Maynz zusammenzoge, auch weiters nichts, als etliche kleine Scharmützeln vorgiengen, hat der König von Frankreich mit dem Kayser zu Wien den Frieden mit folgenden Bedingnissen geschlossen: Daß Augustus III. König in Pohlen bleiben, Stanislaus aber auch den königlichen Titul behalten, und das Herzogthum Lothringen für seinen

Antheil bekommen solle; daß solches aber nach seinem Tod der Kron Frankreich verbleibe: daß dem Kayser Parma, Placenz und Mayland zukomme, auſſer was von der Lombardey dem König von Sardinien zuerkannt worden; daß das Königreich Neapel und Sicilien dem Don Carlos, Infant von Spanien, bleiben solle, der es zuvor schon eingenommen hatte; daß aber dem Herzog von Lothringen für seine Schadloshaltung das ledig-gewordene Großherzogthum Toskana zu Theil werden solle. Hingegen ist dieser im Jahr 1736 geschlossene Friede, erst im Jahr 1739 öffentlich ausgeruffen worden.

§. VI. Im Jahr 1737 wurden die Marschälle Aſfeld und Bellisle ins Lothringen und Elſaß geschicket, um die sich daselbst befindliche veste Plätze in Augenschein zu nehmen, und besser zu fortificieren.

Desgleichen wurden im Jahr 1738 der Baron von Reischach und Herr von Klingling, Präsident von Nancy, vom König abgeordnet, um die Gränzen der Kron Frankreich, des Reichs und des Trieriſchen voneinander zu unterscheiden.

In dem nemlichen Jahr 1738 ist das Priorat von Surburg als ein weltliches Kanonicat nach Hagenau verlegt worden.

Im Jahr 1739 ist Franziscus von Franquetot Duc de Coigny, Marschall von Frankreich, vom König zum Gouverneur über das Elſaß ernennet worden. Sein Vorfahrer Eleonore du

Maine Comte de Bourg, auch Marschall von Frankreich, ist im Jahr 1730 auf den berühmten Marschall Niklaus du Blés Marquis d'Huxelles im Commando gefolget.

§. VII. Als im Jahr 1740 den 20 Weinmonat, Kayser Carl VI. mit Tod abgegangen, ereignete sich ein neuer Krieg zwischen Frankreich und dem Haus Oestreich: dahero der König den Herzog von Bellisle an alle deutsche Höfe geschicket, um selbige auf die Seite des Churfürsten von Bayern zu bringen; welcher auch alsobald Generalissimus über die Französische Truppen ernennet worden. Er nahme auch im Jahr 1741 Passau und Linz ein, und schickte seine Partheyen bis auf drey Stunde von Wien. Von dannen hat er sich in Böhmen begeben, und den 25 Wintermonat die Haupt-Stadt Prag mit Sturm erobert, nachdem der Graf Moriz von Sachsen mit seinen unterhabenden Truppen schon vesten Fuß in der Neustadt gefasset hatte. Hierauf liesse sich der Churfürst Carl von Bayern alsobald zum König von Böhmen krönen, weil er vermög dem Testament des Kayser Ferdinands I, so dieser zu Gunsten seines Tochtermanns, des Herzogs Albrechts V. von Bayern verfasset, Prätention an Ungarn, Böhmen, und die alt-Bayerische Lande machte; auch die Pragmatische Sanction, kraft welcher Kayser Carl VI. seine Prinzessin Maria Theresia, zur Kron-Erbin aller seiner Erb-Landen eingesetzet, und welche fast von allen Mächten für gut geheissen und garantiert worden, über den Hauffen stoſſen wollte. Er hielte ſich aber nicht lang in Prag auf, ſondern hinterlieſſe den Herzog von Bellisle als Gouverneur daſelbſt; mittlerweil er ſich nach Frankfurt begeben, woſelbſt er ſchon den 24 Jenner unter dem Namen Carl VII. als Römiſcher Kayſer erklärt worden.

§. VIII. Ohnerachtet der König von Preuſſen des Kayſers Carls VII. treuer Alliierter, da er von dem Prinz Carl von Lothringen in Böhmen angegriffen worden, den Sieg davon getragen, ware er doch über den Franzöſiſchen Feld-Marſchall Broglio dergeſtalten erbittert, weil er ihm nicht bey Zeiten zu Hülfe gekommen, daß er aus der Allianz getretten, und den 11 Brachmonat 1742 einen beſondern Frieden mit dem Haus Oeſtreich gemacht hat. Der Marſchall Broglio hatte zwar den Fürſt Lobkowiz auch geſchlagen, allein, ſobald die Preuſſiſche Truppen nach Haus gezogen, gewanne das Spiel alſobald eine andere Geſtalt: dann der Prinz Carl von Lothringen kame alſobald mit 55000 nach Prag, ſelbiges einzuſchlieſſen, und nachdem er von dem Fürſt Lobkowiz mit 20000 Mann abgelöſet worden, begabe er ſich mit ſeinen Truppen nach Bayern, welches Land er ſehr hart mitgenommen; wobey ſonderheitlich der Parthengänger Obriſt Trenk, ſeine Grauſamkeit verſpühren lieſſe. Noch ſelbiges Jahr hat Kayſer Carl VII. bey Braunau ein Treffen verlohren, nach welchem er ſich bis nach Frankfurt, die Franzosen aber unter dem Marschall Broglio bis ins Elſaß zurückgezogen haben. Dahero der Herzog von Bellisle den 16 Chriſtmonat in gröſter Kälte mit ſonderbarer Behutſamkeit, ſamt 14000 Mann, aus Prag hinausgezogen, nur eine Garniſon von 3000 Mann hinterlaſſend. Nachdem er hierauf die Garniſonen von Eger und Amberg an ſich gezogen, iſt er in Eil dem Rhein zu marſchieret, ſeine Truppen ſind mehr durch auſſerordentliche Kälte und Strapazen, als des Feindes Schwerd ziemlich geſchmolzen.

§. IX. Demnach die Oeſtreicher und Ungarn ganz Bayern erobert, Prag, Eger, Amberg und Ingolſtadt, ſamt andern haltbaren Orten, im Jahr 1743 wieder eingenommen und beſetzt hatten, kamen ſie das folgende Jahr unter Commando des Prinzen Carl von Lothringen an den Rhein, und ſchlugen bey Speyer eine Brücke, wo ſie 100000 Mann ſtark über das Waſſer ſetzten. Das erſte, was ſie thaten, ware, daß ſie 24000 ſtark die Lautenburger Linie beſetzten, um die Franzöſiſche Armee, welche zwiſchen Landau und Weiſſenburg lagerte, zwiſchen zwey Feuer zu bringen; zumahlen der Prinz Carl mit der Haupt-Armee gegen Landau vorrückte. Der franzöſiſche Marſchall, Herzog von Coigny, als er ſolches merkte, griefe alſobald die kleine feindliche Armee in ihrer Linie bey Altſtadt, ohnfern Weiſſenburg an, zerſtreute dieſelbe, und hat viele derſelben theils gefangen, theils getödtet. Weil aber die groſſe feindliche Armee ihm zu mächtig ware, hat er selbige nicht erwartet, sondern in bester Ordnung sich zurückgezogen.

§. X. Wie die Französische Armee sich zurückzoge, rückte ihr die Oestreichische nach, und das Unter-Elsaß wurde allenthalben den Feinden preis. Jedoch haben sie keine ausserordentliche Excessen begangen, ausser daß sie die Residenz des Cardinal Rohan zu Zabern geplündert und beschädiget. Der Prinz Carl attaquierte keine Vestung; er gienge Landau und Fort-Louis vorbey, ohne sie zu begrüssen; und ohnerachtet nur etliche Bataillons Milizen die Garnison von Straßburg ausmachten; also zwar, daß man drey Thore sperren mußte, wollte der Prinz doch keine Zeit darmit zubringen, sondern, nachdem er Lautenburg, Selz, Weisenburg, und den 28 Heumonat Hagenau in Besitz genommen, ware seine Absicht, sobald es möglich, in Lothringen einzudringen, wo er noch viele ihm geneigte Gemüther anzutreffen verhoffte. Hierauf ist er bis nach Wolksheim und Molsheim vorgerücket, woselbst die Französische Armee an der Brüsch vest hielte, um ihre Verstärkungen zu erwarten.

§. XI. Mittlerweil beyde Armeen dies- und jenseits der Brüsch einander im Gesicht stunden, auch verschiedene kleine Scharmüzel vorfielen, bekame der Prinz Carl Befehl sich in Böhmen zurückzuziehen, zumahlen der König von Preussen von neuem in dies Land eingefallen ware. Dahewo er gleich seine Truppen zusammengezogen, über den Rhein marschieret, und mit behenden Schritten durch das Reich auf Prag zugegangen. Kaum hatte sich der Prinz Carl den 23 Augst aus dem Land gemacht, kame der französische Succurs von 40000 Mann im Elsaß an; der König aber, welcher ihn selbst zuführen wollte, bliebe zu Mez krank liegen.

§. XII. Weil nun die französische Armee keine Gegner hatte, ist sie über den Rhein marschieret, und hat, nachdem sie die Vestung Kehl eingenommen, die Stadt Freyburg belagert. Weil aber die Garnison zu schwach ware, mußte sie sich in wenig Tagen in das Schloß und Sternschanze zurückziehen. Mittlerweil aber die Franzosen Freyburg belagerten, und der Prinz Carl mit dem König von Preussen in Böhmen zu thun bekame, gienge Kayser Carl VII. mit seinen Bayern wieder nach München, und hat bis zu End des Jahres 1744 ganz Bayern wieder besetzet; ist aber gleich darauf den 20 Jenner 1745 aus diesem Zeitlichen verschieden.

§ XIII. Den 5 Weinmonat 1744 ist Ludwig XV, König von Frankreich, nachdem er von seiner Krankheit wieder hergestellet worden, nach Straßburg gekommen, woselbst er mit allen erdenklichen Freuden von allen Ständen aufs prächtigste empfangen wurde. Die Burgerschaft wurde in verschiedene Regimenter und Frey-Corps, sowohl zu Pferd als zu Fuß, eingetheilet, welche in rothen, blauen, und andern mit Silber und Gold verbrämten Uniformen, paradierten. Der Adel empfienge ihn auf das feyerlichste, und der Cardinal von Rohan, samt dem Prinzen von Soubise und den übrigen hohen Dom-Capitularen, führten ihn in das Münster, und von dannen in den bischöflichen Pallast. Sowohl auf den Gassen als auf dem Fluß Jll, wurden allerhand schöne Vorstellungen und Lustspiele gemacht. Das ganze Münster samt dem Thurn wurden illuminiert, und das ganze Land ware voller Freuden, seinen König zu sehen. Endlich ist er den 10 Weinmonat von dannen verreiset, hat unter Weg die Vestungen Schlettstadt und Neuen-Breisach zu Gesicht genommen, und nachdem er den 11 zu Münsingen bey Breisach in einem besonders hierzu gemachten Haus übernachtet, ist er den folgenden Tag über den Rhein ins Lager gereiset, wornach sich in wenig Tagen Stadt und Schloß Freyburg übergeben.

§. XIV. Das folgende Jahr 1745 ist der König zur grossen Armee in die Spanische Niederlande marschieret, woselbst der Graf von Löwenthal die sonst für unüberwindlich gehaltene Vestung Berg ob Zoom mit Sturm erobert, der Marschall Graf von Sachsen aber die alliierte Armee der Engländer, Oestreicher und Holländer geschlagen hat. Unterdessen aber, weil Kayser Carl VII. gestorben ware, machte das Haus Oestreich mit Chur-Bayern zu Füssen den Frieden, und

Herzog Franz von Lothringen wurde Römischer Kayser; wornach auch endlich Frankreich mit gedachtem Haus und dessen Alliierten den Frieden eingegangen, mit der Bedinguiß: daß die am Rhein liegende Vestungen Freyburg, Alten-Breisach und Kehl geschleifet, und nicht mehr aufgebaut würden.

§. XV. Im Jahr 1747 ist die Durchlauchtigste Prinzeßin Maria Josepha, Augusti III, Königs von Pohlen und Churfürsten von Sachsen, Tochter, mit einem großen Gefolg nach Straßburg gekommen, woselbst sie den 27 Jenner ihren Einzug gehalten, und prächtig empfangen worden. Von wannen sie nach zweyen Tagen ihre Reiße nach Paris fortgesetzet, um mit dem Königlichen Kron-Prinzen, dem Dauphin, vermählet zu werden.

Im Jahr 1751 den 7 Hornung, ist der Leichnam des berühmten Helden und Feld-Marschalls von Frankreich, Grafen Moriz von Sachsen, so den 30 Wintermonat 1750 zu Chambort gestorben, unter Begleitung seines Dragoner-Regiments und Uhlanen nach Straßburg gebracht, und den 8 Hornung aus des Herrn Gouverneurs Pallast mit einer vortreflichen Leichbegängniß unter Begleitung des sämmtlichen Adels und Militair-Stands in die neue Kirch beygesetzt worden; von wannen er erst im Jahr 1777 in das bey St. Thomas prächtigst hierzu errichtete Mausolæum übersetzet worden.

Im Jahr 1752 hat Graf Christoph Friedrich Dagobert von Waldner das Schloß Ollweiler bey Sulz, so schon 500 Jahr dieser Familien-Sitz gewesen, sehr prächtig nach einer guten Simetrie ganz neu hergestellet und erbaut.

Im Jahr 1753 ist im Elsaß ein so fürtreflicher Wein und von so guter Qualität gewesen, dergleichen lang zuvor keiner gewachsen; es ware dessen auch eine solche Menge, daß man viele Jahre hindurch in allen Gasthäusern davon ausschenkte. Im Jahr 1762 ist zwar ein eben so guter Weinwachs gewesen, jedoch in minderer Quantität, als in obigem Jahr.

§. XVI. Im Jahr 1754 ist Frankreich auch mit Engelland in Krieg verwickelt worden, welcher anfänglich sehr günstig für Frankreich anzufallen schiene; zumahlen als man die Insul Minorka angriefe, zu welcher Expedition viele grobe Stücke von Strasburg nach Toulon geführt wurden, hat man alsobald sich des Port Mahon, und folgends auch des Fort S. Philippe, samt der ganzen Insul bemächtigt. Allein alle erstere gute Progressen sind durch das den 14 Wintermonat 1759 unglückliche See-Treffen des Admiral Conflans, welcher vom Admiral Hawke geschlagen wurde, gänzlich vereitelt worden. Weil aber dieser Krieg zu weit vom Elsaß entlegen, auch keinen Einfluß in dies Land gemacht hat, wollen wir davon abschreiten, und nur melden, wie er sich auch an das veste Land ausgebreitet hat.

§. XVII. Im Jahr 1756 fienge der Krieg zwischen dem Haus Oestreich und dem König von Preussen an. Weil nun Engelland und Chur-Hanover, samt Hessen und Braunschweig, Alliierte des Königs von Preussen waren, Frankreich aber nebst Chur-Sachsen es mit dem Haus Oestreich hielte, bekamen die Franzosen auch zu Land zu schaffen.

Schon im Jahr 1756 hat der König von Preussen die Sächsische Armee eingeschlossen, und zur Uebergab genöthiget, selbige aber gänzlich unter seine Truppen eingetheilet; welche aber noch vor Ende dieses Jahres Luft bekamen, zu desertieren. Weil nun der König alle diese Deserteurs bedrohet hatte, mit dem Strang hinzurichten, sofern er sie bekäme, wollten die Sächsische Deserteurs keine Dienste beym Haus Oestreich, sondern bey Frankreich nehmen, wohin der Prinz Xaverius von Sachsen auch seine Zuflucht genommen hatte. Es kamen dahero noch dieses Jahr über 4000, in allem aber 10000 derselben nach Strassburg; und nachdem der gröste Theil der Armee denselben Winter im Elsaß sich zusammengezogen, ist sie im Jahr 1757 an den Unter-Rhein und in Hanover gezogen, woselbst sie unter Commando des Marschall d'Estrées ziemlich gute Progressen gemacht, die Herzogthümer Cleve, Mark, Braunschweig, Hanover, samt der Landgrafschaft Hessen hinweggenommen, auch die alliierte Armee der Hanoveraner und Hessen bis an Staaten zurückgetrieben hat; woselbst der Herzog von Richelieu mit ihnen eine Convention im Kloster Seven getroffen, kraft welcher die Hanoveraner auseinander gehen, und nicht mehr die Waffen wider Frankreichs Truppen ergreiffen sollten. Sie haben aber diesen Accord schlecht gehalten. Dann, sobald der König von Preussen die französische Armee unter Commando des Prinzen von Soubise bey Roßbach in Sachsen geschlagen, haben die Hanoveraner und Hessen wieder sämtlich das Gewehr ergriffen, und haben samt einem Corps Preussen eine Armee unter Anführung des Prinzen Ferdinands von Braunschweig ausgemacht, welche sich den ganzen Krieg hindurch tapfer bewiesen; zumahlen sie im Jahr 1759 der französischen Armee unter Commando des Marschalls von Contades bey Münden einen herrlichen Sieg abgejagt; hingegen das folgende Jahr 1760 am Char-Freytag bey Bergen, ohnweit Frankfurt, vom Marschall von Broglio übel zugerichtet worden.

Im Jahr 1758 sind viele unbrauchbare Stücke, so die Franzosen erobert hatten, den Rhein herauf nach Straßburg geschickt worden, um selbige wieder umzugiessen.

Im Jahr 1759 hat der König von Frankreich auf Einrathen seines Ministers, des Herzogs von Bellisle, für die Herren Officiers den Orden des Croix de merite errichtet, so bestehet aus einem goldenen Kreuz mit einem Degen, auf dem die

Ueberschrift: Pro virtute bellicâ, und die Unterschrift: Lud. XV. instituit 1759.

Nachdeme der Krieg noch etliche Jahre mit abwechslendem Glücke, da bald die eine bald die andere Armee vorrückte, fortgedauert, ist endlich im Jahr 1763 der Friede zu Paris geschlossen worden, kraft welchem die von Frankreich eroberte Lande wieder zurückgegeben wurden.

§. XVIII. Im Jahr 1759 hat das Donnerwetter mit solcher Heftigkeit in das Straßburger Münster geschlagen, daß das bleyerne Dach grossentheils zerschmolzen, die Koppel eingeschlagen, und etliche Säulen vom Hochaltar zerschmettert wurden. Hierauf ist aber das Chor viel prächtiger hergestellet, und das Dach mit Kupfer eingedeckt worden.

In gedachtem Jahr ist der Herr J. B. de Marets Marquis de Maillebois, Marschall von Frankreich, zum Gouverneur vom Elsaß ernennet worden, auf welchen der Marschall Duc de Broglie gefolget, so aber diese Stelle nicht lang begleitet, sondern vom Marschall von Contades abgelöset worden. Hingegen hat der Marschall von Broglie, nachdem seine Treu genugsam erkannt worden, das Gouvernement von Mez erhalten.

Im Jahr 1765 sind die Jesuiten im Elsaß aufgehoben worden, deren Klöster zu Hagenau und Schlettstadt in Casernen und Pavillons verändert wurden. Das zu Ensisheim aber wurde im Jahr

1773 zu einem Arbeits-Haus der armen Leuten gemacht, die Einkünften davon aber sind dem Collegio zu Colmar einverleibt.

Im Jahr 1766 den 23 Hornung, ist der glorreiche, tugendhafte, und vom Glück bald erhobene, bald verfolgte Fürst Stanislaus Leszinski, König von Pohlen und Herzog in Lothringen, im 89 Jahr seines Alters zu Luneville in Lothringen zum grösten Bedauren dieses ganzen Herzogthums aus dem Zeitlichen verschieden.

§. XIX. Im Jahr 1772 ist die Kayserliche Prinzessin, Maria Antonia, Kaysers Franziscus I. Tochter, und des jetzt regierenden Kayser Josephs II. jüngste Schwester, mit einem herrlichen Gefolg nach Freyburg, und von da nach Straßburg gekommen, wo sie als die künftige Dauphine von Frankreich geziemend-prächtig empfangen worden; und nachdem sie ihren deutschen Hof-Staat zurückgelassen, hat sie den französischen übernommen, und ihre Reise nach Paris fortgesetzet. Von dieser Prinzessin hat das sonst genannte Mezger-Thor, durch welches sie ihren Einzug gehalten, den Namen Porte de Dauphine, oder Dauphins-Thor erhalten.

Im Jahr 1774 ist König Ludwig XV. glorreichen Angedenkens, im 65 Jahr seines Alters verschieden, welchem sein Enkel Ludwig XVI. auf dem Thron nachgefolget, so dermahlen sein Reich weißlich und glücklich regiert, und es von

Zeit

Zeit zu Zeit besser zum Nutzen seiner Unterthanen einrichtet.

In eben diesem Jahr hat die Empörung der königlichen Unterthanen im Münsterthal wegen gewissen Wald=Ordnungen ihren Anfang genommen, worüber den 29 Heumonat 1774 und den 17 Jener 1775, Königliche Schlüsse und Verordnungen ergangen, und ein Bataillon Truppen zur Execution in das Thal verlegt worden. Nachdem sie sich aber im Jahr 1779 der Königlichen Ordnungen unterworfen, sind sie wieder in ihre Rechte eingesetzt, und ihnen eine frische Wald=Ordnung fürgeschrieben worden.

Im Jahr 1775 hat das Städtlein Eggisheim durch einen Blitz eine grosse Feuersbrunst erlitten.

§. XX. Im Jahr 1777 ist seine Majestät der Kayser Joseph II. nach Straßburg unter dem Namen eines Grafen von Falkenstein angekommen, von wannen er nach einem kurzen Aufenthalt über Zabern und Pfalzburg, (wo er die schöne Steige bewunderte, von welcher man die schönste Aussicht in das Elsaß und Markgrafschaft Baden geniesset,) nach Paris gereiset.

In eben diesem Jahr ist auch der Orden der regulierten Chorherrn, des H. Antonius, Abtens, aufgehoben, und das Priorat zu Isenheim und das Hospitium zu den dreyen Ahren genannt, dem Maltheser=Orden einverleibt worden; die Administration von St. Stephan zu Straßburg aber, so die gedachte Chorherren bishero versehen, wurde den Welt=Priestern übergeben.

Im Jahr 1778 um das Fest Allerheiligen, ereigneten sich im Ober=Elsaß und Sundgau so grosse Wassergüsse, daß nicht nur Höfe und Dörfer in den Thälern, sondern auch Städte, und unter andern besonders die Städte Maßmünster und Thann grossen Schaden gelitten haben; als in welchen nebst vielen andern Häusern, auch die Rath-Häuser niedergerissen und weggeschwemmt wurden. Es wurden auch verschiedene Brücken von der Gewalt des Wassers hinweggerissen. Man hat auch wahrgenommen, daß die Menge des Wassers nicht nur von urplötzlich grossem Regen, sondern auch von unterirrdischen Gewässern hergekommen, indem man in den Bergen viel frische Oefnungen der Erden gefunden, aus denen sich das Wasser herfürgosse.

In diesem Jahr ist auch eine grosse Unordnung im Ober=Elsaß und Sundgau mit falschen Quittungen entstanden, kraft welcher die Schuldner ihre Glaubiger zu befriedigen trachteten. Nachdeme aber einige von den Urhebern zur Straf gezogen, und die Schuldner zur Erkanntnuß ihrer Schulden gezwungen wurden, ist dem Uebel wieder gesteuert worden.

§. XXI. Im Jahr 1779 hat seine hochfürstliche Eminenz, der Herr Cardinal Constantin von Rohan, Bischoff und Fürst von Straßburg, hochseligen Andenkens, das Zeitliche gesegnet, und ist ſtatt ſeiner der Durchlauchtigſte Fürſt und Herr, Ludwig von Rohan, Coadjutor des hohen Dom-Stifts Straßburg, als Biſchoff und Fürſt des gedachten Bisthums proclamirt worden.

Im Jahr 1780 iſt in dem Reſidenz-Schloß ſeiner Eminenz, des Herrn Cardinalen und Biſchoffs von Straßburg, zu Zabern, welches vom Cardinal Egon von Fürſtenberg angefangen, und vom Cardinal Armand von Rohan vollendet worden, ein Feuer ausgekommen, durch welches das Hauptgebände in Aſche gelegt worden. Es wird aber ſolches nunmehro nur deſto prächtiger von ſeiner Eminenz dem Cardinal Ludwig von Rohan wieder hergeſtellet.

Zu Ende des Jahrs 1783 iſt ein überaus kalter Winter eingefallen, welcher bis Oſtern des Jahrs 1784 mit einer anhaltenden Kälte gedauert; und da der Schnee über drey Wochen, drey und auch mehrere Schuhe hoch geweſen, hat ſelbiger, obſchon er langſam zergienge, dennoch ein groſſes Gewäſſer verurſachet. Zu Heidelberg hat das groſſe Eiß die Neckar-Brücke bis nach Neuenheim mitgenommen; ſonderheitlich aber hat das Gewäſſer am Unter-Rhein groſſen Schaden gethan, zumalen zu Emerich, Arnheim und Weſel, ſich die Leute wegen dem angeſchwollenen Rhein bis unter die Dächer retirieren mußten; zu Mühlheim nächſt Cölln ſind 156 Häuſer von dem Waſſer hinweggenommen worden, zu Cölln ſelbſt aber iſt daſſelbe bis in das zweyte Stockwerk geſtiegen. Im

Elsaß sind verschiedene Güter-Wägen während dem grossen Schnee, theils im Schnee umgesunken, theils stecken geblieben, also, daß die Handlung drey Wochen ziemlich dadurch gehemmet worden.

Anhang.

Demnach von den Königen, Herzogen und Landgrafen, so dies Land regieret haben, oben Meldung gethan worden, ist nicht ungereimt auch von den andern gräflichen, freyherrlichen und adelichen Häusern vom Elsaß Meldung zu thun, welche theils ausgestorben, theils noch blühen.

Ausgestorbene adeliche Häuser.

Grafen: Hasenburg, Horburg, Lützelburg, Lupfen, Ochsenstein, Ortenburg, Pfird, Ramstein, Rapoltstein, Rosen, Sulz, Thierstein, Veldenz und Werth sind ausgestorben; Blankenburg, Fugger, Oettingen und Ostein sind ausgezogen.

Freyherrn und Adeliche, so theils ausgestorben, theils ausgezogen, sind folgende: Albe, Auw, Balschwiller, Bayer von Bochparten, Berbelstein, Vernstein, Bolsenheim, Bozheim, Buch, Büdigheim, Bußnang, Dahn, Degele, Degerfeld, Dorlisheim, Dürmenstein, Ellerbuch, Engelbrecht, Engelburg, Epfig, Erbe, Espenthal, Ettenheim, Fleckenstein, Frankenstein, Gayot, Geberswiller, Gederheim, Geispizen, Gerolsek, Girsperg, Greifenstein, Grod, Grünenberg, Güssen von Bechburg, Hagenbach, Hattstadt, Hausen, Heiligenstein, Hirßhorn, Hohenak, Hohenloch, Hohenstein, Holzapfel, Hunefeld, Kappler, Kirkel, Kletten, Kolc, Königsburg, Königsheim, Kraft, Kühnheim, Liechtenberg, Liechtenfelß, Lore, Marschalk von Oberdorff, Maßmünster, Mittelhusen, Mönch von Landskron, Mörspurg, Mülwen, Münstrol, Noiker von Wittenheim, Randek, Rebstökel, Rechberg, Reggisheim, Rheinau, Ringelstein, Rorbach, Roßheim, Rothau, Schellenberg, Schlierbach, Scholer, Schonek, Sennheim, Sigenau, Sikingen, Stahlek, Staufenberg, Steinbrunn, Stöffen, Störe, Streit, Stroffe, Trachenfelß, Trierberg, Trübel, Udenheim, Volz, Walasse, Wasserburg, Wattwiller, Werber, Willer, Windeck, Windenbosch, Winterthur, Wißwiller, Würbel, zu Ried, Zukmantel.

Noch lebende adeliche Häuser.

Andlau, Anthes, Bärenfelß, Barbot, Bergeret, Bergheim, Bernhold, Berstett, Birgenwald, Besewald, Bez, Bok, Böklin von Böklinsau, Bodek von Elgau, Callaghan, Clebsattel, Cleri, Cointet, Dettlingen, Dietrich, Duminique, Ekbrecht von Türkheim, Eptingen, Falkenhayn, Feriet, Flachsland, Forstner, Froberg oder Montjoye von Vaufrey und Hirsingen, Gail, Gqiling von Altheim, Gerard, Glaubitz, Gohr, Gordoute Badenot, Günzer, Hafner von Waßlenheim, Hatsel, Haindel, Heuning, Hön von Dillenburg, Horben, Ichtrazheim, Jestetten, Johann von Mundolzheim, Kagenek, Kempf von Angreth, Klökler, Landenberg, Landsperg, L'ore de S. Victor, Leiningen, Löwenhaupt, Lützelburg, Makau, Malzen, Marsilli, Menzingen, Müllenheim, Münk, Nardin, Neuenstein, Oberkirch, Ocahan, Perchery, Pistory, Poltier, Rathsamhausen, Reich von Plaz, Reich von Reichenstein, Rheinach, Reutner, Ribouler, Röder von Dierspurg, Rotberg, Sandersleben, Schauenburg, Schenk von Schmidburg, Schönau, Spon, Stadel, Stein von Kalenfelß, Truchseß von Rheinfelden, La Touche, Ulm, Vignacourt, Valcourt, Waldner von Freundstein, Wangen, Weber, Weitersheim, Wessenberg, Wezel von Marsilien, Wimpfen, Wittinghofen, Wormbser, Zorn von Bulach, Zu Rhein.

NB. Alle diese, sowohl alt als neuere, erloschene und noch blühende adeliche Häuser, habe ich nach dem Alphabet aufgezeichnet, um selbige desto leichter auffuchen zu können. Wer das Alterthum der alten adelichen Häuser zu finden begehrt, darf nur die Turnier-Auszüge, so ich in meinem Werk beygefüget, auffuchen, deren das erstere, zu Magdeburg im Jahr 938 gehalten, Seite 182 zu sehen, die übrige aber von Zeit zu Zeit diesem nachfolgen.

Register.

A

Adalbertus, Herzog im Elsaß, dessen Leben   Seite 138
Adolph, Kayser, verwüstet das Elsaß   248
       wird getödtet   250
Albrecht, Kayser, wird getödtet   254
Alexander Severus, erkauft von den Deutschen den Frieden   66
Allemannier verwüsten das Elsaß   71
     fallen in Gallien ein   102
     setzen sich in Deutschland   98
Allemannische Herzoge sind in Italien unglücklich   119
Allianz der Kron Frankreich   385
     der Reichsfürsten   386. 403
     verschiedener Potentaten   390. 415
     des Hauses Oestreich   406
S. Amandus II. Bischoff von Straßburg   122
Appenzeller werden vertrieben   288
S. Arbogastus Bischoff zu Straßburg   129
Ariovistus schlägt die Aeduer   33
     wird vom Cäsar geschlagen   38
Armeniaken fallen ins Elsaß   295
     verwüsten dasselbe   296
Attila, der Hunnen-König, fällt ins Elsaß   102
Atticus Herzog im Elsaß   132
Augst wird verbessert   50
     wird mit herrlichen Gebäuden geziert   56
Augspurgische Confession wird im Elsaß angenommen   333

B

Badischer Friede   413
Bauren-Krieg im Elsaß   186. 265. 326. 329
Bauren überfallen die Schweden   360

Bayern werden überwunden und vertrieben 150
Bayerischer Krieg 421
Berthold II. von Zähringen Herzog von Schwaben
 und Elsaß 205
    wird vertrieben 206
Berthold III. wird zu Molßheim erschlagen 207
Bevölkerung vom Elsaß 15
Brand zu Eggisheim 433
  zu Roßheim 282
  der Klöster Hohenburg und Niedermünster 332
  zu Zabern im Schloß 435
  zu Basel 248. 269
Berg ob Zoom wird erobert 426
Bischoff von Straßburg wird Landgraf im Elsaß 205
  wird getödtet 176. 251
  wird gefangen 291
  resigniert 354
Breisach das alte wird gebaut 62
    wird belagert und erobert 373. 408
   das neue wird erbaut 406
Bruno, Graf von Eggisheim-Dachspurg, wird Pabst 203
Buchdruckerey wird erfunden 295
Bund im Elsaß 252. 262. 266. 293
  der Städte und Stände am Rhein 237. 271
  der Stadt Straßburg mit der Schweitz 331. 340
Burg Robur zu Basel wird erbaut 92
Burgunder werden von den Franken vertrieben 101
Burgunder-Krieg 307

C

Cäsar führt mit dem Ariovistus Krieg 37
  rückt in Nieder-Gallien ein 43
  baut zwo Brücken über den Rhein 45
  bändiget die rebellische Gallier 46
  baut Städte am Rhein 47
  durchbricht den versperrten Paß am Berg Jura 48
Carl der Grosse überwindet die Deutsche 150
  überwindet die Saracenen 152

Carl der Kahlköpfige nimmt Lothringen und Elsaß
  in Besitz   168
Carl der Feißte hat bösen Argwohn von seiner
  Gemahlin   171
        wird entsetzet   173
Carl V. Kayser, kommt ins Elsaß   334
        fällt durchs Elsaß in Provence ein   332
Capitulation der Stadt Straßburg   401
Cimbrer fallen ins Elsaß   31
Clodoveus M. schlägt die Deutschen   109
        wird ein Christ   110
Colbert, Präsident vom hohen Rath im Elsaß, wird
  Ober-Aufseher der Ostindischen Compagnie   389
Colmar wird belagert   260, 262
        wird erobert   246
        wird der Sitz des hohen Raths   406
Constantius Chlorus vertreibt die Deutschen   75
Constantinus M. macht mit den Deutschen Allianz   77
        schlägt den Maxentium   78
Constantius und Constans vertreiben die Deutschen   80
Conrad wird Römischer König   232

D

Dachspurg wird zerstöhret   405
Dagobert II. wird um sein Erb gebracht, aber
  wieder in selbiges eingesetzt   126
        wird getödtet   130
Dauphin kommt ins Elsaß   296
Dauphine kommt nach Straßburg   427, 432
Dole wird belagert   370
Dom-Probst von Straßburg nimmt den Dom-
  Dechant gefangen   274
Drusus baut viele Städte und Schlösser am Rhein   52

E

Eberhardinische Linie der Landgrafen   145
  Eggisheim-Dachspurgische Linie   190
Eintheilung vom Elsaß   18

Einwohner, erste, des Elsasses 20
Einfall ins Elsaß 312. 348
Eiß, grosses, im Elsaß 349. 435
Elsaß kommt ans R. Reich 178
Elsässer helfen dem Kayser die Rebellen bändigen 255
    gehen in den Türken-Krieg 286. 336
    fallen ins Basler-Gebieth 300
    kommen dem Graf von Freyburg zu Hülf 274
Empörung im Münsterthal 433
Englischer Krieg 428
Engelländer fallen ins Elsaß 272. 277
Erdbeben im Elsaß 152. 169. 244. 270. 345. 385

F

Faust-Recht in Deutschland 236
Franken werden vom Aurelianus geschlagen 91
    setzen sich in Gallien vest 101
    setzen sich im Elsaß 105
Fränkische Nation, wer sie gewesen 106
Fränkische Könige erobern das Elsaß 107
Fränkischer Könige Genealogie 111
Franzosen gehen in Türken-Krieg 188
    kommen ins Elsaß 404
    verwüsten die Pfalz 401
Freyburg wird erobert 372. 398. 426
S. Fridolini Wanderschaft 119
Friede wird gemacht zu Baden 413
    Passarowitz 414
    Rißwick 404
    Nimegen 399
    Münster 381
    Utrecht 412
    Wien 419
Fort-Louis wird erbaut 404
Friedrich II, Kayser, haltet sich im Elsaß auf 228
    wird in Bann gethan 239
Fruchtbarkeit des Elsasses 14

S. Fulradus, Abt von S. Denys, Leben 149
von Fürstenberg, Prinz Wilhelm, wird gefangen 391

G

Gallien wird eingetheilt 50
    wird von fremden Völkern verwüstet 97
Gallier kommen durchs Elsaß ins Deutschland 31
    rebelliren wider die Römer 49. 65
Geißler-Sekt wird ausgerottet 233
Germanicus schlägt den Arminius 55
Gränze und Grösse vom Elsaß 14
Gefangene Elsässer werden zurückgegeben 89
Gothen vertreiben die Burgunder 99
    schlagen die Römer in Gallien 100
Gustav Adolf, König von Schweden, kommt ins Elsaß 356
    verläßt das Elsaß 357
    wird erschossen 359
Gouverneurs vom Elsaß 420. 431

H

Habspurgische Linie der Landgrafen 194
Handelschaft vom Elsaß 15
Hagenau wird belagert und erobert 270. 410
Hagenbach (Peter von) wird gefangen 311
Hanöverischer Krieg 429
Heinrich II, Kayser, bereichert die Bisthümer Straßburg und Basel 214
Heinrich V, Kayser, kommt ins Elsaß 219
Heinrich VI, Kayser, wird getödtet 234
Heinrich II, König von Frankreich, kommt nach Straßburg 333
Helvetier und Sundgäuer fallen ins Italien 33
    werden vom Cäsar geschlagen 36
Herzog, wer ein solcher seye 131
    von Lothringen fällt ins Elsaß 278
    Leopold von Oestreich stirbt zu Straßburg 261
Hessen werden über den Rhein getrieben 56

Hohenburg, das Schloß, wird erbaut 63
Hohen-Twiel wird belagert 374
Horburg wird verwüstet 222
Horn (Schwedischer General) nimmt Elsaß ein 358
Hugonische Linie der Landgrafen 144
Hungersnoth im Elsaß 369

J

Jesuiten im Elsaß werden abgeschaffet 431
Joseph II, Röm. Kayser, kommt ins Elsaß 433
Juden werden verfolgt und erschlagen 254
Julianus verjagt die Deutschen 81
    schlägt 7 deutsche Fürsten bey Straßburg 88
    nimmt die deutschen Fürsten in Bund auf 89
    fängt den deutschen Fürsten Vadomarium 91

K

Kälte, grosse, im Elsaß 345. 435
Kayserliche werden geschlagen 393
Kehl wird erobert 407. 425
Klingenthal, wann es angelegt worden 418
König von Franckreich nimmt das Elsaß in Besitz 376
Krieg des Bischoffs von Straßburg mit dem Herzog
    von Schwaben 221
    mit dem Kayser Friedrich I. 224
    mit den Grafen von Leiningen, Pfird und Freyburg 230
    mit der Stadt Straßburg 238
    mit dem Grafen von Würtenberg 263
Krieg des Bischoffs von Basel mit der Stadt Basel 277
    mit dem Grafen von Mömpelgard 242
Krieg der Grafen von Horburg mit dem Graf von
    Rapoltstein 241
    des Herzog Albrechts von Oestreich mit dem
    Kayser Adolf 246
    des Kayser Ludwigs von Bayern mit Kayser Friedrich von Oestreich 257

Krieg des Grafen von Würtenberg mit den Reichs-
    Städten   276
    verschiedener Fürsten mit den Reichs-Städten   279
    des Herzogs von Oestreich mit den Schweitzern   280
    der Land-Vögten von Elsaß mit den
        Schweitzern   288. 306
    des Markgrafen von Baden mit den Reichs-
        Städten   291
    des Schwäbischen Bunds mit den Schweitzern   326
    der Hugenoten mit den Ligisten in Frankreich   335
    der Grafen von Lützelstein   301
    wegen der Jülichischen Erbfolge   345

L

Lage vom Elsaß   13
Landau wird erobert   398. 407. 408. 410. 412
Landenberg (Herr von) belagert Rothweil   332
Landgraf, was dieser Name bedeute   186
    von Elsaß wird Graf in Flandern   199
    Theodoricus geht ins heilige Land   200
Landgrafen von Elsaß Genealogie   186
Landgrafschaft von Elsaß kommt aus Bisthum
    Straßburg   202
Land-Tag zu Benfelden   266
Land-Vogtey Elsaß wird verpfändet   268
Lotharius I. verwickelt sich mit seinen Brüdern in Krieg 162
    wird von seinen Brüdern zurückgetrieben   165
    vertheilt sein Reich, und stirbt   165
Lotharius II. wird in Bann gethan   166
Lothringen wird an Frankreich verkauft   387
Ludwig I. der Fromme, wird von seinen Söhnen
    bekrieget   154
    wird seinen Söhnen verrathen   157
    wird wieder auf den Thron erhoben   159
    macht eine neue Theilung   161
Ludwig der Deutsche kommt nach Straßburg   169
Ludwig II, Kayser, kommt nach Straßburg   176

Ludwig XIV. König von Frankreich, bekriegt Holland 390
    kommt nach Straßburg 402
    macht Eroberungen 381
Ludwig XV. kommt nach Straßburg 425
    stirbt 432
Luitfridische Linie 140

M

Mannsfeld (Graf von) fällt ins Elsaß ein 350
    wird geschlagen 353
Mannsfeldische hausen übel im Elsaß 351
Major Domûs, oder Obristhofmeister von Frankreich 118
St. Materus, Elsässer-Apostels, Leben 57
Maximilian, Kayser, kommt nach Straßburg 336
Mazarin, Cardinal, wird bannisirt 383
    wird Landvogt vom Elsaß 387
Mercy, General, wird geschlagen 412
Molkenburg, das Schloß, wird erobert 287
Monclar, General, wird überrumpelt 396
St. Morand, Kloster bey Altkirch 220
Montecuculi fällt ins Elsaß 395
Mühlhausen tritt in den Schweitzer-Bund 329
    leidet verschiedene Unruhen 241, 337
Münster zu Straßburg verbrennt und wird wieder gebaut 210
Muzig wird eingenommen 304

N

Name Elsaß, woher er komme 16
Normandier verwüsten das Elsaß und Lothringen 170
    werden vertrieben 174

O

St. Ottilia Leben 135
Otto I. Kayser, nimmt das Elsaß ein 180
    vertreibt die Burgunder aus dem Elsaß 183
    kommt nach Straßburg 183

Otto I, Kayser, vertreibt seinen rebellischen Sohn 184
Otto IV, Kayser, wird in Bahn gethan 227

P

Pest im Elsaß 153. 216
Pfalzgraf schlägt seine Feinde 304
    wird vertrieben 328
    wird König in Böhmen 347
Pfeffingen wird belagert 288
    wird erobert 300
Philipp, Kayser, verwüstet das Elsaß 225
Philippsburg wird belagert 367
    wird erobert 363. 379. 397. 419
Pfirdischer Stamm stirbt aus 261
Prätentionen an Spanien 406
Proceß wegen der Pfalz 403
Pyrenäischer Friede 386

R

Ramstein (Graf Philipp von) ist Admiral von Frankreich 328
Raubnester werden zerstöhret 253. 255. 264. 270. 275. 282. 305. 325
Reichenstein, das Schloß, wird geschleifet 239
Reichs-Städte von Elsaß beschweren sich am Reichs-Tag 389
Rhein-Brücke bey Straßburg wird verbrennt 390
Religion der alten Elsässer 28
Rohan, Cardinal, stirbt 434
Rudolf, König von Burgund, bringt das Elsaß an sich 174
    wird aus dem Elsaß vertrieben 179
Rudolf von Habspurg erobert die Graffschaft Kyburg 209
    bekriegt den Bischoff von Basel 212
    wird Römischer Kayser 213
    kommt ins Elsaß 213
    bekriegt den König von Böhmen 213
    stirbt 214

Ruffach wird zur Stadt gemacht 64
Ruprecht, Kayser, kommt nach Straßburg 237

S

Saracenen fallen in Frankreich ein 147
Schlacht bey Horburg nächst Colmar 94
    bey Blodelsheim am Rhein 230
    bey Besançon 244
    zwischen Kayser Adolf und Herzog
        Albrecht 248
    bey Mühldorf 258
    bey Sempach 281
    bey Gransee 318
    bey Murten 319
    bey Ranen 321
    bey Oldendorff 362
    in Schlesien 362
    auf dem Ochsenfeld im Sundgau 364
    bey Nördlingen 365. 380
    bey Namur 368
    bey Prag 368
    bey Rheinfelden 372
    bey Wittenweyer 372
    bey Kempen 376
    bey Breitenfeld 377
    bey Rocroy 377
    bey Tuttlingen 378
    bey Mergentheim 379
    in Böhmen 380
    bey Altkirch 398
    auf dem Blökelsberg 398
    bey Friedlingen 407
    bey Speyerbach 408
    bey Schellenberg 409
    bey Höchstädt 409
    bey Braunau 422

Schlacht

Schlacht bey Roßbach, Münden und Bergen 430
zu Schlettstadt wird der Tempel der H. Fides
    erbaut 218
Schlettstadt wird belagert 270
Schweden-Krieg 350
Schweitzer fallen ins Elsaß 299
    kommen den Hugenoten zu Hülf 339
Selz und Schonek werden geschleifet 239
Sigisbert, Sohn des Dagoberti I, wird tödtlich
    verletzet 128
Sigismund, Kayser, kommt nach Straßburg 294
Sikingen (Franz von) plündert das Elsaß 329
Sitten und Sprach der alten Elsässer 26
Spanier fallen ins Frankreich 383
    werden geschlagen 383. 385
Spanischer Krieg 406
Stanislaus, König von Pohlen, kommt ins Elsaß 417
    stirbt 432
Stiftung der Abtey Maursmünster 120
    der Abtey Münster im Gregorienthal 125
    der Abtey Murbach 147
    der Abtey Arnolfsau 149
    der Abtey Eschau 151
    der Abteyen Rheinau und Lautenbach 153
    der Abtey Grandval 165
    der Abtey Andlau 170
    der Abtey Selz 185
    Der Abtey Marbach 218
    der Abteyen Lützel und Neuenburg 220
    des Klosters Schönen-Steinbach 222
    der Abtey Pairis 222
    der Abtey Königsbrück 223
    des Priorats Truttenhausen 224
    des Priorats Stefansfelden 229
Stollhofer-Linie wird ruinirt 411
Streit der Sequaner und Aeduer 33
    zwischen Theodebert II. und Theodorico II. 123

Streit wegen der Landgrafschaft Elſaß 204
    des Kayſer Albrechts mit dem Grafen von
        Pfird 252
    zwiſchen den Herren von Müllenheim und von
        Zorn 263
Straßburg wird in die Acht erklärt 283
    macht einen Bund mit Baſel 288
    erhält die Neutralität 395
    wird an Frankreich übergeben 399
Straßburger belagern das Schloß Hohenfelß 271
    bekriegen den Grafen von Zweybrücken 273

T

Tempelherren kommen ins Elſaß 239
    werden vertrieben 253
Teutſche ſchlagen den Quintilium Varum 54
    werden von den Römern über den Rhein
        gejagt 64. 73. 92. 96
    ſchlagen die Römer im Elſaß 92
    fallen ins Elſaß 396
Tribocci, wer ſie waren 20 — 25
Trajanus baut Veſtungen und Straßen im Elſaß 62
Donnerſtein fällt zu Enſißheim vom Himmel 3. 6
Tröckne im Land 185
Turenne, Marſchall, ſchlägt die Kayſerliche 393
    wird erſchoſſen 395
Turnier zu Magdeburg, Rotenburg und Coſtanz 182
    zu Merſeburg und Braunſchweig 185
    zu Zürch 223
    zu Worms 226
    zu Würzburg 232
    zu Ravenſpurg 255
    zu Eßlingen 276
    zu Schaffhauſen 285
    zu Stuttgardt und Landshut 294
    zu Heidelberg und Stuttgardt 324
Tilly, General, ſtirbt 357

V

Valentinianus, Kayser, verwüstet Deutschland 93
Veits=Tanz eine Sucht im Elsaß 293
Vergleich zwischen dem Kayser Ludwig und Herzog
 Leopold von Oestreich 260
Vermählung des Prinzen von Turenne 415
 des Königs Ludwig XV. 416
Uhr im Straßburger=Münster wird gemacht 336
Vitellius wird zum Kayser erwählet 60
 verwüstet die Schweitz 61
Universitäten werden gestiftet 305. 347
Ungarn kommen ins Elsaß 177. 178. 181
S. Ursulæ Reiß mit ihren Gefährtinnen 67.

W

Wahl zweyer Kayser 254
Wallenstein (Graf von) wird zusammen=
 gehauen 364
Wassergüsse im Elsaß 434
Weimar (Herzog von) fällt ins Elsaß 354
 stirbt 375
Wekenthal, das Schloß, wird erbaut 329
Wenden kommen durchs Elsaß in Gallien 96. 146
 verwüsten den Rheinstrom 98
Werth (Grafen von) woher sie stammen 200
Winter, kalter 217. 435
Witigab, der deutsche König wird ermordet 93
Wolkenbrüche im Elsaß 240
Würtenberg (Graf von) wird geschlagen 324

Z

Zaberer Steige, wann sie gemacht worden 418
 Zähringische Linie 196
Zähringischer Stamm erlöschet 298

Zusammenschwörung der Septimia 120
  zu Marlheim entdecket 121
Zürcher wollen die Straßburger in Bund nehmen 304
Zwentiboldus, Herzog von Lothringen, wird vertrieben 175
Zwiespalt im Bisthum und Capitel zu Straßburg 341

Das deutsche Manuscript, unter dem Titul: Historische Beschreibung der Landgrafschaft Elsaß, von F. J. Woog, habe ich gelesen, und finde nichts was den Druck dieses Werks hindern könnte.

Straßburg, den 22ten Junii 1784.

Louis
Vice-Kanzler der Catholischen Universität.

Vû & permis d'imprimer
ENGELMANN, *Ammeistre.*

www.ingramcontent.com/pod-product-compliance
Lightning Source LLC
Chambersburg PA
CBHW020738020526
44115CB00030B/155